AUTOR DEL BEST SELLER DE AMAZON
Fanatical Prospecting

Prospecta & vende

La guía maestra para abrir conversaciones de ventas
y crear un ritmo permanente de prospectos a través de
las redes sociales, el correo electrónico,
los mensajes de texto y las llamadas en frío

Jeb Blount

TALLER DEL ÉXITO

Contenido

Elogios para
Prospecta y vende

La prospección es el núcleo, la base, el corazón de cada esfuerzo de ventas exitoso. *Prospecta y vende* se vale del éxito de su autor, Jeb Blount, uno de los líderes más exitosos de esta década en el campo de las ventas, y les da respuestas a todos los aspectos de la prospección exitosa.

Las técnicas y los conceptos contenidos en *Prospecta y vende* no son teorías propuestas por el habitante de una torre de marfil ni los deseos ideológicos de un profesor universitario. Más bien, es una guía paso a paso de todos los aspectos de la prospección en la era del internet.

Blount explica los principios básicos de la prospección en un estilo de narración que te invita a hacer anotaciones en las márgenes del libro y a poner en marcha tu propio plan de acción. Ya sea que hable de "la Regla de los 30 días" o de la diferencia entre "las horas doradas" y "las horas de platino", Blount sigue guiándote a nivel personal, de una forma comprensible y con la cual es fácil relacionarte. Te brinda pilares claros y simples como los cuatro objetivos de prospectar que son aplicables a cualquier esfuerzo de ventas, en cualquier industria y con clientes de cualquier calibre.

Los mapas visuales claros y fáciles de seguir —correspondientes a la "guía de cinco pasos" para hacer prospección telefónica, por correo de voz y en persona— serán valiosos a lo largo de toda tu carrera de ventas y en la gestión de las mismas. Te recomiendo comprar dos copias: una para leer y otra para escribir, dibujar, resaltar y pegar en ella tus notas adhesivas. Así de poderoso es este libro.

—Miles Austin, editor de FillTheFunnel.com

Ley del universo: nada sucede hasta que algo se mueve.
Ley de los negocios: nada sucede hasta que alguien vende algo.

—Jeb Blount

Prólogo

Durante 25 años, he esperado un libro como *Prospecta y vende* y en ningún otro momento se ha necesitado más este poderoso mensaje y estos valiosos consejos que hoy en día.

Como un profeta, Jeb Blount señala con valentía las mentiras de los ruidosos y populares "expertos" en ventas de la actualidad, cuyos terribles consejos llevan por mal camino tanto a vendedores como a líderes en este campo. Estos expertos predican para todos los que los escuchan que la prospección —*la búsqueda proactiva de prospectos*— ya no funciona. Lo particularmente peligroso de esta falsa enseñanza es que es justo lo que un vendedor reactivo y en aprietos quiere escuchar. ¿Por qué hacer el trabajo duro para prospectar y autogenerar nuevas oportunidades de ventas cuando algún "gurú" los libra de tener que hacerlo, diciéndoles que este método es de la "vieja escuela" y que "ya no funciona"? ¿Por qué apartar el tiempo para tomar el teléfono si en lugar de eso puedes tuitear, escribir publicaciones en un blog o chatear durante horas, publicando comentarios en un grupo de LinkedIn?

La verdad, como Jeb la dice de manera tan elocuente, es que no hay un botón que puedas presionar para hacer ventas de forma fácil. No existe una panacea ni un truco secreto. No hay herramientas, trucos ni procesos místicos generadores de ventas garantizados para llenar el canal de ventas. A pesar de lo que nos dicen los promotores de las ventas sociales y las compañías de marketing, lo cierto es que los principales productores y superestrellas del campo de las ventas son fanáticos de prospectar que asumen su responsabilidad personal en lo referente a identificar y crear sus propias oportunidades de venta.

Cuando el equipo de ventas de una empresa no logra llegar a las cifras establecidas o a alcanzar su potencial no es porque los vendedores no sepan cómo hacer bien sus presentaciones ni porque sean cerradores ineficaces o carezcan de las habilidades para ofrecer información o desafiar a clientes potenciales. Rara vez, se debe a un déficit de talento. La razón por la cual la mayoría de los equipos de ventas no está llegando a las cifras establecidas es porque sus canales de ventas son débiles, debido a que el equipo no está buscando clientes potenciales.

Jeb Blount sabe sobre prospección. Es una autoridad en este tema porque, antes de construir su exitosa empresa de capacitación en este campo de acción y de gestión de talento, fue un vendedor estrella que impuso récords y también un líder en ventas. Hoy en día, Blount transforma las organizaciones, ayudándolas a acelerar su desempeño y cada año habla con cientos de empresas de todo el mundo que están ansiosas por escuchar su inspirador mensaje sobre lo que se necesita para alcanzar el máximo desempeño —en tiempo récord.

En *Prospecta y vende*, Jeb no deja piedra sin mover ni se guarda nada. A lo largo de sus páginas, él explica por qué necesitamos buscar clientes potenciales, qué hacer exactamente para lograrlo y cómo llevarlo a cabo.

Las nuevas ventas son la vida de un negocio. No hay nada más importante que asegurarse de tener reuniones para hacer presentaciones, conversaciones, citas y llamadas de ventas con clientes potenciales. Es por eso que este libro es el más importante que se haya escrito sobre el tema.

Entonces, tanto si eres un líder en ventas como un vendedor que busca ayuda para crear más oportunidades de venta, este libro es para ti. Sin embargo, ten cuidado, pues una vez leas *Prospecta y vende*, no habrá más excusas. Desde por qué y cómo debemos interrumpir a los prospectos hasta por qué proteger al máximo nuestras preciosas horas doradas de venta, Jeb te brinda una guía completa para aumentar tus ventas lo más rápido posible. Te da consejos prácticos y poderosos sobre el uso de todos los medios —venta social, correo electrónico, teléfono, mensajería de texto, redes de contactos, recomendaciones y prospección en persona— que te permitan iniciar conversaciones de ventas y crear nuevas oportunidades de hacer negocios.

Si elegiste este título, porque nunca has prospectado o porque te cuesta alcanzar las cifras de venta establecidas, felicitaciones. Te prometo que, si sigues las indicaciones de Jeb, tus resultados mejorarán de manera radical. Y si, al igual que yo, hace mucho crees en prospectar, este libro te llevará a niveles completamente nuevos en el campo de las ventas.

—Mike Weinberg, The New Sales Coach
y autor de *New Sales. Simplified*

1

Qué es la prospección

Hay vendedores malos, mediocres, buenos, consistentes y también están los que son superestrellas y hacen parte de ese talento escurridizo en el que las empresas y organizaciones de ventas gastan miles de millones de dólares en identificarlo, contratarlo, retenerlo e imitarlo —ese codiciado 20% que produce el 80% de las ventas.

Las superestrellas de las ventas superan a los otros vendedores y se quedan con casi todas las comisiones y bonificaciones disponibles. Son ellas las que se ganan los viajes, los premios, las comisiones y también el reconocimiento que los vendedores del montón tanto anhelan.

No tienen éxito sólo una vez, sino que cumplen sus metas año tras año y tienden a mantenerse en la cima a largo plazo.

Además, son buenas para vender. Tienen talento y habilidades. Son competitivas y saben desempeñarse bien. Entienden cómo gestionar el proceso de venta, plantean buenas preguntas, hacen presentaciones ganadoras y cierran tratos. Tienen destreza con las personas, alta inteligencia emocional y una mentalidad ganadora.

Pero esta es la cuestión: esto también lo tienen muchos vendedores. Muchos tienen impulso y ganas de lograr el éxito. Poseen la inteligencia, el talento, las habilidades y la educación para ser los mejores. Son competitivos, conocen el proceso de venta y saben cómo plantear un negocio. Sin embargo, su rendimiento suele ser inferior al de los vendedores superestrellas.

Eso es lo que deja perplejos a tantos vendedores y ejecutivos que se preguntan cómo año tras año sólo el 20% de la fuerza de ventas produce resultados tan altos. Esta es la razón por la cual:

- Los gerentes de recursos humanos se sienten frustrados de que sus complejas y costosas evaluaciones de contratación no puedan predecir con tanta seguridad el éxito prometido en las ventas.
- Montones de investigadores académicos se esfuerzan en buscar el santo grial de las ventas que ellos creen que convertirá de manera mágica a todos los vendedores en los mejores de la industria, razón por la cual los ejecutivos corporativos creen en sus diarias promesas.
- Los líderes y ejecutivos de ventas siguen una moda tras otra, aferrándose con verdadera desesperación al último experto en ganarse el concurso anual de "El mundo de las ventas ha cambiado por completo" con la esperanza de revivir su decaído departamento de ventas.
- Muchos vendedores y empresarios anhelan tener el secreto para obtener ingresos estables, mediante un éxito real y duradero en las ventas y, sin embargo, ese secreto siempre parece estar fuera de su alcance.

El verdadero secreto para un éxito continuo en las ventas

El camino hacia el éxito en las ventas a nivel de superestrella es demasiado simple. Simple, pero no fácil. Es una paradoja de lo básico; una verdad tan descaradamente obvia que se ha vuelto 100% invisible. Una verdad que sigue siendo frustrantemente esquiva para la mayoría de los vendedores y que ha hecho que tantas personas prometedoras, inteligentes y talentosas fracasen en las ventas, que las empresas cierren sus puertas y que los empresarios se estrellen.

¿Cuál es el secreto que diferencia a las superestrellas de todos los demás y por qué ellas superan de forma constante a otros vendedores? Porque las superestrellas son *fanáticas de la prospección.*

Las superestrellas son buscadoras implacables e imparables. Les obsesiona mantener sus canales de venta llenos de prospectos cualificados. Buscan clientes potenciales en cualquier lugar y en cualquier momento —siempre revisando debajo de las piedras hasta encontrar su próxima oportunidad de negocio—. Prospectan de día y de noche —son imparables y siempre están en marcha—. ¡Son fanáticas!

Mi definición favorita de la palabra *fanático* es "motivado o que se caracteriza por un entusiasmo extremo e indiscriminado".

Las superestrellas de las ventas ven la prospección como una forma de vida. Buscan clientes potenciales de manera decidida y les preocupa poco lo que otras personas piensen de ellas. Se sumergen con entusiasmo en la prospección telefónica, por correo electrónico, mediante llamadas en frío o redes de contactos, piden referencias, tocan puertas, hacen seguimiento a datos de los clientes potenciales, asisten a ferias comerciales y entablan conversaciones con extraños.

- No ponen excusas como: "Oh, no es un buen momento para llamar, porque tal vez están comiendo".
- No se quejan: "Nadie me devuelve las llamadas".
- No lloriquean: "Los datos sobre clientes potenciales son malos".
- No viven con miedo: "¿Y si dice que no?" O "¿Qué pasaría si es un mal momento?".
- No procrastinan: "No tengo tiempo en este momento. Me pondré al día mañana".
- Buscan clientes potenciales en los buenos tiempos, porque saben que mañana podrían no serlo.
- Buscan clientes potenciales en los malos tiempos, porque saben que ser fanáticos de prospectar es la clave para la supervivencia.
- Prospectan incluso cuando no tienen ganas de hacerlo, porque les motiva mantener llenos sus canales de venta.

Los fanáticos de prospectar tienen su bolsillo lleno de tarjetas de presentación. Hablan con extraños en los consultorios médicos, en eventos deportivos, en la fila que están haciendo para comprar café, en ascensores, en conferencias, en aviones, en trenes y en cualquier otro lugar en donde tengan la posibilidad de estar cara a cara con clientes potenciales.

Se levantan por la mañana y se apoderan del teléfono. Durante el día, tocan puertas. Entre una reunión y otra, prospectan por correo electrónico y a través de mensajes de texto. Por la noche, se conectan con prospectos en las redes sociales. Antes de terminar cada día, hacen aún más llamadas.

El mantra permanente del fanático de prospectar es: *una llamada más.* La prospección es el aire que ellos respiran. No se quejan como bebés por no tener suficientes datos sobre clientes potenciales ni lloriquean a la hora del café frente a sus compañeros fracasados sobre cómo no logran entender por qué nadie les está comprando. No culpan al gerente de ventas ni a la empresa ni a los productos ni a los servicios ni a la economía. Más bien, se mueven, asumen su responsabilidad y se apropian de su territorio. Generan sus propios datos sobre clientes potenciales y, mediante trabajo duro, determinación y perseverancia, generan los resultados que desean obtener.

Las superestrellas son conscientes de que el fracaso en las ventas no es causado por un déficit de talento, habilidades o entrenamiento. Tampoco se debe a un territorio estéril ni a un producto inferior ni a deficientes habilidades de comunicación y presentación ni por no pedir que se haga el negocio o no cerrarlo ni debido a ciertos pésimos directores de ventas.

El hecho brutal es que la razón número uno del fracaso en las ventas es tener un canal de ventas vacío y que la raíz de esto es la falta de prospección.

Sin embargo, innumerables vendedores y líderes en ventas que se maravillan con el rendimiento año tras año de las superestrellas están ciegos ante la verdadera razón de su éxito. Al no estar dispuestos a aceptar que la raíz fundamental del éxito en las ventas es convertirse en fanático de prospectar, muchos pierden tiempo atacando molinos de viento en su búsqueda quijotesca de tendencias, soluciones milagrosas y fórmulas secretas que ellos creen que los llevarán a los brazos del éxito con tan solo un poco de esfuerzo.

En busca del botón para hacer ventas de forma fácil

"Pierda peso sin esfuerzo", dice el presentador, mostrando imágenes de modelos, mientras exalta sus abdominales marcados. "Con esta píldora revolucionaria e innovadora usted nunca más tendrá que preocuparse por su peso. Coma lo que quiera. Olvídese del ejercicio. Sólo tómese esta píldora y tendrá el cuerpo de sus sueños".

Si estos comerciales no funcionaran, las compañías que los hacen dejarían de transmitirlos. Pero sí funcionan.

En su libro, *Spartan Up: A Take No Prisoners Guide to Overcoming Obstacles and Achieving Peak Performance*, Joe De Sena explica que "la facilidad es el mayor gancho de marketing de todos los tiempos". Así que las compañías prometen, una y otra vez, que es posible perder peso, cambiar de casa o enriquecerse sin dolor, sin sacrificio y sin esfuerzo. Sus teléfonos suenan sin control a pesar de que, intuitivamente, la mayoría de la gente sabe que estas promesas son exageradas y no ciertas. Buscar lo fácil es parte de la naturaleza humana.

Es decepcionante observar cuántos vendedores tienen hoy esta actitud —siempre están buscando la salida fácil—. De alguna forma, se engañan a sí mismos, creyendo que el mundo está en deuda con ellos. Lloriquean y se quejan de sus empresas sin parar, así como de sus prospectos, de sus clientes potenciales, de sus compañeros de trabajo, del CRM, del producto, de los precios, etc.

Esta es la brutal verdad: ¡en lo que a ventas se refiere, no se te debe nada! Es tu deber levantarte, salir y hacer que las cosas pasen. Tu labor es coger el teléfono, tocar puertas, hacer presentaciones y cerrar negocios. Las ventas no son un trabajo de 9:00 a 5:00. No hay días libres. No hay vacaciones. No hay descansos para comer. Los grandes vendedores dejan hasta de comer por estar haciendo ventas —hacen lo que sea necesario con tal de tener éxito.

Esta mentalidad es la diferencia entre conducir un Mercedes o un Hyundai. Entre usar un Rolex o un Timex. Entre saborear un jugoso bife de primera calidad en un restaurante cinco estrellas o sobrevivir comiendo fideos. Es la diferencia entre tener una televisión de 60 pulgadas, pantalla plana y ultra alta definición o una de 12 pulgadas comprada en un mercado de artículos usados.

En las ventas, siempre habrá algo de qué quejarte. Así son las cosas. Habrá obstáculos, impedimentos, directores ineficaces, clientes potenciales toscos, desafíos con los productos y servicios y cambios en los planes de comisiones. Siempre habrá rechazo. Siempre habrá trabajo duro. Puedes sentarte a lloriquear y quejarte, pero créeme, sólo te lastimarás a ti mismo.

Es fundamental que despiertes de la ilusión de que, de alguna manera, vas a lograr prospectar con mayor facilidad. Es un hecho, acepta esta verdad: si tuvieras que elegir entre prospectar y nadar con tiburones, tú elegirías luchar contra los tiburones.

El primer paso hacia la construcción de un canal inagotable de ventas, lleno de nuevos clientes, es que enfrentes la verdad y te alejes de la necesidad emocional de encontrar la forma fácil de hacer las cosas. En ventas, la facilidad es la madre de la mediocridad. En tu vida, la mediocridad es como tener un tío en la ruina. Una vez él se muda a tu casa, es casi imposible lograr que se vaya.

El siguiente paso es ser realista. En las ventas, los negocios y la vida sólo hay tres cosas que puedes controlar:

1. Tus acciones
2. Tus reacciones
3. Tu mentalidad

Eso es todo. Nada más. Así que, en lugar de quejarte acerca de las cosas sobre las que no tienes control, enfoca tu energía en lo que sí puedes controlar: tu actitud, tus elecciones, emociones, metas, ambiciones, sueños, deseos y tu disciplina (eligiendo entre lo que quieres ahora y lo que más deseas).

Deja de desear que las cosas sean más fáciles y comienza a trabajar para ser mejor

El desarrollo de la mentalidad de un fanático de hacer ventas comienza con aceptar el hecho de que la prospección es un trabajo duro, agotador y lleno de rechazo.

No hay forma de prospectar fácilmente. Prospectar apesta. Es por eso que tantos vendedores no lo hacen y prefieren emplear su tiempo y energía buscando soluciones milagrosas, fórmulas secretas y atajos o ignorar la prospección por completo hasta cuando ya sea demasiado tarde.

Sin embargo, si sueñas con tener un ingreso de superestrella y vivir un estilo de vida de ese nivel, tendrás que enfrentar la realidad de que prospectar apesta y superarla. Para obtener lo que quieres, debes prospectar hasta la saciedad.

Jim Rohn dijo que no debemos desear que las cosas sean más fáciles, sino que seamos mejores. Esta es la promesa que te hago: cuando adoptes las técnicas de este libro, mejorarás.

¿Te convertirán en un prospector más eficiente las técnicas que te enseño aquí? Por supuesto. Te enseñaré cómo prospectar más en menos tiempo para que puedas volver a la parte divertida de la venta: identificar a los clientes, conocerlos, hacerles presentaciones, propuestas, negociaciones, cerrar acuerdos y cobrar cheques de comisión.

¿Te convertirán en un prospector más eficaz las técnicas que te enseño aquí? Cuenta con ello. Te enseñaré cómo obtener mayor rendimiento con el tiempo que inviertes en prospectar. Aprenderás a equilibrar la prospección mediante múltiples metodologías y tendrás más conocimiento sobre cómo involucrar a los prospectos calificados en conversaciones de negocios para así hacerlos parte de tu canal de ventas. Obtendrás mejores resultados, se te abrirán puertas que creíste que siempre estarían cerradas para ti y, en últimas, lograrás hacer cada vez más ventas.

¿Eliminarán el rechazo las técnicas que te enseño, haciendo que la prospección sea más apetecible (para usar las palabras de un autor cuya promesa es que la prospección puede ser "divertida y fácil") o indolora o eliminarán los obstáculos emocionales y mentales que llevan a procrastinar la prospección?

No. Ni en lo más mínimo.

No voy a mentirte acerca de la prospección. No te prometeré que voy a hacer que prospectar sea más fácil ni eliminarás el rechazo ni convertirás esta actividad en algo que aprenderás a amar. Sólo tú puedes tomar la decisión de hacer el trabajo duro, levantar el teléfono, aproximarte a extraños y superar tus propios complejos mentales. La elección de actuar y de adoptar una nueva mentalidad es tuya y sólo tuya.

Esta es la brutal verdad: no hay un botón para hacer ventas de forma fácil. Prospectar es un trabajo difícil y emocionalmente agotador, pero es el precio que debes pagar para obtener altos ingresos.

¿Por qué sé esto? Porque he estado vendiendo toda mi vida. Tengo cajas de trofeos llenas de premios por mis logros en ventas. Comencé un negocio exitoso y multimillonario desde ceros y sobreviví y prosperé, porque mi única opción era tomar el teléfono y comenzar a hacer llamadas. Soy considerado un experto líder en ventas, debido a estos logros y las personas me pagan mucho dinero para que les enseñe lo que sé. He ganado millones de dólares en comisiones. He comprado casas grandes, barcos, autos y todos los juguetes que te ofrece una carrera exitosa en ventas.

Todo esto fue cortesía de ser un fanático de prospectar. ¡Todo! Sin embargo, a pesar de que sé qué lo hizo posible y de que soy consciente de que prospectar genera mis ingresos, la verdad es que esta sigue siendo la parte más difícil y mentalmente más agotadora de mi día como vendedor. Siempre hay algo más divertido que preferiría hacer, y aunque sé que nunca será más fácil, lo único que me separa de la mayoría de las personas es esto: me sobrepongo a esta verdad sobre prospectar y, sea como sea, sigo prospectando.

2

Siete actitudes de los fanáticos de prospectar

Nos gusta pensar en que nuestros campeones e ídolos son superhéroes que desde su nacimiento son diferentes a nosotros. No nos gusta imaginarlos como personas relativamente comunes que se volvieron extraordinarias.

—Carol S. Dweck, *Mindset: The New Psychology of Success*

El Diccionario *Merriam-Webster* define la *mentalidad* como "una *actitud* o inclinación mental". También está definida como "estado de ánimo, disposición, inclinación o intención" (reference.com).

Tu mentalidad está completa y absolutamente bajo tu control e impulsa tanto las acciones que realizas como tus reacciones al entorno y a las personas que te rodean.

El éxito deja pistas

El éxito deja pistas. Personas de gran éxito, desde antiguos filósofos como Aristóteles hasta líderes intelectuales modernos, siempre han señalado que hay poca necesidad de "reinventar la rueda". Lo interesante es que, cuando estudias lo que hacen las personas exitosas, es posible encontrar patrones. Y, cuando duplicas esos patrones, podrás duplicar su éxito.

Desarrollar y mantener una mentalidad de fanático de prospectar es la clave definitiva para el éxito en las ventas. Esta mentalidad te mantiene enfocado y persistente; te impulsa a abrir puertas ante inevitables contratiempos, desafíos y rechazos. Cuando adoptas la mentalidad de fanático de prospectar creces frente a la adversidad en lugar de dejarte apabullar por ella.

Durante toda mi vida, he estudiado a los fanáticos de prospectar. A lo largo del camino, he descubierto siete actitudes básicas que los definen. Estas son sus pistas de éxito. Duplícalas y te garantizarás tu propio éxito al llenar tu canal de ventas y superar las cifras.

1. *Optimismo y entusiasmo:* los fanáticos de prospectar tienen una actitud ganadora y optimista. Ellos saben que las personas negativas, amargadas y con mentalidad de víctima no tienen éxito en las ventas. Los fanáticos de prospectar abordan cada día con entusiasmo, llenos de energía y listos para triunfar. Ven cada amanecer como una nueva oportunidad de alcanzar sus logros. Debido a esto, aprovechan el día, pasan por alto a quienes se les oponen o se quejan y se sumergen en la prospección con un impulso inigualable. Incluso en los malos momentos buscan en lo más profundo de su ser y encuentran el suficiente entusiasmo como para empujarse a sí mismos a seguir adelante y hacer una llamada más.

2. *Competitividad:* los fanáticos de prospectar ven la prospección a través de los ojos de un feroz competidor. Están programados para ganar y harán lo que sea necesario para mantenerse en la cima. Comienzan cada día preparados para ganar la batalla por la atención de los prospectos más codiciados y aventajan y superan a sus competidores en cada giro.

3. *Confianza:* los fanáticos de prospectar abordan la prospección con confianza. Esperan ganar y creen que así será. Han desarrollado fortaleza mental y la capacidad de manejar las emociones perturbadoras del miedo, la incertidumbre y la duda. Aprovechan la confianza y el autocontrol para persuadir a los prospectos de ceder tiempo y recursos para entablar conversaciones de ventas.

4. *Persistencia:* los fanáticos de prospectar tienen una alta necesidad de alcanzar logros. Hacen lo que sea

necesario para alcanzar su objetivo. Nunca dejan de creer que la persistencia gana. Utilizan el rechazo como un combustible motivador para levantarse y seguir adelante con la creencia decidida de que su próximo "sí" está a la vuelta de la esquina.

5. *Sed de conocimiento*: los fanáticos de prospectar aceptan la retroalimentación y la orientación. Buscan oportunidades para aprender e invertir en sí mismos como consumidores voraces de libros, podcasts, audiolibros, publicaciones en blogs, capacitaciones en línea, seminarios en vivo y de cualquier otra actividad que ellos crean que los hará mejores. Tienen una certeza inquebrantable de que todo sucede por una razón y a través de este lente ven los retrocesos como oportunidades para aprender y crecer.

6. *Metodología y eficiencia*: los fanáticos de prospectar tienen la capacidad de ejecutar con eficiencia casi robótica y sistemática. Son expertos en su oficio, como los atletas profesionales. Protegen las horas doradas, agendan su tiempo y concentran su poder para desactivar las distracciones y evitar interrupciones. De manera sistemática, desarrollan su base de datos de prospectos con el fin de crear listas más eficaces y específicas, y le sacan el jugo a cada momento de su día como vendedores.

7. *Adaptación y flexibilidad*: los fanáticos de prospectar tienen un agudo conocimiento situacional. Debido a esto, saben responder y adaptarse muy bien ante situaciones y circunstancias cambiantes. Su enfoque de prospección se basa en las tres A: adoptar, adaptar, ser adeptos. Es decir, buscan y adoptan activamente nuevas ideas y mejores prácticas; luego, las adaptan como propias y trabajan en ellas hasta que se hacen adeptos a la ejecución. Los fanáticos de prospectar están siempre probando cosas nuevas y son flexibles con respecto al mundo que los rodea —hacen lo que sea necesario para mantener llenos sus canales de venta—. Tienden a ser los primeros en

adoptar nuevas técnicas de prospección, tecnología de vanguardia y tácticas que cambian el juego.

Mira a tu alrededor. Encontrarás que los profesionales en ventas con mayores ingresos bien sea en tu pueblo, ciudad, empresa y en tus redes son fanáticos de prospectar. Es un hecho que, desde las ventas de seguros hasta las de bienes raíces, productos industriales, software, teléfonos móviles, automóviles, camiones, dispositivos médicos y farmacéuticos, en toda industria y empresa se practican estas siete actitudes.

Por eso, a medida que avances en esta lectura, es fundamental que uses estas siete actitudes como puntos de referencia fundamentales para evaluar en cuál de ellas necesitas crecer y desarrollar aún más tu mentalidad de vendedor estrella.

3

¿Hacer o no hacer llamadas en frío?

Ser o no ser, esa es la cuestión.

—William Shakespeare, *Hamlet*

Parece que, en estos días, por dondequiera que miremos, hay algún llamado experto pontificando acerca de que la eficacia de *las llamadas en frío murió*. Por lo general, se trata de algún charlatán enfocado en el marketing de atracción, obsesionado con las ventas sociales, que tiene sus propios planes y un interés personal en decirte que todo lo que creías saber sobre la prospección en las ventas es "de la vieja escuela" —excepto su versión limitada de "la nueva escuela"—. Por interés personal me refiero a que este expositor tiene algo que quiere venderte, prometiéndote que llenarás tus canales de venta con facilidad, sin rechazo y haciendo poco esfuerzo.

Personas de este perfil satisfacen el deseo que tiene la masa de vendedores de dejar de hacer llamadas en frío. Con seguridad, habrás visto anuncios y titulares en todas partes: "Nunca tendrás que volver a hacer llamadas en frío!". Según ellos, si compras su sistema, te liberarás de la carga de tener que hacer contactos hasta llegar a los clientes potenciales.

Con su sistema supersecreto, podrás publicar felizmente y sin dolor en tu blog y en tus redes sociales y los prospectos que ya están en el 70% (o el 57%, 68% o en cualquiera que sea la última estadística en estos días) del proceso de ventas, *te contactarán* milagrosamente, en el momento adecuado —y por su propia decisión—. Es entonces cuando tú contestarás tu teléfono o revisarás tu correo electrónico o tus mensajes en las redes sociales y... ¡Pum!, trato hecho. Te dirán que es fácil. ¿Por qué trabajar duro cuando, con su pequeña píldora mágica, puedes ponerte cómodo, relajarte y esperar a que suene el teléfono?

Bienvenido a la Isla de la fantasía.

Del mismo modo, hay expertos que se autodenominan reyes y reinas de las llamadas en frío. Predican en voz alta que llamar en frío es la verdadera clave para prospectar con éxito y ofrecen fórmulas supersecretas que, según ellos, eliminarán el rechazo, harán que tus prospectos objetivo queden extasiados cuando los llames y te garantizarán total éxito en tus ventas.

Estas promesas parecieran ser la versión retorcida de la profesión de las ventas de una obra de Shakespeare: *Llamar o no llamar en frío*.

¡Por favor!

El delicado arte de interrumpir

Así las cosas, los gurús y los líderes intelectuales discuten hoy sobre si llamar en frío o no. Lo cierto es que sus bravuconerías son sólo argumentos vanos, centrados en la semántica de los grados (frío, tibio, a fuego lento, caliente, ahumado) y sobre todo, en cómo evitar el método de volver a hacer llamadas de prospección.

Por eso, voy a adentrarte en la verdad —en la *razón verdadera* que todos estos supuestos expertos siguen ignorando, la cual no tiene nada que ver con hacer llamadas en frío.

La verdad es esta.

Si en realidad deseas tener un éxito constante en tu carrera de ventas, si deseas maximizar tus ingresos, entonces, debes interrumpir a tus prospectos. Es decir, tendrás que tomar el teléfono, entrar por alguna puerta, enviar algún correo electrónico o un mensaje de texto o contactar a un cliente potencial en LinkedIn, Twitter, Google+ o Facebook e interrumpir a esa persona que no está esperando que la contactes (pues no tienes una cita con ella ni la persona está esperando que la llames o le escribas) ni que comiences a hablarle de ventas.

A lo mejor, pretendas argumentar sobre el grado de venta en que se encuentra el prospecto, como caliente, tibio, frío o lo que sea. Quizá, se trate de un cliente potencial que llenó uno de tus formularios en línea o que descargó tu último informe. Tal vez, sea alguien con quien te conectaste en línea. También podría ser un cliente antiguo que estás tratando de reactivar, un prospecto en tu base de datos, un nuevo negocio que has decidido revisar o un prospecto que conociste en una feria de negocios.

Lo cierto es que, sin importar cuáles sean las circunstancias, tú estás interrumpiéndole sus actividades a esa persona para hablarle sobre algo que quieres que ella escuche, haga o compre, sin tener una cita programada para tener ese tipo de conversación.

Esto es lo que en verdad se oculta detrás de todo ese inútil ruido sobre la desaparición de las llamadas en frío. Todos los personajes que te prometen una salida fácil si te unes a su pequeño culto ignoran la verdadera razón por la cual la prospección es tan difícil, sin importar cómo elijas hacerla. *Nunca* ha sido un asunto relacionado con el grado de ventas en que se encuentra el receptor de la llamada; más bien, *siempre* se ha tratado de la voluntad que tenga el vendedor para interrumpir.

Esta, por cierto, es la razón esencial por la que la mayoría de los representantes de ventas protesta tanto y hace lo que sea con tal de evitar las llamadas en frío. Es mucho más fácil hablar con alguien que decidió llamarte por su propia cuenta.

El problema es que la mayoría de las empresas no cuenta con los datos de suficientes clientes potenciales como para mantener llenos sus canales de venta. Por cierto, los representantes de ventas que trabajan para empresas que sí generan suficientes datos de clientes potenciales como para que sus teléfonos se mantengan sonando están ganando mucho menos que los profesionales en ventas que contactan por sí mismos a clientes potenciales y los interrumpen con el fin de crear oportunidades de negocio.

Por ejemplo, tengo un cliente que gasta $1,2 millones de dólares al mes en la generación de datos de clientes potenciales para su equipo de ventas. Aun así, esos datos no son suficientes. Los representantes de ventas de esa empresa están sin trabajo durante más de la mitad del tiempo. La única forma en que pueden alcanzar sus cifras es haciendo llamadas en frío.

Otro cliente tiene un sólido proceso de mercadeo entrante y de ventas en redes sociales que genera un flujo consistente de datos de clientes potenciales. Sin embargo, los prospectos más grandes y lucrativos de su mercado, aquellos a quienes él necesita venderles para alcanzar sus objetivos, rara vez responden a esos esfuerzos de mercadeo entrante o de ventas en redes sociales. No tienen ninguna razón para comprometerse de esta manera. Sus cuentas son tan lucrativas que siempre hay una larga fila de vendedores llamando a su puerta. La única forma de iniciar una conversación de ventas con estos clientes potenciales de alto valor es interrumpiéndolos.

Deja de buscar la salida fácil y comienza a interrumpir y a involucrarte

Interrumpir las actividades de otra persona es difícil e incómodo.

No tienes manera de controlar su respuesta y aquello que desconocemos no sólo nos deja vulnerables, sino que nos causa miedo.

Por lo general, la reacción inicial de un prospecto cuando es interrumpido es de un rechazo en seco o de una respuesta espontánea en un tono de voz no tan amigable que transmite contrariedad. Como humanos, es natural odiar el rechazo; somos criaturas sociales que en el fondo deseamos ser aceptadas.

Estas son las razones principales por las que los vendedores mediocres pasan una cantidad desmesurada de tiempo buscando excusas para no prospectar.

El año pasado, uno de mis clientes quería crear un equipo de mercadeo que se encargara de llamar a los clientes inactivos y para esto contrató a varios representantes jóvenes e inexpertos en hacer llamadas.

A medida que los entrenaba, observé que ellos se sentían entusiasmados frente a lo desconocido, sobre todo, con el "¿y qué tal si..." propio de las llamadas altamente calificadas como "calientes". Querían asegurarse de tener todo listo antes de levantar el teléfono. Sin embargo, dudaban y agonizaban del miedo. Planeaban demasiado las llamadas.

Pero esas no eran llamadas a extraños. Estaban llamando a personas que ya habían hecho negocios con la empresa. Ya había una historia de ventas con ellas. De hecho, las llamadas eran cálidas y fáciles. Sin embargo, los representantes demostraron exactamente la misma ansiedad que he observado en aquellos vendedores que llaman a completos extraños —para hablar en grados, me refiero a prospectos muy fríos.

Entonces, les mostré cómo hacerlo: tomé la lista, levanté el teléfono y marqué los números. Los clientes que contestaron el teléfono fueron receptivos y, fuera de sentirse molestos al comienzo, debido a la interrupción, se tomaron el tiempo para hablar conmigo sobre su próxima posibilidad de compra. A lo largo de 25 llamadas, tres de estos antiguos clientes indicaron que estaban listos para comprar de nuevo.

Una vez que los representantes aprendieron a interrumpir a esos clientes inactivos y a iniciar conversaciones de ventas, se volvieron bastante exitosos y produjeron, como equipo, $100.000 dólares semanales en ventas. Esta, por cierto, se convirtió en la iniciativa de ventas más exitosa del año de mi cliente, quien decidió ampliar el equipo encargado de hacer este tipo de llamadas y ahora está contactando a la base de datos entera.

Sin embargo, he notado que los vendedores demuestran este mismo patrón de comportamiento temeroso con clientes potenciales calientes (aquellos que se han generado a través de esfuerzos de marketing, por medio de referencias o en ferias comerciales y son extremadamente receptivos). Lo noto incluso cuando llaman a clientes actuales en busca de más oportunidades de venta. Es indudable que agonizan, procrastinan y hasta se quedan mirando el teléfono —temerosos de tomarlo.

Hace unos meses, estaba trabajando con un grupo de agentes de seguros de una de las compañías más conocidas de la industria. Se les solicitó llamar a una lista de clientes que ya tenían negocios con la compañía. El objetivo era simple: hacer una cita con ellos para revisar sus coberturas y asegurarse de que no hubiera vacíos. El objetivo de la cita era encontrar oportunidades para vender productos financieros adicionales donde fuera posible hacerlo.

Eran llamadas de bajo impacto a clientes actuales. El enfoque era simple:

"Hola, Roger, habla Jeb, de la agencia XYZ. La razón por la cual te estoy llamando es que, al revisar tus coberturas actuales, me di cuenta de que tienes tus automóviles y tu casa asegurados con nosotros, pero no tienes una póliza de responsabilidad legal para ti. Quisiera programar una corta reunión contigo para revisar tu situación actual e identificar cualquier falta de cobertura que pudiera generar un riesgo para ti y tu grupo familiar. ¿Qué tal el jueves a las 11 a.m.?".

Aun así, los vendedores habían encontrado todas las excusas posibles para no hacer las llamadas. Uno incluso me dijo que "él no se había ofrecido para hacer llamadas en frío". Le expliqué con la mayor cortesía del mundo que llamar a un cliente actual —a alguien con quien la empresa ya se está haciendo negocios—, que además está familiarizado con los productos y servicios y que lo más probable sea que acepte la llamada, dista tanto de ser una llamada en frío como Perth, Australia lo está de la Ciudad de Nueva York.

Miedo a llamar —no a hacer una llamada en frío

Hoy en día, la mayoría de la gente, incluyendo los expertos y el agente de seguros que ya antes mencioné, no tiene idea de qué es en realidad una llamada en frío. Muchos piensan que cualquier contacto telefónico es una llamada en frío.

Han convertido el miedo y la ansiedad que sienten frente al hecho de interrumpir a los prospectos en un coco y han vuelto a etiquetar este acercamiento como "llamada en frío". Esto les ha dado la excusa perfecta para sentarse a esperar a que sean los prospectos quienes los interrumpan a ellos —y por supuesto, luego se quejan de no tener suficientes datos de clientes potenciales.

La llamada en "frío" no es lo difícil. Lo que es difícil es interrumpir a otras personas. Sin lugar a duda, a lo que los representantes le temen es a llamar e interrumpir, no a hacer la llamada en frío como tal.

Ahora, es de esperarse que algunos prospectos sean más receptivos que otros. Siempre será más fácil hablar con un cliente potencial que llene un formulario en línea que con un cliente potencial que contactes sin pretexto alguno. Un prospecto que esté familiarizado con tu nombre en las redes sociales tiende a estar más comprometido que otro que hayas encontrado mediante alertas de Google y que hayas contactado a través del conmutador. Será más probable que un cliente potencial con un contrato por expirar con un competidor participe en una conversación que un cliente potencial que acaba de firmar un nuevo contrato. Si estás llamando a un cliente antiguo, es probable que seas mejor recibido que si llamas a un cliente potencial que nunca haya hecho negocios contigo o con la empresa que representas.

Interrumpirle el día a un prospecto es una parte fundamental de un canal de ventas robustecido. Sin importar el enfoque que tengas de la prospección, si no interrumpes hasta el cansancio a tus posibles clientes, tu canal de ventas será débil.

Por lo tanto, la pregunta en este caso no es si hacer llamadas en frío o no.

Más bien, la pregunta es cómo equilibrar estratégicamente la prospección a través de los diversos canales que tengas para conectarte a sabiendas de que cuentas con una ventaja competitiva que justifica interrumpir a otras personas en medio de un mercado lleno y competitivo.

4

Adopta una metodología de prospección equilibrada

La gente pobre elige el ahora. La gente rica elige el equilibrio.

—T. Harv Eker, *Secrets of the Millionaire Mind*

"Pero Jeb," dijo Janice enfáticamente, "¡Soy mucho mejor cuando prospecto en persona!". Fue una línea que escuché cientos de veces por parte de vendedores que se apresuraron a decirme que eran mucho mejores en cierto tipo de prospección que en otro.

La excusa de "Soy mucho mejor cuando..." es sólo eso: una excusa para evitar otras técnicas de prospección que son desagradables para los vendedores. La mayoría de las veces, es una excusa para evitar la prospección telefónica.

El canal de ventas siempre revela la verdad. Los vendedores que se inclinan hacia una sola metodología de prospección subestiman seriamente su capacidad productiva.

Te garantizo que, cuando las palabras "Pero tú no lo entiendes, yo soy mucho mejor en..." salen de la boca de un vendedor en respuesta a una técnica de prospección que acabo de presentar, ese vendedor tiene un nivel de desempeño inferior a la cifra establecida y se está robando a sí mismo miles de dólares en comisiones.

La falacia de poner todos los huevos en una canasta

Imagina que un amigo te pide consejos sobre cómo invertir para su jubilación. Te dice que fue a un seminario financiero donde un "gurú" de inversiones presentó unas "acciones seguras" y el gurú le aconsejó que invirtiera de inmediato todos sus huevos en esas acciones. ¿Qué le dirías?

Si fueras un buen amigo, te mostrarías incrédulo ante esa propuesta y exclamarías al instante: "¡Poner todo tu dinero en una sola acción es estúpido! ¡Perderás todo lo que has ahorrado para la jubilación!".

"Pero el tipo dice que esta inversión es segura", dice tu amigo enfáticamente. "¡Dice que puedo ganar un montón de dinero!".

Ante su respuesta, lo más probable será que lo agarres por el cuello, lo sacudas y le digas: "¿Estás bromeando? ¿Eres tonto? No hay nada seguro cuando se trata de invertir. Por eso es que las personas sensatas hacen algo llamado diversificación —distribuyen su dinero en múltiples inversiones para reducir riesgos—. Este tipo te está diciendo tonterías. Si sigues ese consejo, tendrás un desastre financiero".

En ventas, basarse en una sola metodología de prospección (por lo general, la que sientes que genera la menor cantidad de resistencia y rechazo) a costa de los demás produce resultados mediocres. Sin embargo, equilibrar el enfoque de prospección dependiendo de la industria, el producto, la empresa, el territorio y el tiempo que inviertes prospectando te da una ventaja estadística que casi siempre conlleva hacia un mayor desempeño y a ingresos a largo plazo.

Similar al campo de la inversión, hay un experto o supuesto gurú de ventas en cada esquina diciéndoles a los vendedores que su método es el único camino hacia la salvación cuando se trata de prospectar. Por lo tanto, promueve la prospección telefónica y por correo electrónico, la venta social, las ferias comerciales, las referencias, el trabajo en redes o el marketing entrante como la única opción real, menospreciando todas las otras formas; casi siempre, etiquetando las que a él no le gustan —como las "llamadas en frío"— para presentar la salida final. "Hazlo a mi manera", dice, "y tendrás datos ilimitados de clientes potenciales. ¡Todo por sólo $999 dólares!".

Estas promesas y tus propias justificaciones, como "Soy mucho mejor en...." suenan bien en seminarios, libros, webinarios, artículos y en tu propia cabeza. Pero en el mundo real, donde los vendedores reales deben conectarse con prospectos, alcanzar una cifra, sostener a sus familias, pagar hipotecas y hacer mercado, rara vez, estas promesas funcionan a largo plazo.

Evita la locura de la "talla única"

Ahora, piensa en mí como tu amigo que te toma por el cuello y te sacude para que regreses a la realidad. Poner todos los huevos de prospección en una sola canasta es estúpido. Es destruir tu carrera. Usar la excusa de "Soy mejor en..." para escapar de las técnicas de prospección que no te gustan es ser miope.

La base de una estrategia de prospección ganadora es el equilibrio.

Los mejores vendedores han logrado una prospección equilibrada de la misma manera que la gente rica ha logrado el equilibrio en sus carteras de inversión. Equilibrio significa que, para obtener el mejor rendimiento de tu inversión en cuanto al tiempo que le dedicas a prospectar, debe haber una mezcla entre el uso del teléfono, hablar persona a persona, enviar correos electrónicos y mensajes de texto, hacer venta social, pedir referencias, trabajar en red, conseguir datos de clientes potenciales, asistir a ferias comerciales y hacer llamadas en frío. Además, la distribución relativa de tu inversión de tiempo en cada metodología de prospección debe basarse en tu situación específica.

No hay una fórmula única para lograr una prospección equilibrada. Cada territorio, industria, producto, servicio y base de datos de prospectos es diferente, al igual que lo son las demandas del plan de ventas, los impulsores económicos, las estrategias y la dirección del negocio —con seguridad, todo esto irá cambiando con el paso del tiempo—. También es importante tener una perspectiva clara de dónde estás en cuanto a tus objetivos, porque eso también puede determinar la combinación adecuada de diversos canales de prospección.

Por ejemplo, en algunas industrias o con ciertos productos o servicios, si pasas la mayor parte de tu tiempo haciendo llamadas en frío en lugar de trabajar en redes profesionales, fracasarás. En otras, si no prospectas en persona, tendrás una muerte rápida y dolorosa. En algunas otras, las referencias lo son todo. Y, en otras, las ferias comerciales ofrecen los datos de clientes potenciales de la más alta calidad.

La venta social puede ser el principal impulsor de un negocio de consultoría, mientras que el marketing de entrada puede tener un peso mayor en ciertos productos de software. Si trabajas para una gran empresa, es posible que tengas una base de datos de prospectos ya preparada, entonces, el teléfono y el correo electrónico son los canales más eficientes y eficaces. Si trabajas para una pequeña empresa o *startup*, tendrás que equilibrar tu prospección para construir tu base de datos con oportunidades a largo plazo y llenar el canal de ventas con tratos que puedas cerrar de inmediato.

La clave es diseñar el enfoque de prospección con base en lo que funciona mejor en tu industria y con tu producto y servicio, según sea la complejidad de la oferta, la base de clientes que tengas, junto con tu nivel de experiencia. En algunos casos, esto puede ser incluso específico según sea el mercado o la ubicación geográfica en que te encuentres. Por ejemplo, en los códigos postales de alta densidad, como Manhattan o el centro de Chicago, es posible que seas más eficiente y eficaz si prospectas en persona y no por teléfono.

Tu experiencia en el territorio también es importante. Si eres nuevo en ventas o en la empresa o acabas de asumir un nuevo territorio, existe la posibilidad de que tu balance de técnicas de prospección deba ser diferente al de un representante con experiencia en el mismo territorio durante años.

De hecho, así es como muchos novatos se meten en muchos problemas. Ven que Joe, el veterano con 20 años de experiencia en esa zona, genera millones de dólares durante meses con el que parece ser poco esfuerzo. Entonces, imitan este comportamiento. En su camino al fracaso, olvidan el hecho de que Joe pasó años preparando su base de datos y que ahora él conoce muy bien las ventanas de compra de sus prospectos y sabe con exactitud cuándo y cómo conectarse con ellos. Los novatos fallan al no entender que Joe pagó su éxito por adelantado durante años, siendo un fanático de prospectar.

Si eres nuevo en tu territorio, empresa o industria, debes estar preparado para tomar el teléfono y hacer muchas llamadas o salir a la calle y golpear muchas puertas. Es posible que tengas que hacer bastantes llamadas en frío para preparar y construir tu base de datos. Por otro lado, si has estado en tu territorio o industria durante años, lo más fijo es que las llamadas en frío pasen a ser una parte más pequeña de tu balance de prospección, mientras que las referencias, la venta social, la alimentación de datos de clientes potenciales y las llamadas oportunas a prospectos de calidad son tu enfoque principal cuando se trata de prospectar.

Mira a tu alrededor. Descubre lo que los principales vendedores de tu organización están haciendo para generar prospectos de calidad. Luego, haz lo mismo. Los profesionales en ventas que están quedándose con los grandes cheques de comisiones conocen la fórmula. Pero ten cuidado. Si les vendes a clientes de mercados pequeños y medianos y adoptas el mismo enfoque de prospección que con los ejecutivos de cuentas regionales o con los gerentes de cuentas empresariales, es probable que fracases.

Lograr un enfoque equilibrado al prospectar es el medio más eficaz de llenar el canal de ventas, sea cual sea el producto, el servicio o la industria. Con pocas excepciones, la combinación de múltiples técnicas y canales es el camino más efectivo para construir canales de venta exitosos.

5

Entre más prospectes, más resultados obtienes

La inacción genera duda y miedo. La acción genera confianza y coraje. Si quieres vencer el miedo, no te quedes sentado en casa pensándolo. Sal y mantente ocupado.

—Dale Carnegie

El implacable imperativo diario para cada vendedor es mantener el canal de ventas lleno de prospectos de calidad.

Los mejores profesionales en ventas le dedican hasta el 80% de su tiempo a desarrollar actividades de prospección y cualificación, debido a una razón importante: ellos quieren subir a la base de bateo lo más pronto y rápido posible y crear una cadena consistente de lanzamientos sencillos, dobles, triples y unos cuantos jonrones.

Hay tres leyes fundamentales de la prospección que, cuando las tienes en cuenta, te aseguran que se esté moviendo un flujo constante de prospectos en el canal de ventas:

1. La Ley universal de la necesidad
2. La Ley de los 30 días
3. La Ley del relevo

En este capítulo, verás las implicaciones de estas tres leyes universales para tener éxito en las ventas. También comprenderás por qué ignorar estas leyes causa caídas en las ventas y cómo salir de allí si te encuentras en medio de una de ellas.

La Ley universal de la necesidad

Es cuando los canales de venta están vacíos que los vendedores se enfrentan cara a cara con la Ley universal de la necesidad. Esta ley reina en medio de la desesperación. Consiste en que, cuanto más necesites algo, menos probable será que lo obtengas. La Ley universal de la necesidad entra en juego en las ventas cuando la falta de actividad termina por dejar vacío el canal de ventas. Cuando toda esperanza de supervivencia se basa en una, dos e incluso en varias cuentas, la probabilidad de fracaso aumenta de manera exponencial. Piensa en Jerry. Su prospección es inconsistente... Varios de los negocios con los que él contaba y puso en su pronóstico de ventas movieron las decisiones para el próximo trimestre o los perdió, debido a la competencia. Ahora, sólo tiene pocas oportunidades viables. Se acerca el final del trimestre y Jerry está trabajando bajo mucha presión. Necesita con desesperación cerrar uno de estos negocios y, a medida que más se desespera por cerrar alguno, se enfrenta cara a cara con una cruel realidad: la desesperación magnifica y acelera el fracaso y casi que le garantiza que no alcanzará la cuota de ventas que él necesita para sobrevivir.

Hay varias razones por las que la desesperación aumenta la probabilidad de que Jerry fracase cuando más necesita tener éxito. La primera es que la desesperación aprovecha el lado negativo de la Ley de la atracción, que establece que es más probable que obtengas aquello en lo que enfocas tus pensamientos. Cuando estás desesperado, ya no enfocas tu mente en lo que necesitas para tener éxito. En cambio, te enfocas en lo que te pasará si no llegas a tu meta, atrayendo así el fracaso.

El siguiente problema generado por una necesidad desesperada es que otras personas se dan cuenta de ella. A través de tus acciones, tu tono de voz, tus palabras y tu lenguaje corporal, envías el mensaje de que estás desesperado y te sientes débil. Los prospectos y los clientes rechazan de manera orgánica a los vendedores que están necesitados, desesperados y que son patéticos. Más bien, se inclinan hacia los profesionales en ventas que transmiten confianza. Es por eso que, cuando apestas a desesperación, la gente no quiere hacer negocios contigo.

Por último, cuando estás desesperado, te vuelves emocional y actúas ilógicamente, lo que te hace tomar malas decisiones. Estas exacerban una situación de por sí mala, haciéndote sentir estresado, miserable y con ganas de cavar un agujero lo más profundo posible.

A diferencia de Jerry, Sandra está en constante búsqueda de prospectos, trabajando en red, obteniendo referencias y moviendo sus cuentas a través de su canal de ventas. Su arduo trabajo le ha dado como resultado más de 30 oportunidades que ella ya programó en su lista de cosas por hacer.

¿Se convertirán en venta todas? Lo más seguro es que no. Sin embargo, Sandra siente poca presión. Siempre está reemplazando a los prospectos que salen de su canal y, como resultado, sus ventas han sido constantes, predecibles y han estado dentro del objetivo que ella quiere alcanzar. Sandra sabe con exactitud qué ventas hará mañana, la próxima semana y el próximo mes, y se ha ganado la confianza de su gerente de ventas, porque cumple con la cuota de ventas que ella misma presupuesta.

Como tiene poca presión, recibe un gran estímulo cuando varias de las cuentas de su canal que eran poco probables de un momento a otro aceptan sus tratos. Esto excede su cuota y le permite ganarse una buena bonificación. El hecho es que Sandra no necesitaba hacer esas ventas extra, debido a que fue disciplinada en su actividad e hizo las cosas con esfuerzo.

La Regla de los 30 días

"Oye, Jeb, ¿tienes un minuto?". La voz al otro lado de la línea me era familiar.

"Claro, Greg, ¿qué hay de nuevo?". Greg es un profesional en ventas que vive en mi ciudad. Nos conocemos desde hace años.

"Me preguntaba si tienes un minuto para que hablemos".

Yo estaba atrapado en el estacionamiento llamado I-285 en Atlanta y no tenía a dónde ir, así que Greg comenzó a contarme su historia. Me explicó que, por alguna razón, no estaba cerrando ninguno de aquellos negocios en los que estaba trabajando. Se sentía frustrado, pensaba que había perdido sus habilidades de vendedor y buscaba consejos que le ayudaran a concretar algunas ventas. Estábamos a principios de marzo y a él le preocupaba terminar cerrando un mal trimestre. Las caídas en las ventas suelen afectar a gran velocidad la credibilidad y crean una sensación de desesperación.

"Greg", le pregunté, "¿por casualidad estás llamando a los mismos prospectos una y otra vez? ¿Y son ellos los mismos con los que intentaste cerrar tratos en febrero?".

"Sí. Siguen posponiendo las cosas. Me preguntaba si tienes algunas técnicas de cierre o algo que sea bueno decirles para lograr hacer esos cierres con ellos".

"Greg, esta te parecerá una pregunta extraña, pero tenme paciencia. ¿Cuánto trabajaste en diciembre?".

"Bueno, estuvimos muy ocupados en diciembre y no le dediqué a mi trabajo tanto tiempo como esperaba. Además, nos tomamos un par de semanas de descanso al final del año. Ya sabes cómo son las cosas durante las festividades de fin de año".

"Entonces, ¿no prospectaste tanto como de costumbre?".

Hubo silencio al otro lado de la línea. "¡Oh, maldición, Jeb...! ¡La Regla de los 30 días! No me había dado cuenta de eso".

Greg no tenía problemas de cierre. Lo que tenía era un problema de prospección. Dejó de prospectar en diciembre y esto se le devolvió en marzo. Sin embargo, debido a que esa brecha en la actividad había ocurrido en diciembre, él no la conectó con su caída en ventas de marzo. Para él, era un asunto de cierre. Debido a que veía esa caída en ventas como un problema de técnicas de cierre en lugar de un problema de prospección, Greg continuaba recurriendo una y otra vez a prospectos viejos y sin opción de compra, sin querer admitir que nunca haría tales negocios.

Fue entonces cuando comenzó a cavar un agujero aún más profundo. La ironía fue que, a medida que su frustración por no cerrar ventas aumentaba, Greg dejó de prospectar por completo. Sencillamente, siguió llamando a los mismos prospectos viejos una y otra vez, engañándose a sí mismo, diciendo que esta era una actividad de prospección.

Esta espiral de muerte es común y les sucede hasta a los mejores vendedores. Seamos honestos: es difícil hallar la energía y la motivación necesarias para comenzar a prospectar cuando te sientes como un perdedor.

A medida que este ciclo continuaba, Greg no pudo sustituir a los prospectos viejos con nuevas oportunidades, se desesperó más, tuvo una caída en las ventas y comenzó a buscar una solución milagrosa que resolviera su problema. Fue entonces cuando me llamó en búsqueda de técnicas de cierre secretas que lo salvaran.

En diciembre, Greg dejó de buscar prospectos, porque es fácil distraerse durante las fiestas con cosas mucho más divertidas que la prospección. Por esa razón, 90 días más tarde, su canal de ventas estaba estancado. Esto es lo que sucede cuando ignoras la Regla de los 30 días. Casi siempre, esta entra en juego en las ventas B2B y B2C de gama alta. En las ventas transaccionales de ciclo más corto, la Regla de los 30 días puede convertirse en la "Regla de una Semana", pero el concepto sigue siendo el mismo.

La Regla de los 30 días establece que la prospección que realizas en un período de 30 días dará buenos resultados durante los próximos 90 días. Es una regla universal simple, pero poderosa, que gobierna las ventas y que, quien la ignora, lo hace bajo su propio riesgo. Cuando interiorizas esta regla, nunca dejas la prospección para otro día.

La implicación de la Regla de los 30 días es simple. Deja de prospectar por un día y esta decisión se te devolverá en algún momento en los próximos 90 días. Deja de hacerlo por una semana y lo sentirás en tus comisiones. Deja de hacerlo todo el mes y perderás tu canal de ventas, tendrás una caída segura y te despertarás 90 días después desesperado, sintiéndote como un perdedor, sin tener idea de cómo terminaste allí.

La Ley del relevo

Rick estaba sentado frente a su vicepresidente de ventas. Había hecho grandes promesas a principios de mes en su presupuesto —afirmando que ese sería un mes récord—. Ahora, se disculpaba por haber fallado estrepitosamente. Trataba de explicar cómo las ventas con las que contaba no se materializaron por una razón u otra. En un movimiento desesperado, señaló que, en los dos meses anteriores del trimestre, su equipo había logrado más de lo presupuestado. El hecho es que sus excusas cayeron en oídos sordos.

Rick me llamó, buscando respuestas. "Mi equipo me decepcionó y no puedo dejar que eso suceda de nuevo. Lo único que mi VP espera es que cumplamos nuestro presupuesto de ventas. ¿Cómo puedo evitar que mi equipo me decepcione en el futuro?".

Le pedí que me hablara acerca de la actividad de su equipo en los últimos meses, desde que él asumió el cargo de gerente de ventas y me explicó que, cuando comenzó a trabajar con el equipo, el canal de ventas era débil. Por eso, él motivó a su equipo a prospectar y a buscar nuevas oportunidades de negocio.

"¡Y funcionó!", dijo él haciendo énfasis en ello. "Hace dos meses, tuvimos el mejor mes en dos años. El siguiente mes, fue aún mejor. Por eso, no entiendo qué pasó este mes. Es como si todo el mundo se hubiera rendido".

"Rick, ¿tus vendedores prospectaron con la misma intensidad durante esos dos meses de buenos resultados como cuando los animaste a llenar el canal de ventas?", le pregunté.

"No, una vez el canal estuvo lleno de oportunidades, salimos y comenzamos a cerrar tratos".

"Bien, entonces, ¿cómo se ve el canal para el próximo mes?".

"Bueno, esa es otra cosa que tuve que explicarle a mi VP. Hemos estado tan ocupados trabajando en cerrar tratos que dejamos que este se debilitara de nuevo".

He ahí el problema.

Tuve que darle la noticia a Rick de que sus vendedores no lo habían decepcionado. Más bien, él le había permitido a su equipo subir a la montaña rusa clásica de las ventas, porque había ignorado la Ley del relevo.

La siguiente es una pregunta matemática: Becky tiene 30 prospectos en su canal de ventas. Su porcentaje de cierre es del 10%. Cierra un trato. ¿Cuántos prospectos siguen en su canal?

La mayoría de la gente responde 29.

La respuesta correcta es 20.

¿Por qué 20? Estos son los cálculos. Becky tiene una probabilidad de 1 a 10 de cerrar un trato. Eso significa que, en promedio, sólo cerrará un trato entre 10 prospectos que ponga en su canal. El resultado neto es que, cuando cierre un acuerdo, los otros nueve ya no son viables. Esto significa que su canal se reducirá en 10 prospectos en lugar de uno. Ahora, debe restituir esos 10 prospectos para mantener su canal lleno. La Ley del relevo tiende a ser un concepto difícil de entender, porque es una fórmula estadística. De hecho, es posible argumentar cómo se puede saber que ya no se podrán cerrar tratos con los otros nueve prospectos. Sin embargo, argumentar esto es no llegar al fondo del asunto. Estamos hablando de probabilidades estadísticas basadas en el promedio de cierre de Becky. Las estadísticas nos dicen, a largo plazo, que ella debe restituir esos prospectos para mantener su canal de ventas en un estado saludable y lleno.

La Ley del relvo es un concepto crucial que es fundamental interiorizar, porque no prestarle atención a esta ley es la razón por la que los vendedores se suben en montañas rusas *y* se quedan en ellas. Arriba y abajo. Arriba y abajo. El problema es que un día bajan tanto que ya no pueden volver a subir.

La lección que enseña la Ley del relevo es que hay que estar incluyendo nuevas oportunidades en el canal de ventas y hay que hacerlo de manera permanente para así remplazar las oportunidades que desaparecerán —como es apenas natural que suceda—. Necesitas hacerlo a una tasa que coincida o exceda tu promedio de cierre. Aquí es donde la mentalidad de un fanático de prospectar comienza a dar sus frutos.

Anatomía de una caída en las ventas

El 99% de las caídas en las ventas se puede asociar directamente a una falta de prospección. La anatomía de una caída en las ventas es algo así:

- En algún momento, dejaste de buscar prospectos (ver la Regla de los 30 días).
- Como dejaste de prospectar, el canal de ventas se estanca (ver la Ley del relevo).
- Debido a que los prospectos en el canal de ventas están muertos, dejas de cerrar tratos.
- A medida que experimentas este fracaso, tu confianza se erosiona.
- Tu confianza, al ir en picada, hace que te digas a ti mismo cosas negativas y eso degrada aún más tu confianza,

arruina tu entusiasmo y hace que te sientas como un perdedor.

- Sentirte como un perdedor te quita la energía y motivación para prospectar.
- Debido a que no quieres prospectar, llamas una y otra vez a los mismos contactos viejos con los que no tienes posibilidad de hacer negocios y de ese modo no llegas a ninguna parte.
- La falta de prospección hace que tu canal de ventas sea aún más obsoleto.
- Empiezas a esperar soluciones milagrosas. Pero, como la esperanza no es una estrategia, nada cambia.
- Te hundes más profundamente, te desesperas, y luego ¡pum! Te abofetea la Ley universal de la necesidad.
- Tus días como vendedor se convierten en deprimentes agujeros negros.

Al principio de mi carrera en el campo de las ventas, atravesé por una fuerte caída. El trimestre anterior había cerrado un montón de negocios nuevos y, sin querer, quedé atrapado en el trabajo administrativo necesario para establecer esos nuevos clientes. La verdad es que tomé la salida fácil y justifiqué mi falta de prospección con el trabajo administrativo. A los 90 días, desperté al hecho de que había pasado el trimestre y el gerente de ventas estaba exigiéndome que mis ventas volvieran a la normalidad. Esa fue mi experiencia más directa y cercana con respecto a la brutal realidad de que, en ventas, no se trata de lo que vendiste ayer, sino de lo que has vendido hoy.

Dada la situación, mi gerente de ventas me llamó y me explicó la Regla de los 30 días. Señaló que yo estaba en un escenario precario y que mi canal de ventas era testimonio de esta triste realidad. Entonces, me dio un gran consejo: "Ve, toma el teléfono y empieza a marcar".

Siendo sincero, me sentía deprimido, enojado y lleno de excusas y como un total perdedor. Aun así, seguí su consejo y empecé a prospectar. El simple hecho de entrar en acción para salvar mi pellejo me levantó el ánimo.

Sin embargo, al principio, no sentía que estuviera avanzando. Cuando estás desesperado, tratas de hacer que el mundo se ajuste a tus plazos irrazonables. Sentía que sólo estaba dejándome llevar y que me hundía cada vez más entre arenas movedizas, porque no estaba vendiendo nada. Pero cada día, el teléfono le sumaba oportunidades a mi canal de ventas.

Seguí haciéndolo y al final del trimestre, casi como un milagro, fui el representante de ventas número uno de mi región. El impacto de la prospección diaria en mi desempeño ese trimestre —lo cual me llevó a pasar de cero a convertirme en héroe en tres meses— dejó una impresión indeleble en mí. Fue una lección que nunca tuve que volver a aprender.

Tarde o temprano, todos bajamos la guardia y nos encontramos con la necesidad desesperada de vender. El impacto acumulativo de nuestras malas decisiones, de nuestra procrastinación, de nuestros miedos, de nuestra falta de enfoque e incluso de nuestra flojera se va sumando y de repente estamos luchando desesperados para lograr sobrevivir.

Te puedes recuperar, pero, primero, debes reconocer dónde está la falla de tu situación. Escucha, a menudo, cuando estamos pasando por situaciones desesperadas, volvemos a nuestra naturaleza humana y culpamos a todo y a todos por nuestra difícil situación excepto, por supuesto, a nosotros mismos. Sin embargo, la Ley Universal de la necesidad no castiga a otros. Te castiga a ti por tu fracaso en la ejecución de la disciplina diaria que se requiere para alcanzar el éxito. Una vez que te mires al espejo, aceptes tu propia culpabilidad y asumas la responsabilidad de los resultados que obtuviste, tendrás la oportunidad de cambiar tu futuro.

La primera regla de una caída en las ventas

La primera regla de los agujeros es que, si estás en uno, debes dejar de cavar, y la primera regla de las caídas en las ventas, si tienes una, es empezar a prospectar. La única forma real de salir de una caída es volver a subir a la base de bateo y comenzar a hacer swings.

Cuando estés pasando por una caída, toma un respiro, reconoce que tus emociones negativas sólo están empeorando las cosas y comprométete a hacer prospección a diario. Haz lo que sea necesario para que tu mente se concentre en prospectar y en trabajar en función de cumplir tus metas diarias.

No le dediques ni un momento a pensar en qué podría pasarte si no consigues lo que necesitas. Preocuparte no cambiará tu futuro. Tampoco te quedes atrapado, arrepintiéndote de todo lo que no hiciste. Tu futuro no está en tu pasado.

En lugar de eso, invierte toda tu energía, emoción y esfuerzo en acciones que puedas controlar. El éxito en las ventas es una ecuación simple, de actividad diaria, semanal, mensual, trimestral y anual. En otras palabras, tú tienes completo control de tu futuro. Incluso en una situación desesperada, si vuelves a lo básico y te centras de inmediato en las actividades adecuadas, los resultados llegarán. Por lo general, para volver a encaminarte, se requieren alrededor de 30 días de actividad diaria dedicada.

Una de mis frases favoritas es de Arnold Palmer: "Cuanto más practico, más suerte tengo".

Hay una frase paralela en el campo de las ventas: cuanto más prospectas, más suerte tienes.

¿Te harán un mejor prospector la formación, la experiencia y la técnica? Por supuesto. Sin embargo, es mucho más importante prospectar a diario que usar las mejores técnicas.

Cuando prospectas seguido —lo cual significa hacerlo todos los días—, suceden cosas asombrosas. El impacto acumulativo de la prospección diaria es enorme. Comienzas a conectarte con las personas adecuadas, con las cuentas adecuadas y en el momento adecuado. Verás que de repente, las oportunidades te llegan como de la nada (mi equipo de Sales Gravy llama a este fenómeno "Los dioses de las ventas").

La mayoría de los vendedores nunca tiene suerte, porque solo hace la cantidad mínima de prospección necesaria para apenas cumplir su cuota de contactar posibles clientes y, cuando ellos realmente comienzan a prospectar (casi siempre, por desesperación) como debieron hacerlo desde el comienzo, esperan milagros instantáneos. Entonces, cuando ven que esos milagros no llegan, muchos se quejan de que la prospección no sirve y sucumben de nuevo en el cálido confort de la mediocridad.

No esperes hacer llamadas de prospección sólo un día y sentarte a que ocurran milagros, de la misma forma en que no podrías esperar ir a un campo de golf un día y ganar en seguida un torneo de golf. Se requiere de compromiso y disciplina constante a lo largo del tiempo —un poco cada día.

Entonces, toma ese teléfonos, toca a las puertas, envía correos electrónicos y mensajes de texto, usa LinkedIn, pide referencias, asiste a eventos de trabajo en redes y habla con extraños. Sé un fanático. No dejes que nada ni nadie te detenga.

Cuanto más prospectas, más suerte tienes.

6

Conoce tus cifras
Gestiona tus ratios

Todo a tu alrededor es matemáticas.
Todo a tu alrededor es cuestión de números.

—Shakuntala Devi

Algunas personas te dirán que las ventas no son un juego de cifras. Después de esta declaración, suelen agregar que "esa es la mentalidad de la vieja escuela" o algo que escuché hace poco: "Pensar en las ventas como un juego de cifras es una estupidez".

Bueno, es una estupidez ser estúpido.

Las ventas son y siempre han sido gobernadas por los números, porque la fórmula del éxito es matemática simple: lo que pongas en tu canal de ventas (calidad) y cuánto (cantidad) determina lo que obtienes de ese canal.

Las cifras, es decir, el "cuánto", son la ciencia de las ventas. El "qué" —el tamaño de los prospectos, su nivel de calidad, tu capacidad de penetración en el mercado y las buenas relaciones que logres establecer con los encargados de hacer la toma de decisiones, así como con influenciadores y entrenadores— es una mezcla de ciencia y arte.

Los deportistas profesionales conocen sus cifras

Por un momento, piensa en tu deportista profesional favorito. Si nos acercáramos a esa persona y le pidiéramos que nos dijera sus más recientes estadísticas, ¿qué probabilidad crees que habría de que nos recitara una letanía de estadísticas detalladas sobre su desempeño?

Te garantizo que sería el 100%. Lo sé, porque los deportistas de élite conocen sus cifras. Es así, porque su énfasis como competidores es alcanzar el máximo desempeño. Conocer sus cifras les da los datos que ellos necesitan para evaluar qué tan bien lo están haciendo en un momento dado y, lo más importante, les permite hacer los ajustes necesarios para alcanzar sus metas.

No es diferente en ventas. Los vendedores de élite, al igual que los deportistas de élite, hacen un seguimiento de todo. Nunca alcanzarás el máximo desempeño hasta que no conozcas tus cifras y las uses para hacer correcciones direccionales.

En un momento dado, debes saber cuántas llamadas, cuántos contactos, correos electrónicos, cuántas respuestas, citas y ventas has hecho. Es fundamental rastrear tu actividad de prospección social en sitios como LinkedIn, en tus mensajes de texto enviados e incluso en tus señales de humo (si eso es relevante). Necesitas las cifras exactas para poder medir cuántos nuevos prospectos o puntos de información has reunido sobre los prospectos que has ido agregando a tu base de datos.

Cuando estés monitoreando tus cifras de manera consistente, se abrirá la puerta a una evaluación honesta tanto de la eficiencia como de la efectividad de tus actividades de ventas.

- La eficiencia es cuánta actividad estás generando en el bloque de tiempo que hayas asignado para realizar una actividad de prospección en concreto.
- La efectividad es la relación entre la actividad y el resultado.

Tu propósito deber ser optimizar el equilibrio entre las dos y maximizar el resultado.

Eficiencia + eficacia = Desempeño

(E + E = D)

Por ejemplo, podrías ser muy efectivo haciendo llamadas de prospección. Podrías hacer hasta 100 llamadas en una hora. Pero si ninguna de esas 100 llamadas da lugar a información nueva ni a citas con prospectos de bajo potencial (PBP), entonces, lo que esto significa es que no fuiste efectivo y que, en esencia, lo que hiciste fue perder el tiempo.

Por el contrario, podrías hacer 10 llamadas en el mismo bloque de tiempo, obtener una cita con un cliente potencial altamente calificado y actualizar dos registros en tu base de datos. Así, serías más efectivo que en el escenario anterior, pero extremadamente ineficiente, porque perdiste un montón de tiempo y no optimizaste tu bloque de tiempo en función de hacer llamadas.

Sin duda alguna, muchísimas variables promueven la eficiencia y la efectividad de cada canal potencial de prospección. Estas variables incluyen la calidad de la lista que se usa para trabajar, la vertical de la industria, la hora del día, la época del año, el día de la semana, la posición del contacto a la hora de tomar decisiones, el producto o servicio, la venta compleja *versus* la venta transaccional, el objetivo de la llamada, el canal de prospección, la calidad del enfoque, la metodología, el mensaje, la confianza, la mentalidad y muchas más variables.

Cuando conoces tus cifras, tienes el poder de analizar estas variables de manera objetiva. Con esa información podrás hacer pequeños ajustes que te permitan aumentar o incluso duplicar tus ventas. Por eso, en esencial tener el coraje y la autodisciplina para monitorear, analizar y hacer ajustes regulares basados en tus estadísticas de prospección. Manejar tus cifras te mantiene con los pies puestos en la realidad y enfocado en tu objetivo diario. Te garantiza seguir siendo honesto contigo mismo con respecto a dónde te encuentras en relación con tus objetivos y a lo que necesitas hacer o sacrificar para volver a estarlo si aún no llegas a la cifra.

No es posible ser fantasioso y exitoso al mismo tiempo

El verano pasado entré a mi oficina después de regresar de una cita. Hacia la tarde, decidí dar una vuelta por la sección de ventas, pues quería ver cómo iba el equipo, así que me detuve y le pregunté a uno de mis representantes cómo iba su día.

Él sacudió la cabeza y dijo entre dientes: "Horrible. Nadie quiere comprometerse. No sé qué está pasando, pero cada llamada que hago es como estrellarme contra una pared".

"Eso no es bueno", le dije. "Dime cuántas llamadas has hecho hoy".

Él giró los ojos y sacudió la cabeza. "¡Muchas! ¡Y no estoy llegando a ninguna parte!".

"Ayúdame a entender", le respondí. "Cuando dices 'muchas', ¿a cuántas te refieres?".

Él hizo muecas, como si algo le doliera y contestó: "Bueno, no sé con exactitud. Diría que, fácil, unas 50 llamadas hasta ahora. No lo entiendes, Jeb. Algo cambió allá afuera. Nadie quiere hacer nada".

"Okay, déjame ver tu hoja de seguimiento". Miré hacia su escritorio, buscando la hoja que usamos en nuestra oficina para monitorear visualmente las estadísticas diarias.

Se quedó mirando a su pantalla por un momento para ordenar sus pensamientos y luego respondió: "¡Oh, hoy se me olvidó usar la hoja de seguimiento! He estado tan ocupado que se me escapó hacerlo. Pero estoy monitoreando mis llamadas en Salesforce".

"Bueno, entonces vamos a entrar y a analizar cada una de tus llamadas para ver si podemos encontrar un patrón".

Le pedí que me mostrara cada una de las llamadas que había hecho ese día y, mientras tanto, revisamos también el registro de llamadas en nuestro sistema telefónico. A medida que me mostraba las llamadas y yo le hacía preguntas, él fue cada vez más y más consciente de las pocas llamadas que había hecho ese día. Cuando terminamos nuestra conversación, el conteo final fue 12.

Hizo 12 llamadas en un período de siete horas. Su trabajo era totalmente ineficiente y lo que había estado haciendo durante ese tiempo significó un gran interrogante.

Al final de nuestra corta sesión de entrenamiento, me dijo que le parecía haber hecho muchas más llamadas de las que en realidad hizo. Como no había estado monitoreando visualmente su actividad, no tenía idea de dónde estaba parado.

En retrospectiva, lo que ocurrió fue que este representante se desanimó al principio del día, cuando dos prospectos lo rechazaron duramente. Eso afectó su confianza y cambió su mentalidad. Le sucede incluso a los mejores. Pero aquí fue donde él cometió su mayor error: como no monitoreó su actividad (dejó que el sistema lo hiciera por él), no tuvo visibilidad de lo que en verdad estaba sucediendo con su actividad de prospección. En otras palabras, con sus emociones afectadas, perdió contacto con la realidad y se engañó a sí mismo, creyendo que estaba siendo productivo.

Una de las características comunes que observo entre los vendedores estrella que son fanáticos de prospectar en todos los segmentos del mercado —tanto internos como externos— es el seguimiento manual de sus actividades. Cada uno tiene su propio estilo y sus medios para monitorear sus cifras. Lo cierto es que todos saben con exactitud es en qué parte de su proceso se encuentran.

La mayoría de los vendedores no monitorea sus cifras. ¿Por qué? Porque es mucho más fácil engañarse a sí mismos pensando que han hecho muchas más llamadas o intentos de prospección de los que en verdad han hecho. La falsa comodidad del engaño es cálida, cómoda y mucho más atractiva que la fría realidad.

Cuando eliges el autoengaño por encima de la realidad, estás tomando la decisión consciente no sólo de mentirte a ti mismo, sino de bajar tus estándares y tu nivel de desempeño. Las superestrellas de las ventas habitan el reino de la realidad y unirte a ella es uno de los primeros pasos que tendrás que dar en tu camino a desarrollar la mentalidad de fanático de la prospección.

7

Las tres P que te están deteniendo

Comienza haciendo lo que es necesario.
Después, lo que es posible. De ese modo, notarás que,
de repente, vas a estar haciendo lo imposible.

—San Francisco de Asís

Hay tres actitudes que les impiden a los vendedores prospectar: la procrastinación, el perfeccionismo y la parálisis por análisis.

La procrastinación

Sin duda, habrás escuchado el acertijo infantil: "¿Cuál es la mejor manera de comerse un elefante?".

La respuesta es, por supuesto: "Un bocado a la vez".

Es un concepto simple. Sin embargo, cuando se trata del mundo real y de problemas reales, no es tan simple como creemos.

Con demasiada frecuencia, tratamos de comernos los elefantes que llegan a nuestra vida en un sólo bocado, lo cual genera estrés, frustración y, en última instancia, fracaso. No es posible hacer toda la prospección del mes en un día. Es imposible y nunca nadie la hará.

Aun así, los vendedores postergan la prospección, siempre con la promesa de que "la harán" mañana o en algún momento de la semana o el lunes, sacando así cualquier excusa para no hacer la prospección diaria. Se engañan a sí mismos creyendo que pueden prospectar una o dos veces a la semana y que de eso modo está bien. Pero yo conozco la verdad y tú también. La prospección nunca funciona así.

La procrastinación es una enfermedad terrible que ataca a la raza humana. Nadie es inmune. Yo sufro de ella y tú también. De hecho, tengo un doctorado en procrastinación; soy todo un experto. Un año compré un libro llamado *How to Stop Procrastinating* (mi resolución de Año Nuevo). El libro estuvo en mi mesita de noche durante tres años y nunca lo leí. Al final, me deshice de él en una venta de garaje.

Cada gran fracaso significativo en mi vida ha sido el resultado directo de un colapso en mi autodisciplina para hacer pequeñas cosas todos los días. Francamente, de eso es de lo que se trata el fracaso, del impacto acumulativo de muchas malas decisiones, de la falta de autodisciplina y de posponer las cosas hasta que ya es demasiado tarde. Para empeorar el daño, mis fracasos a menudo estuvieron acompañados de un vergonzoso aumento de actividad desesperada, apresurada y desperdiciada en mi intento de tratar de ponerme al día y hacerlo todo a la vez para salvar mi pellejo.

Es parte de nuestra naturaleza humana procrastinar. Es normal y fácil. Es sencillo decir: "Hoy, estoy cansado. Haré ejercicio mañana". Es fácil decir: "¡Comenzaré la dieta mañana, dejaré de fumar después de este paquete, haré la prospección de hoy el viernes, voy a empezar a leer ese libro la próxima semana!" Autoengañarnos con esas promesas es parte de nuestra naturaleza.

Pero no hay recompensa por procrastinar. El no hacer pequeñas cosas todos los días perjudicará tus esfuerzos para lograr tus metas. La falta de disciplina afectará tu éxito de manera lenta, pero segura y llegará el momento en que te lo robará por completo.

Para ser un fanático de la prospección, debes desarrollar autodisciplina para trabajar un poco cada día. No pretendas esperar hasta el final del año o del mes para prospectar. Tienes que hacerlo todos los días.

Procrastinar es fácil, pero el costo es grande. Muchos vendedores no entienden el precio que han pagado por procrastinar hasta que un día se despiertan y se dan cuenta de que se están enfrentando a la Ley universal de la necesidad, que sus canales de venta están vacíos y que su jefe está enojado. Entonces, dicen un montón de frases como "Debí haber hecho…" y se sienten llenos de arrepentimiento al ver el fracaso en el cual cayeron.

Como dice el refrán: "La procrastinación es la tumba en la que se entierra la oportunidad".

El perfeccionismo

Observé a Jeremy a medida que él arreglaba su escritorio a la perfección. Organizó su computadora. Se aseguró de tener el guion de ventas perfecto. Investigó en detalle cada prospecto de su lista. Buscó en Google, en LinkedIn y en el sitio web de la empresa y revisó con cuidado el historial y las notas de llamadas en el CRM.

Pasó una hora. Luego, dos. Por fin, hizo la primera llamada: contactó a un prospecto que había investigado meticulosamente. Su llamada cayó al correo de voz al igual que la siguiente y la siguiente. Suspiró y dijo: "Nadie contesta el teléfono en estos días".

Después de tres llamadas, se detuvo para arreglar cosas en su escritorio. A los 20 minutos, empacó sus cosas y se dirigió al campo para visitar a los clientes con los que ya estaba haciendo negocios. En su búsqueda de perfeccionismo, Jeremy logró hacer siete llamadas de prospección en unas tres horas, sin obtener nada a cambio de su esfuerzo.

Valeria, por su parte, tiene una oficina justo al lado de la de Jeremy. Tan pronto se sentó en su escritorio esa misma mañana, buscó una lista en su CRM y comenzó a marcar. Una hora más tarde, había hecho 53 llamadas, hablado con 14 encargados de la toma de decisiones y había hecho dos citas con prospectos de calidad.

Luego, envió 39 correos electrónicos de prospección. No todo fue perfecto. Tuvo algunos inconvenientes e hizo un par de llamadas que habrían salido mejor si ella hubiera investigado con antelación. Sin embargo, logró mucho más que Jeremy. Además, Valeria ganaba más que Jeremy, casi $100.000 más en comisiones y era la representante de ventas número uno de su división.

En su artículo del *Huffington Post*, "14 señales de que tu perfeccionismo está fuera de control", Carolyn Gregoire escribe: "La gran ironía del perfeccionismo es que, si bien se caracteriza por un intenso deseo de tener éxito, este puede ser la razón que te impide alcanzar el éxito. El perfeccionismo está bastante correlacionado con el miedo al fracaso (que, por lo general, no es el mejor motivador) y con el comportamiento en contra propia como lo es la procrastinación excesiva"[1].

Dicha afirmación describe a la perfección por qué el perfeccionismo es el archienemigo de un fanático de la prospección, pues genera tanto procrastinación como miedo al rechazo (fracaso).

El gran Zig Ziglar dijo: "Cualquier cosa que valga la pena, vale la pena hacerla, así sea mal". Siempre he creído que el éxito desordenado es mucho mejor que la mediocridad perfecta. Te garantizo que le ganaré a cualquier representante que se pase su tiempo de llamadas investigando en detalle a cada cliente potencial, sencillamente, tomando una lista de prospectos y llamándolos. Claro, omitiré de algunas cosas si no leo cada nota en el CRM, pero no habrá suficiente delta para compensar la brecha de actividad entre el representante que tiene todo perfecto antes de hacer una llamada de prospección y yo.

Para ser claros, no estoy diciendo que investigar u organizar el tiempo con el fin de hacer llamadas de prospección sea una mala idea. Si estás llamando a prospectos de nivel alto o si vendes un producto complejo y costoso, es buena idea investigar a tu prospecto con anticipación para que tu mensaje sea relevante para su situación única. Sin embargo, *avanzar* es la palabra clave. Investiga antes y después de las horas doradas, de tal modo que no ocupes todo tu tiempo de prospección investigando y no llamando.

Ahora, cuando investigar u organizar a la perfección o buscar el momento ideal para llamar se convierte en una obsesión que usas para protegerte de un posible rechazo, o si te engañas creyendo que estás trabajando cuando no estás logrando nada, necesitas con urgencia comenzar a controlar ese mal uso que le estás dando a tu tiempo.

Gran parte del problema del perfeccionismo es lo que nos decimos a nosotros mismos. Es esa voz dentro de tu cabeza que te dice que, cuando tengas a todos tus patitos en una fila perfecta, los prospectos serán fáciles de manejar. Palabras como estas se manifiestan en comportamientos que tienden a hacer que te esfuerces de tal modo que todo esté listo y perfecto, pero en realidad no estás haciendo nada.

Parálisis por análisis

La renuencia a llamar es una falla común que golpea a los vendedores que no prospectan. La frase evoca la imagen de un vendedor mirando al teléfono o la puerta de su prospecto —le tiemblan las rodillas, le sudan las manos, debido a la ansiedad y no está seguro de dar el siguiente paso.

La renuencia a llamar es una etiqueta fácil de asignar, porque parece cubrir todos los pecados de las ventas. Pero no es que algunos no se atrevan; sencillamente, están en el empleo equivocado. Si eres esa persona, si temes tanto llamar que no logras que tus dedos marquen o que tus pies se muevan, si tienes tanto miedo de llamar a extraños que es difícil ir a trabajar o incluso levantarte de la cama, renuncia. Haz otra cosa. Este libro no te ayudará a hacerlo. No es que no te atrevas a llamar, sino que estás haciendo algo que odias, y créeme cuando te digo esto: la vida es demasiado corta como para estar haciendo algo que odias.

Otra razón aún más común para resistirse a llamar es la parálisis por análisis. Este problema es ocasionado en parte por el perfeccionismo y es 100% solucionable. Así suena la parálisis por análisis cuando sale de la boca de un vendedor:

"Bueno, ¿y si me dicen que no?".

"¿Y si me dicen esto o aquello?".

"¿Cómo sabré si…?".

"¿Qué debo hacer si…?".

En lugar de simplemente hacer la llamada, enviar el correo electrónico o entrar al lugar y afrontar lo que sigue, el representante de ventas que duda se queda atascado en un interminable "¿Qué pasaría si…?" y esto a menudo va seguido de un intento por alinear cada patito en una fila perfecta.

Enfrenta las tres P

Cuando estoy trabajando con vendedores a los que los detienen todas o una de las tres P, les pido que se enfoquen en cada llamada a la vez. Luego, en la siguiente. Luego, en la siguiente. Una a la vez. A veces, traigo una lista, me siento junto a ellos y también hago mis llamadas. Cuando ellos ven que los prospectos no me están derrotando, se les hace más fácil dejarse llevar por esa motivación y pasar a la acción.

A veces, tengo que ser un poco más directo para lograr que pasen a prospectar. La solución es empujarlos a "simplemente, hacerlo". Sólo tienen que tomar el teléfono y hacer la llamada. Dejar que sus dudas se solucionen solas. Sé que quizá suena un poco duro, pero un empuje es todo lo que en ocasiones se requiere para romper este ciclo destructivo de la inacción. Este proceso no es muy diferente a cómo aprendí a nadar.

Recuerdo que tenía seis años y estaba temblando. Los dedos de mis pies se asomaban por el borde de la tabla de buceo que sobresalía sobre el lago en Athens Y Camp, en el norte de Georgia. El entrenador Poss, director de actividades acuáticas, un hombre robusto de casi dos metros de estatura se erguía sobre mí.

Pasamos los últimos cinco días del campamento aprendiendo a bracear, patear y respirar en medio de la seguridad que nos daba el hecho de practicar en la parte menos profunda del lago. Aquel era el momento de la verdad. Cada estudiante tenía que saltar de la tabla de buceo a aquel lago oscuro, frío y profundo y nadar más o menos tres metros hasta llegar a la orilla. A mí me pareció como si hubiera sido un kilómetro.

Miré al entrenador Poss. "¿Y si no puedo nadar? ¿Y si no vuelvo a subir?", le pregunté en un tono casi de súplica. Me paré al final de esa tabla de buceo mirando el agua, pensando en todos los peores escenarios posibles.

El entrenador Poss comenzó a caminar hacia mí. Mis súplicas no lo divirtieron ni lo persuadieron. Le temía más a él que a saltar al lago y yo veía que se me acercaba cada vez más. Ya había lanzado bruscamente a un par de nadadores principiantes reacios desde la tabla de buceo y yo no quería pasar por esa vergüenza, así que salté.

Caí en el agua fría y me hundí. Por un momento, entré en pánico. Luego, moví los brazos y los pies y salí a la superficie. Recordé mis lecciones y remé hasta la orilla. Las brazadas no fueron perfectas —eran más de perro que de pecho—, pero lo hice. ¡Lo hice!

Después de eso, nadie logró bajarme de esa tabla de buceo. El entrenador Poss me enseñó a nadar, porque me obligó a hacerlo. Él no estaba preocupado, pues sabía que yo no me ahogaría.

Todos hemos sido presa de las tres P. Casi todos los días de mi vida profesional observo a los vendedores obsesionándose y analizando sin cesar los posibles resultados de las llamadas de prospección. Los veo intentando convencerse a sí mismos de que necesitan reunir más hechos o un poco más de entrenamiento o asegurando que el momento no es el adecuado. Pierden el tiempo preocupándose por lo que pudiera pasar, me miran con ojos de cachorrito y me piden más tiempo para asegurarse de hacerlo bien antes de lanzarse.

La mente humana aborrece lo desconocido. En su estado natural, prefiere estar segura y protegida. No le gusta saltar de una tabla de buceo a un lago frío ni tomar un teléfono y llamar a un extraño. Entra en pánico ante el cambio y se aferra al statu quo. Entonces, comienza a convencernos de todo tipo de inminentes consecuencias, con resultados terribles y horrorosos. Sin embargo, en algún momento, tienes que hacer algo. A veces, sólo necesitas a un entrenador Poss o a un Jeb que te obligue a pasar a la acción.

Independientemente de cuál sea tu situación, tú puedes estar seguro de que permitir que las tres P se interpongan en tu camino al prospectar exige un alto costo emocional y financiero.

8

Tiempo: el gran ecualizador de las ventas

Para tener éxito en las ventas, sencillamente,
habla con mucha gente todos los días.
Lo emocionante de esto es que ¡existe mucha gente!

—Jim Rohn

Al comienzo de cada taller, seminario y campamento para fanáticos de la prospección, les pedimos a los participantes que nos cuenten cuál ha sido su mayor desafío de ventas. Hemos hecho esta pregunta más de 10.000 veces y el 80% de los profesionales y líderes de ventas que asisten a nuestras sesiones dice que aquello con lo que más tiene dificultades es con la gestión del tiempo.

Una frase que oímos con gran frecuencia es: "Nunca tengo tiempo suficiente para prospectar, debido a todo lo demás que tengo que hacer".

Sí, los vendedores y los líderes de ventas viven ocupados. Sí, las organizaciones de ventas les piden a sus vendedores más que antes. Sí, hay propuestas por generar, contratos por ser aprobados, órdenes para ingresar al sistema, llamadas por registrar en el CRM, reuniones a las que ellos deben asistir y traseros a los cuales besar. Para los vendedores, sin embargo, la mayoría de los problemas relacionados con la gestión del tiempo es autoinfligida.

La diferencia entre los mejores vendedores y todos los demás que están recogiendo migas del piso es que los mejores son maestros en maximizar el mejor tiempo en el campo de ventas para… vender. Los mejores de ellos organizan su jornada diaria en distintos bloques de tiempo los cuales están dedicados a actividades específicas y así se concentran y eliminan distracciones dentro de esos bloques. Desarrollan planes dentro de sus territorios de ventas externas de tal modo que estos minimicen su tiempo de conducción; también hacen planes de ventas internas organizando sus bases de datos y sus recursos con el fin de aprovechar al máximo cada día. Delegan en sus equipos de apoyo aquellas tareas no esenciales y no relacionadas con las ventas. Son flexibles, se adaptan y son creativos para maximizar el tiempo de venta y minimizar las distracciones que se los dejan sin los cheques de sus comisiones.

Las 24 horas

La única constante de cada vendedor es el tiempo. Necesitan tiempo para prospectar, buscar y hacer reuniones, demostraciones, presentaciones, cierres y, desafortunadamente, tareas administrativas, ingresar datos en el CRM y hacer papeleo.

Cada vendedor tiene exactamente 24 horas al día y unas cuantas de ellas están disponibles para hacer ventas. El uso eficiente y efectivo de estas "horas doradas" marca la diferencia final entre el fracaso, el resultado promedio y el estrellato. Es por esto que, cuando dominas la gestión de tiempo, el territorio y los recursos, reduces tu nivel de estrés y ganas más dinero.

Este capítulo no es un tratado *ad nauseam* sobre las herramientas requeridas en la gestión del tiempo, pues estas abundan. Desde aplicaciones de Google hasta el calendario de Outlook, pasando por el CRM y los miles de soluciones de vanguardia para dispositivos móviles, hay muchas herramientas disponibles para administrar el tiempo, las tareas y los recursos. Mi recomendación es encontrar cuáles son las mejores para ti y que las uses de la manera que mejor te funcionen.

Mi objetivo principal aquí es generar conciencia sobre lo fundamental que es la administración del tiempo para alcanzar el éxito y los ingresos que deseas y ayudarte a cambiar tu mentalidad sobre cómo programar y administrar el tiempo para prospectar y hacer otras actividades de ventas. Quiero que analices honestamente las consecuencias de las decisiones que estás tomando sobre dónde y cómo pasar tu tiempo y cómo esas decisiones pueden estar frenándote.

Adopta la mentalidad de CEO

La mentalidad de CEO es el componente más esencial de la gestión del tiempo, el territorio y los recursos. A menos y hasta que estés dispuesto a aceptar toda tu responsabilidad sobre tu tiempo, nada más importa. Cuando adoptas una mentalidad de CEO, eliges verte a ti mismo como el CEO de "Tu vida, Inc.".

Para lograr un efecto dramático, les pido a los vendedores de nuestros campamentos para fanáticos de la prospección que saquen sus tarjetas, borren cualquier título que haya en ellas y escriban CEO. Es un poco cursi, pero transmite el mensaje de que, en las ventas, tú controlas tu propio destino. Esta es la razón por la que amo tanto las ventas.

Después de todo, los CEO son responsables de los resultados de su organización. No pueden culpar a nadie más. Se espera que cumplan y nadie más debe asumir sus compromisos. Sin embargo, los CEO tienen limitaciones, porque los recursos son escasos. Se les pide generar el mayor retorno de la inversión posible con los escasos recursos disponibles que hay para ellos.

Del mismo modo, en las ventas, estás limitado por la falta de recursos. Tu trabajo consiste en generar el mayor ROI posible para la empresa y la mayor comisión posible con esos escasos recursos. Y el recurso más escaso es el tiempo.

Los fanáticos de prospectar adoptan una mentalidad de CEO. Están convencidos de que ellos son los únicos responsables de su propio éxito o fracaso. Asumen su responsabilidad total con respecto a la administración de su tiempo, territorio, base de datos de prospectos (CRM) y de sus recursos.

Como CEO de su propia empresa de ventas, ellos no permiten que nada interrumpa esas horas doradas y son diligentes y disciplinados en cuanto a cómo y dónde pasan su tiempo. También son conscientes de que no viven en un mundo perfecto.

Sin importar lo mucho que planeen alguna actividad ni lo disciplinados que sean con su tiempo, los prospectos, los clientes, el jefe, y a veces la vida, les lanza alguna situación inesperada. La verdadera prueba de los CEO en el mundo de los negocios es la capacidad que ellos tengan para encontrar soluciones creativas a obstáculos inevitables. Del mismo modo, los fanáticos de prospectar no permiten que los obstáculos inesperados los hagan ir a un ritmo más lento. Tampoco culpan a los demás. No ponen excusas. Más bien, cuando se enfrentan a obstáculos, distracciones o sorpresas, se adaptan y encuentran soluciones creativas que les permitan resolver problemas al mismo tiempo que siguen llenando sus canales de venta.

Protege las horas doradas

El mayor desafío de los vendedores es evitar que las actividades que no generan ingresos interfieran con las horas doradas. Es un desafío por muchas razones:

- Siempre habrá clientes, gerentes y compañeros que les harán solicitudes que no sean actividades comerciales, pero requieran de su atención.
- Cuando tu actividad de prospección tiene un alto nivel, es natural que se generen más tareas de seguimiento, como hacer demostraciones, presentaciones, propuestas, entrada de datos en el CRM, contactos, solicitudes de aprobación, implementaciones, llamadas de seguimiento, llamadas entrantes, etc.
- Hacer actividades no comerciales pareciera ser importante —te hace sentir como si estuvieras logrando algo.
- Las actividades no comerciales son la excusa perfecta para evitar el arduo trabajo de prospectar. Esta es la razón principal por la cual los vendedores cavan su propia tumba, ya que estas los mantienen ocupados y terminan convirtiéndose en una excusa para no buscar prospectos.

Quiero dejar esto muy claro. A los vendedores se les paga por vender. Punto. Fin de la historia. Pueden lloriquear y quejarse de todas las cosas que tienen que hacer, pero nada cambiará el hecho de que su trabajo es interactuar con prospectos calificados durante las horas doradas y hacer que ellos ingresen y se muevan dentro del canal de ventas.

Por lo tanto, si eres vendedor y no estás realizando actividades que estén directamente relacionadas con las ventas durante las horas doradas, entonces, no estás haciendo tu trabajo.

He escuchado las mismas excusas un millón de veces:

- "Espera un minuto, Jeb, ¿y todas esas cosas que mi gerente o mis clientes necesitan que yo haga? ¿Cuándo se supone que debo hacerlas?".
- "Si la compañía no me presionara tanto, tendría algo de tiempo para vender algo (frase dicha girando los ojos y usando un tono sarcástico)".
- "¿Y qué hay del equilibrio entre mi trabajo y mi vida personal? No me pagan por hacer estas cosas después del trabajo. "¡Tengo una familia, un perro, un juego de golf, amigos, cosas por hacer!".

En ese caso, tus opciones son estas:

Engañarte a ti mismo. Puedes seguir por el mismo camino, engañándote a ti mismo diciendo que estar ocupado en otras cosas durante las horas doradas también es un trabajo de ventas real, pero no puedes ser fantasioso y exitoso al mismo tiempo.

Decir que no. Una de las formas más efectivas de liberarte de actividades no comerciales es sencillamente diciendo que no. No tienes que asumir o hacer todo lo que otros te propongan. Cada vez que alguien te asigne una tarea que tenga el potencial de afectar tus horas doradas y no se trate de una actividad importante, di que no. No será fácil. Sin embargo, si sabes establecer límites razonables, los demás terminarán entendiendo el mensaje.

Priorizar. Aclara tus prioridades. Nunca he escuchado de algún vendedor que constantemente alcanzara sus cifras y a quien hayan despedido por no hacer sus tareas administrativas no relacionadas con las ventas. Tal vez, le exijan más de la cuenta, pero que lo despidan, nunca. Por otro lado, miles de vendedores son despedidos por no alcanzar sus cifras. No todo es una prioridad y, en algunos casos, esto significa que hay tareas que puedes no hacer. Eso está bien. Lo importante es que mantengas llenos tus canales de venta, que cierres tratos y alcances tus metas. Así, nadie recordará aquello que no hiciste.

Realizar actividades no comerciales que sean importantes antes o después de las horas doradas. Siempre habrá actividades relacionadas con las ventas que necesitarás hacer para tener éxito en el trabajo. Las propuestas, la preparación previa a las llamadas, los contratos, los pedidos, los informes y la entrada de datos en el CRM son actividades importantes, pero no son actividades de ventas. Por eso, hazlas antes o después del tiempo principal de ventas: en las horas platino.

Sí, ya conozco la excusa: "Pero Jeb, tengo una familia, una vida… cosas por hacer". La cuestión es esta: en las ventas, el tiempo es dinero y el dinero se encuentra en las horas doradas. Si quieres ganar más dinero, tendrás que hacer algunos sacrificios. Si deseas maximizar tus ingresos, tendrás que levantarte temprano, acostarte tarde y hacer algo de trabajo los fines de semana para asegurarte de no desperdiciar las horas doradas en actividades no comerciales.

Delegar. Una de las decisiones más efectivas que se pueden tomar con respecto a las tareas no relacionadas con las ventas es delegarlas. Aprovecha al máximo a tu personal de apoyo. En toda organización hay personas asignadas para resolver problemas específicos y hacer ciertas tareas. Si no sabes quiénes son estas personas, haz las preguntas que se requieran hasta que lo averigües. A veces, estas personas son asignadas formalmente para ayudarte, pero a veces lo hacen a través de un sistema informal. Si no tienes personal de soporte de ventas disponible, piensa en la opción de contratar a alguien para que te ayude. Puedes contratar a alguien para que trabaje localmente, pero también es fácil encontrar asistentes virtuales que trabajen para ti, a demanda, por hora. Si eres un representante de ventas independiente, como un corredor de bienes raíces, un asesor financiero o un agente de seguros, conseguir un asistente es una decisión inteligente.

Los profesionales de ventas destacados protegen las horas doradas con pasión. Dicen "no" constantemente. Cuando un compañero pasa por sus escritorios para charlar con ellos sobre el fin de semana o para quejarse sobre un cambio de política reciente, ellos no se involucran en la conversación. Cuando los gerentes o el personal corporativo intentan volcar en ellos trabajo que les quitará tiempo, ellos lo rechazan. Los mejores representantes de ventas ponen letreros de "No molestar" en sus puertas cuando están aprovechando un bloque de tiempo para prospectar y así mantienen a raya a los distractores. Tu misión diaria es simple: aprovecha las horas doradas tanto como sea posible; maneja ese tiempo sabiamente. Si no estás buscando prospectos, evaluándolos, recopilando información, presentando o cerrando tratos durante las horas doradas, perjudicarás tu carrera y tus ingresos y no estarás haciendo tu trabajo.

El fino arte de delegar

Delegar te hace posible expandirte. Es la forma de hacer más con las mismas 24 horas. Sin embargo, delegar también requiere dejar de lado el control y confiar en otras personas.

El deseo de controlar todo lo que sucede con los clientes y las cuentas ha puesto en problemas a muchos vendedores y ha hecho que ellos generen para sí mismos un enorme estrés. Les hicieron promesas a sus clientes y quieren controlar los resultados. Lo entiendo. El problema es que no logran expandirse y llega el momento en que dejan de prospectar, porque las actividades no comerciales que otros podrían hacer los ahogan. Sólo es posible expandirte cuando aprovechas los talentos de otros para lograr más resultados de los que esperas alcanzar.

La delegación efectiva comienza con el uso de la comunicación efectiva. Los vendedores crean caos y fallas de comunicación cuando no les dan instrucciones claras a sus equipos de apoyo. Entonces, cuando hay errores, estos mismos vendedores alzan los brazos y proclaman: "Si quieres que algo se haga bien, tienes que hacerlo tú mismo". Tu personal de apoyo no puede leer tu mente. Cuando te tomas el tiempo de antemano para desarrollar un plan, dar instrucciones claras, asegurarte de que todos sepan hacia dónde van y tienes un mapa para llegar allí, comienzas a notar que vuelves a tener más horas disponibles en tu semana de ventas. Parece tedioso en el momento, pero tener la disciplina para bajar el ritmo un poco y hacer las cosas bien desde el principio te permitirá ir más rápido.

Seguimiento, seguimiento, seguimiento. Una vez le hayas delegado una tarea a tu equipo de trabajo, debes brindarle una comunicación y un seguimiento coherentes y continuos. Uno de mis dichos favoritos es

"En Dios confiamos; a todos los demás, lo monitoreamos". Si no haces un seguimiento sistemático de las tareas que has delegado, estarás corriendo a última hora debido a tareas fundamentales que no fueron hechas o están incompletas.

Invierte en construir relaciones con tu personal de apoyo. Siempre me han horrorizado los vendedores que tratan a sus equipos con indiferencia e irrespeto. En un artículo reciente de *Harvard Business Review*, "3 comportamientos que impulsan a los vendedores exitosos", Ryan Fuller cita un convincente estudio de VoloMetrix que indica una correlación directa entre el éxito en las ventas y la inversión del vendedor en la construcción de un sistema sólido y de una red de soporte interno[1]. Nunca olvides que quienes te apoyan son humanos al igual que tú. Muéstrales que te preocupas, escúchalos, bríndales el mismo respeto que tú esperas de ellos y, sobre todo, da las gracias.

Planear el tiempo en bloques transformará tu carrera

El vicepresidente de ventas estaba desesperado por encontrar una solución. Su equipo de ventas no estaba logrando la cifra y las cosas no estaban mejorando. Pasé un día in situ observando a su equipo, revisando el canal de ventas y analizando las cifras de su actividad. Fue algo impactante. El estándar para cada representante era de 50 llamadas de teleprospección al día y el objetivo era hacer tres citas de presentación.

Así las cosas, decidí hacer un análisis de los datos obtenidos durante las llamadas de los últimos 90 días. En promedio, cada representante hacía menos de la mitad de las llamadas requeridas y establecía sólo dos citas a la semana. Piensa en esto por un momento. Hablamos de un equipo de ventas interno. De representantes que dedicaban todo su día a hacer citas con clientes potenciales por teléfono y a duras penas promediaban dos llamadas de prospección por hora.

La falta de prospección estaba poniendo en riesgo a toda la empresa. Cuando reuní al equipo de ventas y los confronté con las cifras, hubo muchas excusas. "¡No comprendes, Jeb! Tenemos muchas otras cosas que hacer: reuniones, seguimiento de tratos en nuestros canales de venta, trabajo administrativo. El CRM es lento, el café es descafeinado, enviar un correo de voz toma mucho tiempo, las personas no contestan por la mañana, por la tarde, los miércoles o durante las lunas llenas…" y demás excusas por el estilo.

Siempre es lo mismo. Ya he escuchado todas las excusas que existen, así que fui directo al grano y les mencioné el hecho de que los canales de venta estaban vacíos y les pregunté cómo era posible que gastaran tanto tiempo haciendo llamadas de seguimiento y administración cuando, esencialmente, no había nada que requiriera seguimiento. Me miraron. El salón quedó en absoluto silencio.

Antes de que me dieran más excusas, les di 10 minutos para que se fueran a sus oficinas, elaboraran una lista de 50 prospectos y volvieran a la sala de capacitación cuando terminaran.

A los 10 minutos, con las listas en mano, les di 30 minutos para llamar a 25 prospectos con el objetivo de hacer dos citas de presentación. Por sus miradas aturdidas, lo supe todo. Se movían nerviosamente en sus asientos y miraban sus teléfonos. Dos de ellos dijeron que se sentían mejor llamando desde sus oficinas, pero yo no cambié de opinión. No más excusas. Con un poco más de insistencia, todos se pusieron manos a la obra.

Después de 30 minutos, en promedio, cada representante había hecho 22 llamadas y al menos una cita. Es decir, más llamadas y citas de las que habían estado haciendo en todo un día de ocho horas. Después de un poco más de entrenamiento y orientación adicional, estaban promediando 29 llamadas y dos citas en 30 minutos.

Obtuve su atención. Sacudían la cabeza, diciendo que no tenían idea de que fuera posible hacer tanto en tan poco tiempo. El vicepresidente de ventas y su CEO quedaron impresionados. No podían creer lo que logramos en tan poco tiempo. Sin embargo, lo único que hice fue aprovechar el corolario de Horstman a la Ley de Parkinson.

Corolario de Horstman

La Ley de Parkinson establece que el trabajo tiende a expandirse y llenar el tiempo asignado para hacerlo. El corolario de Horstman es lo contrario. Describe cómo los contratos de trabajo se contraen para encajar en el tiempo establecido. Simplemente, cambié el paradigma bajo el que estaban trabajando los representantes de ventas —en lugar de darles un día entero para hacer sus llamadas de prospección, les di 30 minutos.

Repito este ejercicio con vendedores de organizaciones de todo el mundo y los resultados son siempre los mismos. Los vendedores y líderes quedan absolutamente sorprendidos de lo mucho que logran hacer cuando distribuyen su tiempo en bloques, se centran en una sola actividad y establecen un objetivo en términos de resultados para esa actividad.

El trabajo en bloques de tiempo es una herramienta transformadora para los vendedores. Lo cambia todo. Cuando adquieres la disciplina del trabajo en bloques de tiempo y enfocas tus energías, obtienes un impacto masivo y profundo en tu productividad. Te vuelves increíblemente eficiente cuando divides tu día en bloques cortos para realizar actividades específicas. Logras más en menos tiempo y obtienes resultados mucho mejores.

Por ejemplo, el representante de ventas promedio de Sales Gravy hace alrededor de 120 llamadas de prospección al día, durante las cuales les vende anuncios de empleo a empresas que están contratando vendedores. Para la mayoría de la gente, estas tienden a parecer muchas llamadas, y lo son. Sin embargo, lo que realmente les causa sorpresa es cuando descubren que las hacemos en tres horas, lo cual da mucho tiempo para actualizar el CRM, crear presentaciones, hacer llamadas de seguimiento, crear propuestas, cerrar tratos y hacer venta cruzada con clientes existentes.

Programamos nuestros bloques de prospección en tres "horas de energía" que se distribuyen a lo largo del día: por la mañana, al mediodía y por la tarde. Durante estas horas de energía sólo hacemos llamadas de teleprospección. Nos mantenemos lejos del correo electrónico y eliminamos todas las demás distracciones. No investigamos, no nos dejamos absorber por la gestión de CRM, no nos desviamos hacia las redes sociales y no aceptamos excusas. No tenemos descansos para tomar café ni ir al baño.

Minimizamos el tiempo de inactividad entre llamadas al tener listas específicas preparadas e investigadas por adelantado —lo hacemos durante las horas de platino—. Tomamos notas durante el bloque y esperamos hasta que este concluya para registrar nuestras llamadas y actualizar el CRM, así que este es un tiempo que bloqueamos específicamente para hacer actividades relacionadas con el CRM. También programamos bloques para enviar correos electrónicos y hacer prospección social.

No me malinterpretes. Es un trabajo intenso, agotador, donde hay mucho rechazo. Hacemos llamadas lo más rápido posible. Sin embargo, las horas de energía funcionan muy bien por dos razones:

1. Nuestros contratos de trabajo se ajustan al tiempo asignado, de modo que hacemos más en menos tiempo.
2. Cualquiera puede permanecer enfocado durante una hora.

La buena noticia es que la mayoría de los vendedores puede hacer todas las citas que necesita para mantener su canal de ventas lleno de nuevas oportunidades en una o dos horas al día cuando esa actividad se concentra en bloques específicos para prospectar. Si inviertes tan sólo una hora al día para hacer de 25 a 50 llamadas de teleprospección y otra hora para enviar correos electrónicos y hacer prospección social, te garantizo absoluta e inequívocamente que, en menos de 60 días, tu canal de ventas estará lleno.

Mantente firme

Supongamos que tenías una cita con un cliente potencial para hacer una demostración y presentación en línea. Has estado llamando a este cliente durante casi dos meses para lograr hacer la cita, motivo por el cual el posible cliente ya está listo y a la espera de que estés en la línea a las 9:00 a.m. De repente, a las 8:50 a.m., uno de tus compañeros pasa cerca a tu escritorio, te dice que va a ir a tomar café y quiere saber si lo acompañarás. ¿Lo harías? ¿Te irías y te olvidarías de esa reunión? ¡Por supuesto que no! Eso sería totalmente irresponsable y estúpido de tu parte. Más bien, le dirías a tu compañero que tienes una cita importante y que no puedes ir.

Los bloques de prospección deben estar programados o "apartados" en tu calendario, como cualquier otro compromiso. Son citas contigo mismo. La clave para que los bloques de prospección funcionen es verlos como algo sagrado —de la misma manera que ves una reunión establecida con un cliente, prospecto, tu jefe o un evento importante con tu familia.

Para poder bloquear tu tiempo, debes mantenerte firme. No dejes que nada ni nadie —ni siquiera tú mismo— interfiera o acapare ese tiempo. Muchos de los profesionales de ventas que hacen nuestros cursos ponen carteles en sus puertas para advertirles a los demás que los dejen en paz mientras están en sus bloques de tiempo para hacer llamadas.

Es disciplina pura y simple. Tú mismo, por encima de todos los demás, debes hacerte responsable de programar tus bloques de prospección y hacer que estos sean sagrados. Sólo tú puedes hacerlo.

Concentra tus energías

Lo que hace que los bloques de prospección sean tan productivos es la concentración de todas tus energías en una sola actividad. Por supuesto, esto va en contra de una cultura que ha elevado el *"multitasking"* o la ejecución de múltiples tareas simultáneas a un estatus mítico.

Tal vez, tú eres el tipo de persona que cree que puede hacerlas. Puedes contestar mensajes de texto de tu mamá, revisar publicaciones de Facebook, contestar llamadas de clientes existentes, responder correos electrónicos y explorar tu CRM para investigar a cada cliente potencial, todo mientras haces llamadas de prospección. Te enorgulleces de hacer varias cosas a la vez e incluso alardeas sobre tu capacidad para hacer tantas cosas al mismo tiempo.

La verdad es esta: *¡No sirves para eso!*

La neurociencia básica refuta la creencia humana ilusoria de que somos buenos para hacer multitareas. Nuestro cerebro no es así. En lugar de eso, cuando estamos trabajando en más de una cosa a la vez, nuestro cerebro anda de acá para allá. Lo hace tan rápido que tenemos la ilusión de estar haciendo multitareas. Por eso, no servimos para el *multitasking*.

Nuestro cerebro no fue hecho para hacer multitareas. Claro, fue diseñado para operar en entornos complejos y procesar múltiples flujos de datos a la vez. Podemos hacer la cena y ver la televisión al mismo tiempo, así como conducir y hablar. Pero el cerebro no fue hecho para hablar, caminar, frotarse la barriga y masticar chicle. Sencillamente, no es posible hacer múltiples tareas a la vez y, además, bien.

Cuando haces demasiadas cosas a la vez (especialmente, tareas complejas), tu cerebro comienza a nublarse y comienzas a disminuir la velocidad. Es lo mismo que sucede cuando demasiados programas complejos están ejecutándose al mismo tiempo en tu computadora. En algún momento, el procesador no lo soportará y comenzará a funcionar de modo más lento.

Sé honesto. Tú sabes que te has tropezado con alguien y que casi te atropella un autobús mientras leías mensajes en la pantalla de tu teléfono. Sabes que has escapado de la muerte más de una vez mientras te aplicabas el lápiz labial, hablabas por teléfono o revisabas el correo electrónico y a la vez conducías tu auto.

La mayoría de los vendedores con los que trabajo cree que se supone que ellos deben hacer multitareas. Por eso, hacen una llamada, la registran en su CRM, investigan el próximo prospecto en la web o por redes sociales, responden un correo electrónico de su jefe, reciben llamadas de clientes, monitorean las transmisiones por redes sociales, envían mensajes por LinkedIn, redactan correos de prospección y les mandan mensajes de texto o instantáneos a sus compañeros...

Sin embargo, cuando señalo que, en medio de todo esto les tomó una hora hacer cuatro llamadas de prospección, me miran con incredulidad. "No", explican, "Hice muchas más". Es pura ilusión provocada por las multitareas.

Sabes en secreto que no sirves para hacer multitareas, así que ¿por qué no admitirlo? De esta manera, es mucho más fácil ver la verdad sobre los bloques de prospección: haces tal vez un contacto cada tres a cinco minutos, porque hay muchas cosas sucediendo a la vez. La eficiencia en la prospección disminuye en proporción directa al número de cosas que intentas hacer al mismo tiempo.

Hace poco, estuve trabajando con un grupo de representantes de ventas de seguros que promediaban siete llamadas de prospección durante un bloque de una hora. Eso significa ocho minutos y medio por llamada. No es que estuvieran sentados sin hacer nada. Estaban ocupados, muy ocupados, haciendo multitareas. Sin embargo, a duras penas hacían las llamadas necesarias para pagar su servicio de electricidad y alimentar a sus familias. Al día siguiente, promediaron 47 llamadas por hora. ¿Qué cambió?

Se trata de una sencilla concentración de energías.

- En lugar de centrarse en varias tareas a la vez, se enfocaron en una: llamar.
- En lugar de registrar de inmediato el resultado de cada llamada en su CRM, crearon una lista por adelantado y

allí tomaron notas. Dedicaron 30 minutos después del bloque de llamadas para registrar todo.

- Apagaron sus móviles y los guardaron en un cajón.
- Cerraron el correo electrónico.
- Colocaron señales en las puertas que informaban que estaban en un bloque de tiempo destinado a hacer llamadas.
- Hicieron las investigaciones y establecieron los objetivos de las llamadas antes de que empezara el bloque.

Como resultado, hubo tanto eficiencia como eficacia. El desempeño mejoró exponencialmente —evaluaron más prospectos, hicieron más citas y entraron más oportunidades al canal de ventas—. Al haber hecho todas sus llamadas de prospección del día en sólo una hora, lograron concentrar su energía en otros bloques de actividades, como generación de clientes potenciales, ventas sociales, prospección por correo electrónico, reuniones de presentación, propuestas y cierres.

Cuidado con las notificaciones

Laura abandonó la llamada de prospección que estaba a punto de hacer, miró hacia abajo y buscó su teléfono. El sonido que acababa de hacer la obligó a mirarlo. Después de dos mensajes de texto, una publicación en Facebook y un video de YouTube, volvió a centrar su atención en su lista de prospección, pero no podía recordar dónde la había dejado. Habían pasado siete minutos desde que miró su teléfono. Estaba distraída.

Durante las dos horas que la observé, se desconcentró más de 11 veces. Cuando llegaban correos electrónicos, su computadora emitía un pitido y ella se detenía y miraba cada uno —a veces, durante un momento y en dos ocasiones se detuvo por completo, se preocupó y respondió.

Cuando terminó su bloque de prospección de dos horas, había logrado sólo una parte de su objetivo. Entonces —les aseguro que no estoy inventándome esto—, se volvió hacia mí y me dijo: "¿Ves? Estos objetivos que nos fijan son absurdamente irrazonables. Nadie es capaz de hacer tantas llamadas".

Las dos distracciones más grandes de los profesionales en ventas mientras están prospectando son el correo electrónico y los dispositivos móviles (mensajes de texto, redes sociales, correo electrónico, navegación web, aplicaciones). Cuando algo nuevo llega a tu bandeja de entrada o a tu red social —¡*Tin!* ¡*Ruido, luces, acción!* —, como es de esperarse, tu concentración pasa a centrarse en el correo electrónico o en el teléfono inteligente. A los 20 minutos, te encuentras viendo un video de un chimpancé montando jirafa en un circo y ya ni recuerdas cómo llegaste allí.

Lo que empeora las cosas es la naturaleza adictiva de nuestros dispositivos móviles. La persona promedio mira la pantalla de su teléfono cada siete minutos. Mira hacia abajo —¡*Tin!*— y de inmediato es absorbida por su dispositivo. Incluso mientras escribo este párrafo, mi iPhone me está sonando. Lo puse en otra habitación para poder estar enfocado en mi bloque de escritura, ¡pero lo extraño! No puedes ser eficiente si te distraes cada rato. Además de la distracción en sí, toma tiempo recordar dónde dejaste las cosas antes de perder la concentración. Por esta razón, planificar bloques de tiempo y concentrar tu energía en bloques de prospección te hará mucho más productivo. Prestarle atención a una cosa a la vez es la clave.

Esto significa que, durante los bloques de prospección, de creación de propuestas, de llamadas de seguimiento o durante cualquier otro bloque, debes dejar de hacer todo lo demás. Programa bloques de tiempo alternativos para leer el correo electrónico, ver videos de gatos o pasar el rato en Facebook.

Lo que acecha en tu bandeja de entrada podría afectar tu jornada de ventas

Anthony Iannarino, autor de *The Sales Blog*, les aconseja a los vendedores no consultar el correo electrónico a primera hora. Tal vez, es un poco difícil. Sin embargo, él lo sugiere insistentemente y a esta práctica él la llama la Regla de prospección número uno[2].

A la mayoría de los vendedores le cuesta trabajo empezar a prospectar cada mañana. Hay cientos de distracciones muy convenientes. Iannarino dice que una de las mejores formas de "evitar estas distracciones es nunca revisar el correo electrónico a primera hora".

El correo electrónico es el gran distractor de tiempo del siglo XXI. Es un fluir que se mantiene activo en nuestra mente, que nos sigue a todas partes (teléfono, tableta, computadora portátil, y ahora en trenes, aviones y autos) y nos exige atención.

El correo electrónico es el distractor por excelencia. El mayor de los consumidores de tiempos. Si ansías tener unas cuantas horas improductivas que nunca regresarán, tan sólo abre el correo electrónico y sumérgete en él.

En nuestra sociedad, siempre activa, el correo electrónico se ha convertido en una adicción. Nos sentimos obligados a revisarlo, archivarlo, gestionarlo, calificarlo, etiquetarlo, marcarlo como no deseado y a responderlo de inmediato. Nos engañamos a nosotros mismos, creyendo que, si no lo gestionamos de inmediato, seremos juzgados como alguien que no responde o incluso peor.

Piensa en esto: cuando estás con un cliente, tú no le dices: "Oye, espera un segundo. Es que María, de facturación, acaba de enviarme un correo electrónico. Es una tontería, pero necesito responderle". Entonces, la pregunta que te hago es: ¿Dejas tu teléfono o computadora portátil en tu escritorio, sonando y sonando, mientras estás en medio de una conversación de ventas? Por supuesto que sí. Sin embargo, interrumpes un bloque de prospección (una cita contigo mismo) para responder correos electrónicos triviales que pueden esperar fácilmente una hora para ser respondidos —o que no hay necesidad de responderlos nunca.

Si te levantaras temprano y me acompañaras, tomaras una taza de café y te sentaras en las oficinas de ventas a observar a los representantes en medio de su jungla (algo así como en una de esas películas de naturaleza del canal Discovery con un narrador australiano), los verías llegar por la mañana, sentarse en su escritorio, tomar un sorbo de café y sumergirse en el correo electrónico.

"Observa detenidamente la enorme concentración de la representante de ventas en su bandeja de entrada", dice el narrador con acento australiano. "Un clic por aquí y una respuesta por allá. Le responde al jefe. Envía un correo desagradable a contabilidad. Oh, por Dios, tenemos un problema de servicio al cliente. Bueno, ya sabes cómo son las cosas: 'Si quieres que algo se haga bien, tienes que hacerlo tú mismo". Revisa el estado de un pedido, lee un boletín de noticias, mira un anuncio de recursos humanos. Oh, este enlace parece interesante. Tres horas más tarde, nuestra bien intencionada representante de ventas está atrapada y no ha llegado a ninguna parte".

Cuando abres un correo electrónico a primera hora, casi nunca hay buenas noticias. Ese gran cliente con el que has estado tratando de cerrar un trato no entró en razón a las 2:00 a.m. ni te escribió para decirte que hagan negocios.

No. Tienes cuatro mensajes de tu jefe en los que te asigna trabajo no comercial, un correo electrónico de recursos humanos donde te informan que no has hecho la capacitación obligatoria sobre cumplimiento en la intranet de la empresa, varios clientes te han escrito para preguntar cuándo recibirán sus pedidos, hay un cliente furioso que quiere que dejes de hacer lo que sea que estés haciendo y lo llames porque trató de contactar a servicio al cliente a las 4:00 a.m. y nadie respondió, junto con otros 72 correos electrónicos por el estilo que no requieren de ninguna acción, pero te sientes obligado a responderlos todos de inmediato, sólo para que la gente sepa que todavía estás respirando.

Bloquear las dos primeras horas del día para enfocarse en hacer llamadas es la marca de los fanáticos de prospectar. Es por eso que Anthony sugiere una y otra vez que es importante dejar la revisión del correo electrónico para otro momento del día. Explica que "una vez te abres a las demandas del mundo exterior, es muy difícil prestarle toda tu atención y enfoque a las tareas más importantes que debes hacer cada día, y de estas, la más fundamental es prospectar".

"Pero Jeb, ¿y si uno de los correos electrónicos es importante? ¿Entonces qué hago? Sabes que es malo ignorar a un cliente". Esta es una de mis quejas favoritas de los vendedores que no están dispuestos a enfrentar la verdad sobre el correo electrónico. Por supuesto, algunos correos electrónicos son importantes. Pero importante no significa urgente. Rara vez, recibirás un correo electrónico urgente a primera hora de la mañana y, si ese fuera el caso, como dice Anthony: "Si algo es realmente importante, te llamarán o te enviarán un mensaje de texto a tu móvil y no sólo te mandarán un correo".

Primero, ocúpate de aprovechar al máximo tu bloque de prospección. Después, revisa tu correo electrónico.

Aprovecha las horas de platino

Durante las horas doradas, el tiempo es dinero. Literalmente. Para maximizar la productividad en las ventas y en tus ingresos, debes estar totalmente enfocado en actividades de prospección e involucramiento con los clientes. Eso, por supuesto, significa que habrá varias tareas que tendrán que esperar hasta antes o después de las horas doradas. Llamaremos a estos períodos las horas de platino.

Los profesionales en el campo de las ventas que más ganan reservan tiempo temprano cada mañana o al final de la tarde para realizar actividades importantes no relacionadas con las ventas, antes de que surjan las demandas del día o después de que hayan sido abordadas. Ellos utilizan las horas de platino para:

- Crear listas de prospección
- Investigar
- Hacer planificación previa para realizar las llamadas
- Elaborar propuestas y presentaciones
- Crear contratos y obtención de aprobación
- Hacer actividades de venta social
- Captar clientes por correo electrónico
- Investigar en busca de prospectos y planificar los objetivos de las llamadas
- Planificar y organizar
- Hacer actividades de administración e informes
- Responder correos electrónicos
- Gestionar el calendario
- Gestionar el CRM

El objetivo de las horas de platino es organizar la jornada de ventas de tal forma que todo el enfoque esté dedicado a realizar actividades de venta de alto valor.

Mide tu valor

Cuando tenía 20 años, trabajé para un emprendedor. Este hombre tenía millones de dólares y dirigía varias compañías exitosas. También era un líder práctico que, por alguna razón, se interesó en mí. Debido a esto, tuve la oportunidad de pasar tiempo con él cada vez que viajaba a visitar mi sede.

Un día, durante el almuerzo, me preguntó qué había hecho durante los dos días libres que había solicitado la semana anterior. Me sorprendió que lo supiera. Miles de personas trabajaban en su compañía. Así era Phil. Lo sabía todo.

Le conté que había hecho varias reparaciones en mi casa. Le dije (orgulloso de mi logro) que había aprendido nuevas habilidades de plomería y electricidad y que yo mismo había hecho las reparaciones.

Entonces, se me acercó y me preguntó: "¿Cuántas horas te tomó hacer ese trabajo, incluyendo la ida a la ferretería para comprar materiales?".

Le respondí que la mayor parte de los dos días. "Pero lo logré", exclamé. "¡Hice el trabajo!".

"¿Cuántas horas crees que te tomó?", me preguntó.

Lo pensé y dije: "Unas 12 horas en total".

"Permíteme hacerte una pregunta", dijo. "¿Cuánto tiempo crees que le habría tomado a un plomero o electricista experto hacer ese mismo trabajo?".

"No lo sé, quizás un par de horas. Era algo bastante simple. La cuestión es que yo no soy bueno para cosas como esas, así que me tomó más tiempo. Nada es fácil. Nunca lo es", le dije sarcásticamente.

"Bueno, ¿y por qué no contrataste a un experto que hiciera el trabajo?", me preguntó.

"Los fontaneros cobran mucho", le dije. "¿Por qué pagarles cuando puedo hacerlo yo mismo?".

"¿Cuánto cobran?".

"Los que llamé me pidieron $150 dólares por la reparación. ¡Era demasiado para algo tan simple!".

En seguida, él sacó un bolígrafo y un papel y dijo: "Está bien, ¿por qué no hacemos cálculos? Eres uno de nuestros mejores vendedores.

¿Cuánto crees que ganarás este año, considerando tu salario básico y tus comisiones?".

Lo pensé por un momento e hice los cálculos en mi cabeza.

"Alrededor de $75.000 dólares".

"¿Cuántas semanas al año trabajas en ventas?".

"52", contesté.

"No tan rápido". Sacudió la cabeza. "Ten en cuenta las vacaciones, las reuniones, los feriados e incluso puede que te enfermes, así que no vas a vender durante todas las semanas, ¿verdad?".

"Bueno, no, no exactamente".

"Bien, entonces, ¿cuántas semanas trabajas realmente?".

"Bueno, si lo miras de esa manera, tal vez... ¿48?".

"Sí," me contestó. "Podría ser. ¿Y cuántas horas al día estás realmente disponible para hacer actividades de venta?".

Con temor, respondí: "¿Unas seis o siete?".

"Sí, descontando la hora del almuerzo y los descansos".

"Entonces, hagamos los cálculos: 6 horas al día por 5 días da 30 horas para hacer ventas; $75.000 dividido por 48 da $1.563, dividido por 30 significa $52 dólares la hora".

Me dio tiempo para que reflexionara en eso antes de proseguir con su análisis.

"Por lo tanto, vales $52 dólares la hora cuando estás trabajando. Las reparaciones que hiciste en tus días libres requirieron de 12 horas. Las hiciste tú mismo, porque pensaste que $150 dólares era demasiado caro. Pero, según estos cálculos, te costó $624 dólares hacerlas tú mismo. Hubiera sido mejor estar en la oficina vendiendo en lugar de quedarte en casa pretendiendo ser plomero. ¿No crees que habrías usado tu tiempo de manera más inteligente si te hubieras quedado vendiendo? ¿Ves por qué pagarle a un experto $150 dólares en realidad es una ganga?".

No supe qué responder. Nunca había visto las cosas de esa manera.

Él continuó explicándome que la mayoría de la gente no se toma el tiempo para calcular su valor y, como no lo saben, muchos desperdician su tiempo en actividades que están muy por debajo de su nivel salarial, lo cual los frena.

Aquella fue una de las lecciones más relevantes que he aprendido y nunca la he olvidado. *Ten claro cuánto vales.*

Cuando sabes lo que vales, te das cuenta del daño que causa en tus ingresos hacer una tarea que vale $10 dólares la hora (como ingresar datos) durante una hora de tu tiempo principal de ventas que vale $50 dólares.

La Ley de la trivialidad describe la tendencia humana a desperdiciar el tiempo en actividades sin importancia, ignorando aquellas tareas que son de una importancia crucial. Es por eso que tantos vendedores permiten que las actividades no relacionadas con las ventas se conviertan en una excusa para no enfocarse en sus actividades comerciales. No es raro que los vendedores pierdan el 50% o más de su tiempo en actividades de bajo valor.

Entender cuánto vales te ayuda a tomar conciencia del costo de enfocarte en cosas triviales. Es fácil definir tu valor con precisión. Simplemente, toma tu meta de ingresos anuales y divídela por el número total de horas doradas en cada año. Así sabrás cuánto vales por hora.

Meta de ingresos anuales / Número de semanas de trabajo X
horas doradas = Tu valor por hora

Usa esta cifra por hora como un indicador para determinar si una tarea, actividad o asignación determinada te permite avanzar hacia tus objetivos o te aleja de ellos.

Cuando te tomas el tiempo para entender con claridad cuánto vale cada hora dorada, tomas decisiones mucho mejores sobre cómo usar tu tiempo.

La administración eficaz del tiempo se basa en las decisiones que tomas. La conclusión es que tienes aproximadamente ocho horas doradas al día para ganarte la vida y hacer ventas, de modo que tienes dos opciones. Una es perder el tiempo haciendo cosas que no contribuyen a ganar dinero, quejándote de que tienes demasiado papeleo por hacer, informes que presentar, trabajo administrativo, decir que hay mucho tráfico, malos prospectos o dar cualquier mala excusa del día para justificar el hecho de que lo que estás es desperdiciando tu tiempo. La otra es planificar de manera efectiva, dividir tu tiempo en bloques y mantenerte firme cuando otros intenten afectar, interrumpir o usurpar tu tiempo.

9

Los cuatro objetivos
de la prospección

No me concentro en aquello en lo que estoy en contra.
Me concentro en mis metas y trato de ignorar el resto.

—Venus Williams, extenista profesional

"Si no sabes hacia dónde vas, podrías terminar en otro lugar". El gran y muy citado Yogi Berra dijo estas palabras. Tristemente, así es como muchos vendedores ven la prospección, como un asunto casi de suerte.

Desde el principio, he dejado claro que mi objetivo es enseñarte a prospectar tanto eficiente como eficazmente. Otra forma de decir esto es que mi meta es que aprendas a equilibrar la cantidad y la calidad.

Saber tu objetivo en cada llamada te hace más eficiente, porque puedes crear bloques de prospección y agrupar tus acercamientos dentro de tu canal de prospección en torno a esos objetivos. Esto te permite moverte más rápido y hacer más acercamientos en menos tiempo.

Veremos esto más adelante en el Capítulo 10, Cómo aprovecha la pirámide de prospección.

Desarrollar un objetivo definido te hace eficaz porque, en cada llamada, correo electrónico, contacto por redes sociales, evento de trabajo en red o solicitud de referencia, sabrás con total exactitud qué pedir y cómo abordar los problemas de tu prospecto para así darle una razón convincente que lo lleve a aceptar tu solicitud.

El objetivo es el resultado principal que esperas del acercamiento. Hay cuatro objetivos principales al prospectar:

- Programar una cita
- Recopilar información y calificarla
- Cerrar una venta
- Crear familiaridad

Tu situación, industria, listado de prospectos, producto y servicio son únicos, al igual que tus objetivos de prospección. Estas son algunas reglas generales y dinámicas para desarrollar objetivos de prospección:

- Si estás vendiendo un producto o servicio complejo, de alto riesgo y de alto costo, es frecuente que tu objetivo principal sea hacer una cita con alguien calificado para tomar decisiones y con influencia o con cualquier otra persona interesada que esté en la capacidad de ayudarte a que el trato avance. Tu objetivo secundario será recopilar información. Tu objetivo terciario será generar familiaridad.
- Si estás vendiendo un producto o servicio transaccional, de bajo riesgo y de bajo costo, y estás en ventas internas, tu objetivo principal será cerrar la venta y, en segundo lugar, recopilar información.
- Si estás vendiendo un producto transaccional, de bajo riesgo y de bajo costo, y estás en ventas externas y prospectando a través de cualquier canal que no sea en persona (teléfono, correo electrónico, mensajes de texto, redes sociales), tu objetivo principal será programar una cita y, en segundo lugar, recopilar información. Si estás prospectando en persona ("llamando" a la puerta de un prospecto), tu objetivo principal será cerrar el trato.
- Si tienes una base de datos de prospectos altamente calificada en tu CRM, el objetivo principal de la mayoría de tus llamadas será hacer citas a medida que se abra la ventana de compra para iniciar el proceso de venta. El objetivo secundario será generar familiaridad para

aumentar la probabilidad de que tu prospecto se involucre cuando se abra la ventana de compra.

- Si el producto o servicio que estás vendiendo sólo se puede comprar durante ventanas específicas, como cuando un contrato expira o hay un período presupuestario definido, recopilar información para calificar la ventana de compra será tu objetivo principal y crear familiaridad será tu segundo propósito en la mayoría de las llamadas. No desperdicies tu tiempo en una cita con un cliente potencial que no puede comprar debido a restricciones contractuales o presupuestarias. Una vez hayas identificado la ventana de compra, tu objetivo principal pasará a ser programar una cita.
- Si eres nuevo en tu territorio o si trabajas para una *startup* o en una nueva división, tu objetivo principal será recopilar información para que puedas identificar a los tomadores de decisiones y calificar las ventanas de compra y los presupuestos. El objetivo secundario será generar familiaridad.

Muchos vendedores pasan de un prospecto no calificado a otro y se preguntan por qué, al final del día, de la semana o del mes, no vendieron nada. Por eso es tan importante tener un objetivo para cada acercamiento.

La prospección es un ejercicio de contacto

La prospección, en muchos sentidos, es un ejercicio de contacto brutal que elude el matiz, el arte y la delicadeza de tramitar un trato por medio de los canales de venta. Para ser eficaz, tienes que saber lo que quieres y pedirlo. Para ser eficiente, tienes que hacer todos los acercamientos posibles durante cada bloque de prospección.

La prospección no es para construir relaciones, vender o conversar con el comprador. Es para programar citas, calificar, generar familiaridad y, si tiene sentido, pasar al proceso de ventas de inmediato. No necesitas guiones brillantes. No necesitas estrategias complejas. No necesitas complicarlo demasiado.

No tienes tiempo para perder en conversaciones triviales ni en guiones largos (o correos electrónicos) escritos por algún tipo de marketing que nunca ha estado cerca de un prospecto. Tienes que ir directo al punto, pedir lo que quieres y pasar al siguiente acercamiento.

Programa una cita

La actividad más valiosa del proceso de ventas es hacer una cita —sin importar la parte del proceso en que te encuentres con tus prospectos— bien sea en la reunión inicial, en la reunión de presentación o en la de cierre, etc.

Para ser absolutamente claros, una cita es una reunión que está en tu calendario y en el de tu prospecto; en otras palabras, cuando se espera que estés allí en persona o por teléfono, videollamada o videoconferencia en una fecha y hora específicas.

Muchos vendedores confunden frases como "ven en cualquier momento", "siempre estoy en mi oficina" o "llámame algún día" con citas programadas. Seamos honestos. "Ven en cualquier momento" o "Llámame algún día" no son citas. Creer que lo son y anotarlas en tu calendario es pura ilusión y, como ya hemos aprendido, en las ventas no puedes ser fantasioso y exitoso al mismo tiempo.

Sólo es una cita cuando hay un compromiso firme y una hora específica de reunión. Piensa en cuánto tiempo perderías llamando o conduciendo para ir a ver a un prospecto que no está, ya que nunca hizo el compromiso de estar presente. Evalúa el costo emocional de creer que tienes una cita en firme para luego descubrir que no es así.

Trabajar con prospectos que no están comprometidos a dar el siguiente paso —ya sea una reunión inicial o posterior— es una tarea imposible de realizar. Gastas demasiadas energías y emociones tratando de hacer que el trato avance, pero no llegas a ninguna parte.

Hace poco, estuve trabajando con un representante de ventas interno que vende activos de capital a compradores del mercado medio en el área de fabricación. Le hice seguimiento durante varias semanas después de que él y sus compañeros asistieron a un programa de capacitación que diseñamos para su empresa. Nuestro diálogo fue:

Yo: "Armando, dime cómo van las cosas".

Armando: (Suspira) "Bien, supongo".

Yo: "¿Bien? ¿Qué quieres decir?".

Armando: "Bueno, esto de las citas no me está funcionando".

Yo: "¿A qué crees que se deba?".

Armando: "No logro que nadie llegue".

Yo: "¿Qué porcentaje de tus prospectos no llega a las citas?".

Armando: "No lo sé, diría que alrededor del 80%".

Yo: "Bien, háblame sobre la última persona que no llegó".

Armando: "Tenía una reunión agendada con Jessica Thomson, una compradora de AmCorp International. Nunca nos había comprado y teníamos una cita programada para revisar nuestra línea. Cuando llamé esta mañana a las 10:00 a.m. no contestó el teléfono. Marqué varias veces más, hasta que su asistente me dijo que estaba de viaje".

Yo: "¿Ella aceptó la solicitud de reunión que le enviaste por correo electrónico?".

Armando: "Bueno, mmm... no le envié ninguna solicitud".

Yo: "¿Por qué?".

Armando: "Cuando la llamé la semana pasada, me dijo que estaba muy ocupada y que se reuniría conmigo en otra ocasión. También dijo que, por lo general, está disponible en las mañanas y que la llamara en cualquier momento. Sugerí hoy a las 10:00 a.m. y ella me contestó que estaba bien, que la llamara en cualquier momento".

Yo: "¿Hubo un compromiso real de su parte para reunirse contigo a las 10:00 a.m. o eso fue más como una excusa para terminar la llamada?".

Armando: "Bueno, si lo miras de esa manera, parece que fue una excusa".

Armando y yo revisamos todas las citas que él tenía en su calendario para los próximos siete días y vimos sin sorpresa alguna que casi todas eran del estilo "llámame algún día" o un deseo sin compromiso de parte del otro que él asumía como real. La fantasía no te lleva a ninguna parte. Esta es una regla simple: sólo es una cita cuando está en tu calendario y en el de tu prospecto, quien te espera a una hora, fecha y lugar (físico o virtual) específicos.

Recopila información y cualifícala

Soy un gran fan del béisbol de la liga infantil. Es un rito de inicio que les ayuda a los niños a construir su carácter, a perfeccionar sus valores y a aprender a ganar y perder. Hace varios años, cuando mi hijo jugaba en la liga infantil, tuvimos la suerte de estar en un equipo con grandes entrenadores que invirtieron su tiempo para ayudarles a nuestros hijos a aprender a amar el juego. En el camino, también le ayudaron a nuestro unido grupo de padres a aprender algunas lecciones.

En uno de nuestros partidos más intensos, estábamos al final de la sexta entrada con dos outs y las bases llenas. El juego estaba empatado. Con la carrera ganadora en la tercera base, sólo necesitábamos un hit para ganar el juego y pasar a las eliminatorias.

A medida que nuestro siguiente bateador caminaba desde la caseta hacia la caja de bateo, el entrenador Sandro lo apartó para darle una última charla motivacional. Se arrodilló frente al chico de 10 años, haló su camiseta por la parte cerca del cuello y le dio unos sabios consejos.

"Sin importar lo que hagas", le advirtió el entrenador Sandro, "no batees un mal lanzamiento".

Cuando el entrenador Sandro regresó a su posición en la línea de la tercera base, me sorprendió la profundidad de sus palabras. Estas se aplican a las ventas y, francamente, a la vida.

Si alguna vez has jugado béisbol o softbol o has visto a tus hijos jugar, sin duda has visto a un jugador persiguiendo un lanzamiento descontrolado —demasiado alto o bajo o muy fuera de la zona de strike—. El extraño movimiento del bate por el aire deja al jugador desequilibrado y avergonzado. A veces, es divertido verlo, pero sobre todo los fanáticos, entrenadores y jugadores emiten un gemido colectivo y se preguntan por qué diablos el jugador bateó ese lanzamiento.

Es lo mismo en ventas. Todos los días, los vendedores pierden tiempo, energía y emoción tratando de batear malos tratos. Tratos que no son rentables o no están calificados o no están en la ventana de compra o no tienen presupuesto o en los que ellos no logran identificar quién toma las decisiones o debido a que existen contratos sin capacidad de compra.

Visto desde afuera, es obvio que estos tratos de mal aspecto y de baja probabilidad nunca se cerrarán y le robarán el tiempo y la atención al vendedor, que bien podría dedicarlos a trabajar en mejores oportunidades. Sin embargo, a pesar de las señales obvias, los vendedores se adelantan, ya sea por ser ilusos o estar ciegos, e incluyen estos tratos en sus canales de ventas y proyecciones, con lo cual desperdician interminables horas trabajando en tratos infructíferos que nunca se cerrarán.

Lamentablemente, los resultados son predecibles y, aun así, todos estos vendedores deciden dedicarles su tiempo y esfuerzo.

Los profesionales de ventas inteligentes son muy disciplinados en cuanto a la calificación de prospectos. Ellos entienden que el tiempo es dinero y que pierden tiempo cuando trabajan con prospectos que no van a comprar. Saben que los compradores calificados son escasos y que cada momento que pasan con un prospecto que nunca va a comprar los aleja de su tarea más importante: encontrar prospectos que sí compren.

Todo comienza con la recopilación de información durante la prospección. Aunque hacer una cita es el objetivo principal cuando se trata de prospectos que ya has precalificado como compradores potenciales, recopilar información es el objetivo principal con prospectos que aún no has calificado.

Me refiero a lo siguiente. Si dibujamos una curva de campana a partir de la distribución estadística de los prospectos calificados en tu base de datos/CRM o de los clientes potenciales de tu mercado (si eres una *startup* y aún no has creado una base de datos):

- Un pequeño porcentaje será totalmente calificado y estará en la ventana de compra —listo para una cita o para comprar, en el caso de un producto transaccional de bajo riesgo.

- Un porcentaje mayor será totalmente calificado —conoces a quien toma las decisiones, a los influenciadores clave, el tamaño del negocio, el presupuesto y a tus competidores—. Sin embargo, no está en la ventana de compra debido a restricciones presupuestarias o a obligaciones contractuales.
- Un porcentaje mayor será semicalificado —tendrás algo de información, pero habrá lagunas en los datos.
- Un porcentaje aún mayor corresponderá a compradores potenciales, pero casi no tendrás información sobre ellos o será desactualizada.
- Un pequeño porcentaje nunca comprará, ya no está en el negocio o el registro en la base de datos será falso.

Como profesional en ventas, siempre debes buscar pasar el tiempo con los prospectos más calificados de tu base de datos. Esto significa que debes:

- Hacer citas con los clientes potenciales altamente cualificados y/o en la ventana de compra.
- Alimentar a los prospectos que has calificado pero que no están en la ventana de compra.
- Recopilar información sobre los clientes potenciales de los que tienes pocos o ningún dato de modo que puedas calificar su potencial y conocer sus ventanas de compra.
- Eliminar los registros de clientes potenciales que son falsos, que ya no están en el negocio, que son demasiado pequeños o grandes o que nunca serán compradores.

Algunos expertos en ventas te dirán que hagas citas con todos los clientes potenciales y que los califiques después. Muchos se interesarán en tu propuesta de negocios. Eso lo entiendo. Han visto a tantos vendedores usar la calificación como una razón para evitar hacer llamadas que piensan que la mejor manera de lograr que ellos prospecten es que programen citas y hagan la calificación una vez estén allí.

Siendo honesto, quizá tenga sentido hacer la cita sin tener en cuenta lo calificado que esté el prospecto si:

- Vendes un producto o servicio que no es contractual.

- Hay una alta probabilidad de que la mayoría de tus prospectos sean compradores, porque tu producto es algo que ellos usan todo el tiempo.
- No hay un período presupuestario establecido para realizar estas compras.
- El rol de quien toma las decisiones es bastante consistente y en general es una sola persona.

Sin embargo, cuando tu producto o servicio es complejo, contractual (sobre todo, cuando el contrato requiere exclusividad con un sólo proveedor o con un número limitado de proveedores), el ciclo de venta es largo, la toma de decisiones se realiza a un alto nivel en la organización, hay un período presupuestario definido o se requiere aprobación de los presupuestos por adelantado, tu mejor apuesta es calificar primero y luego hacer una cita.

Define la zona de strike

El primer paso para clasificar es definir claramente la zona de strike. Demasiadas empresas (especialmente, las *startups* y pequeñas), organizaciones de ventas y vendedores fallan al no asegurarse de que se trata del perfil de un prospecto calificado. El momento óptimo para hacer esto es antes de la apertura de la ventana de compra.

Te diré por qué: si no defines la zona de strike, desperdiciarás mucho tiempo en busca de negocios que no valen la pena. Este no debería ser un proceso difícil. Si trabajas para una gran empresa, siéntate con tu gerente de ventas y con algunos de los representantes más exitosos. Lo más probable es que ellos tengan la información que necesitas —quién es la persona encargada de tomar las decisiones de compra, conocen el tamaño de la cuenta, las ventanas de compra, las ventanas presupuestarias, las obligaciones contractuales— para construir el perfil de tu oportunidad ideal.

Si trabajas para una pequeña o una nueva empresa, comienza por analizar las fortalezas y debilidades de tu producto o servicio. Busca patrones y puntos en común entre tus mejores clientes. Analiza los tratos que estás cerrando para así poder entender a profundidad los eventos desencadenantes que abren las ventanas de compra. Con base en la información que conoces, calcula cuándo debes involucrarte antes de la apertura de esta ventana. Descubre los hábitos comunes de los compradores; luego, desarrolla un perfil del prospecto con el que es más probable hacer negocios y, a largo plazo, sea un cliente rentable y feliz.

Una vez hayas desarrollado el perfil de tu cliente ideal, desarrolla las preguntas que necesitarás para calificar a tus prospectos e identificar las mejores oportunidades. Después, haz el compromiso de medir cada prospecto, negocio y cliente con respecto a este perfil. Si ves que el perfil no corresponde, desarrolla la disciplina necesaria para alejarte.

No estoy diciendo que cada trato debe adaptarse perfectamente al perfil que se requiere para ser parte del canal de ventas. Así no es el mundo real. En algunos casos, tiene sentido asumir algo de riesgo y batear fuera de la zona de strike. Sin embargo, hay una diferencia entre asumir un riesgo calculado basado en datos y tratar de hacer un mal trato.

El objetivo final es mantener el canal de ventas lleno de acuerdos viables y calificados que tengan alta probabilidad de cierre. Esta es la razón por la cual los fanáticos de prospectar usan la actividad diaria para calificar sistemáticamente sus bases de datos.

Escucha el consejo del entrenador Sandro: "No batees un mal lanzamiento".

Cierra la venta

Cuando vendes productos o servicios transaccionales, de bajo riesgo o de relativo bajo costo, y prospectas por teléfono o en persona, tu objetivo principal es cerrar la venta de inmediato. Si estás prospectando por correo electrónico, mensajes de texto o redes sociales, tu objetivo principal es convertir cada acercamiento en una conversación de ventas que lleve al cierre del negocio.

Cuando cerrar la venta es tu objetivo, la interacción se complica un poco, porque debes involucrar, calificar y buscar la participación del cliente, quien debe querer renunciar a su agenda propia para tener una conversación de ventas contigo justo en ese momento.

Ya sea por teléfono o en persona, que es como tienes la mayor probabilidad de hacer el cierre mediante un único contacto, el hecho es que necesitas superar de inmediato la respuesta refleja inicial o la evasión del prospecto y hacerle una o dos preguntas con el fin de evaluar la oportunidad que se te presenta y lograr una cita en la cual tengas más espacio para hacer preguntas profundas, llegar a una solución y cerrar la venta.

Todo sucede en pocos minutos y se requiere tacto, confianza y un dominio fundamental del proceso de ventas.

Las técnicas para cerrar la venta en una llamada de prospección (en un sólo contacto) van más allá del alcance de este libro. Sin embargo, en los capítulos 15, 16 y 18 te presentaré las técnicas que necesitarás para superar la resistencia inicial y las objeciones del prospecto de tal modo que puedas pasar a tener una conversación de ventas.

Genera familiaridad

Los datos que hemos recopilado y analizado a partir de un conjunto diverso de fuentes indican que se requiere, en promedio:

- 1 a 3 acercamientos para volver a involucrar a un cliente inactivo.
- 1 a 5 acercamientos para involucrar a un prospecto ubicado en la ventana de compra que está familiarizado contigo y tu marca.
- 3 a 10 acercamientos para involucrar a un prospecto que tiene un alto grado de familiaridad contigo o tu marca, pero que no está en la ventana de compra.
- 5 a 12 acercamientos para involucrar a un cliente potencial tibio.
- De 5 a 20 acercamientos para involucrar a un cliente potencial que tiene cierta familiaridad contigo y tu marca —dependiendo de la ventana de compra.
- De 20 a 50 acercamientos para involucrar a un prospecto frío que no te conoce a ti ni a tu marca.

Estos son promedios generales. Dependiendo del reconocimiento general de tu marca, ubicación geográfica, canal de prospección, producto, servicio, ciclo de ventas y vertical de la industria, estas cifras bien pueden cambiar a tu favor o en tu contra.

Sin embargo, el punto no son las cifras, sino la historia que estas nos cuentan. La familiaridad juega un papel importante en lograr que los prospectos se involucren. Cuanto más familiarizado esté un prospecto contigo, tu marca y/o tu empresa, más probable será que esté dispuesto a aceptar y devolver tus llamadas, responder tus correos electrónicos, aceptar una solicitud de conexión por redes sociales, responder a un mensaje de texto e involucrarse cuando estés prospectando en persona. Exploraremos la Ley de la familiaridad a mayor profundidad en el Capítulo 12.

Generar familiaridad casi siempre es un objetivo secundario o terciario de cada acercamiento de prospección, aunque a veces, especialmente con las campañas de prospección estratégica, puede ser el objetivo principal. La familiaridad como objetivo de prospección requiere un enfoque a largo plazo, ya que mejora mediante el impacto acumulativo de la actividad de prospección constante. Por esta razón, los profesionales de ventas inteligentes crean campañas estratégicas de prospección (CEP) para aprovechar los canales de venta y construir familiaridad de manera sistemática.

Por ejemplo, supongamos que has investigado y descubierto los nombres de 100 gerentes de operaciones en empresas manufactureras —que lo más probable es que estén a cargo de la toma de decisiones relacionadas con tu servicio—. El problema es que ellos no te conocen ni tú a ellos. Muchos no están familiarizados con tu empresa.

En este escenario, se requerirán varios acercamientos durante un largo tiempo para lograr que uno de esos compradores potenciales se interese en tu propuesta. Para llamar su atención, tú puedes desarrollar un CEP que incluya llamadas telefónicas y correos de voz, correos electrónicos, contactos por redes sociales, ferias comerciales dirigidas y conferencias de la industria. El objetivo principal es generar suficiente familiaridad para que estos prospectos fríos tengan más probabilidades de interesarse.

- Cada vez que les dejas un correo de voz, los prospectos escuchan tu nombre y el de tu empresa y la familiaridad aumenta.
- Cada vez que les envías un correo electrónico, ellos leen tu nombre y ven tu dirección, el nombre de la empresa

y la marca del servicio, lo cual también hace que la familiaridad aumente.

- Cuando te conectas con ellos en LinkedIn, la familiaridad sigue en aumento.
- Cuando les das un "me gusta", comentas o compartes algo que ellos publican en las redes sociales, la familiaridad va en aumento.
- Cuando los conoces en una conferencia de la industria y ellos pueden asignarle una cara a tu nombre, la familiaridad aumenta.

Lo esencial es que, si no tienes un plan y no conoces tus objetivos, tus bloques de prospección son mucho menos efectivos y desperdicias tu tiempo. En cambio, cuando creas listas de prospección más efectivas, con objetivos claros, centrados en canales de prospección específicos, tus bloques de tiempo para hacer prospección son más aprovechables, dinámicos, generan más impacto y arrojan resultados mucho mejores.

10

Cómo aprovechar la pirámide de prospección

La única diferencia entre una muchedumbre
y un ejército entrenado es la organización.

—Calvin Coolidge

Cuando llegas a la oficina en la mañana y comienzas tu bloque de prospección, ¿a qué clientes potenciales llamas o contactas primero?

El año pasado, me contrató una empresa para desarrollar un programa de capacitación en prospección para su equipo de ventas. Este no alcanzaba sus cifras y el CEO contactó a mi empresa para que les ayudara a revertir esta tendencia.

Mi primer paso fue sentarme a observar al equipo de ventas hacer sus llamadas de prospección matutinas. El equipo trabajaba en un espacio cómodo y moderno y tenía un CRM de primer nivel lleno de prospectos y registros de contactos preaprobados. También tenía acceso a herramientas de redes sociales y de inteligencia empresarial que les daba una visión profunda de sus clientes potenciales y estas herramientas estaban integradas en el CRM.

El director de ventas esperaba que su equipo de ventas estuviera calificando y haciendo citas por teléfono desde las 8:00 a.m. Me presenté al equipo y luego me senté en una esquina a observarlo. Me fijé en particular en el representante de ventas que estaba en el cubículo más cerca de mí.

Después de una hora de observarlo, le hice una pregunta sencilla. "Cuando levantas el teléfono cada mañana, ¿cómo sabes a qué prospecto llamar primero?".

Parecía confundido por mi pregunta y pude ver cómo procesaba las ideas mientras buscaba la respuesta "correcta". Al fin, me respondió: "No lo sé. Sólo me conecto al CRM y empiezo a llamar".

Por los resultados de ventas del equipo, era claro que todos compartían la misma filosofía. Su patrón de prospección no seguía ninguna lógica. Sencillamente, ellos llegaban a la oficina, abrían su CRM, aplicaban un filtro rudimentario para separar clientes potenciales por ubicación geográfica específica y llamaban al primero que les aparecía. Desperdiciaban una gran cantidad de tiempo marcando aleatoriamente, mediante su base de datos. Sin plan. Sin objetivo. Sin una metodología cualificada. Como resultado, su experiencia de prospección era desagradable, sus canales de venta eran débiles y por desesperación hacían citas y demostraciones con prospectos mal calificados solo para tener alguna victoria.

Después del bloque de tiempo destinado a hacer llamadas, reuní al equipo y dibujé un triángulo (pirámide) en la pizarra de la sala de capacitación. Le hice de nuevo la misma pregunta a todo el grupo: "Cuando ustedes levantan el teléfono, ¿cómo deciden a qué prospecto llamar primero?".

Todos miraron para otro lado hasta que uno de los representantes más jóvenes dijo: "Por lo general, yo elijo una ciudad o código postal en mi territorio, genero una lista y comienzo por el primer prospecto en esa lista".

Según su respuesta, continué preguntando: "¿Es posible ordenar esa lista de una manera más significativa?".

Silencio total.

"Bueno, voy a preguntarlo de otra manera. Idealmente, si pudieran llamar a cualquier lista de prospectos, ¿cuáles quisieran que estuvieran en sus listas?".

Comenzaron a pensar un poco más. Al fin, alguien dijo: "¿Los prospectos que tuvieran más probabilidades de comprar?".

"Bingo! Exacto. ¿Cómo podrían identificar a los prospectos que tienen la mayor probabilidad de compra?", les pregunté.

Alguien exclamó: "Los prospectos que tengan un presupuesto".

Ya estaban pensando.

Alguien más opinó: "Los prospectos cuyos contratos con los competidores hayan expirado".

Desde la parte posterior de la sala de conferencia, algunos opinaron: "Los prospectos que fueron referidos". "Los prospectos grandes". "Los prospectos con más de 50 empleados".

Otros dijeron otras cosas:

"Los prospectos que nos han llamado o diligenciado uno de nuestros formularios web".

"Los prospectos que vinieron a nuestro stand en la más reciente feria comercial".

"Los prospectos que están totalmente calificados, pero con los cuales no hemos podido hacer una cita".

Por fin, estaban entendiendo.

Camina como un egipcio: administra la pirámide de prospección

Los vendedores que tienen dificultades para prospectar ven a su base de datos de clientes potenciales como un cuadrado. En otras palabras, tratan a cada prospecto exactamente igual. Por esta razón, atacan su base de datos al azar —sin sistema ni objetivo.

La cuestión es que este enfoque presenta varios problemas. En primer lugar, es estadísticamente ineficiente. Cuando haces tu primera llamada y las siguientes de manera aleatoria, te arriesgas a terminar llamando a un cliente potencial que puede que esté listo para comprar, como puede que no. Sin embargo, ya que sólo una pequeña parte de tus prospectos estará en la ventana de compra en un momento dado, la probabilidad estadística de que termines llamando a prospectos mal calificados es alta.

El resultado de este tipo de prospección es perder el tiempo en bloques de prospección ineficaces que además te hacen sentir que no llegas a ninguna parte, recibes mucho más rechazo y obtienes baja productividad. Por consiguiente, tanto tus resultados de ventas y de ingresos como tu confianza y autoestima sufren.

A los mejores vendedores no les interesa estar picoteando oportunidades, por eso diseñan sus listas de forma que sus bloques de prospección sean eficientes y eficaces. Segmentan sus prospectos según sea el potencial o el tamaño de la oportunidad y la probabilidad de que el prospecto se convierta en una venta. Organizan sus bloques de prospección para estar en posición ganadora, con prospectos altamente calificados que están en la ventana de compra.

Los vendedores estrella ven su base de datos de prospectos como una pirámide.

- En la parte inferior de la pirámide, están los miles de prospectos de los que ellos sólo conocen los nombres de sus empresa y tal vez tienen alguna información de contacto. No saben si la información de cada prospecto es correcta (y hay una buena probabilidad de que no lo sea).

    Acción: El objetivo con estos prospectos es hacer que asciendan en la pirámide, mediante la recopilación de información para corregir y confirmar los datos, completar lo que haga falta y comenzar el proceso de calificación.

- Más arriba en la pirámide, la información mejora. Hay información de contacto sólida, incluyendo direcciones de correo electrónico. Puede haber información sobre competidores, cifras de uso del producto o servicio, el tamaño del presupuesto y otra información demográfica. También puede haber información de contacto de quienes toman las decisiones o personas influyentes.

    Acción: el objetivo con estos prospectos es identificar la ventana de compra y todas las partes interesadas potenciales.

- Subiendo más, se identifican posibles ventanas de compra. Hay registros de contacto completos de quienes toman las decisiones y de personas influyentes, incluyendo sus perfiles en redes sociales.

  Acción: la meta en este nivel es implementar campañas de cultivo para estar al frente de quienes toman las decisiones, en anticipación de una ventana de compra futura identificada.

- Más arriba, están los prospectos por conquistar. Esta es una lista muy específica de las mejores o más grandes oportunidades en tu territorio. Su número será limitado: 10, 25, 50, 100.

  Acción: el objetivo en cuanto a los prospectos por conquistar incluye cultivo y acercamiento regulares, identificación de las partes interesadas, calificación de la ventana de compra, monitoreo de eventos desencadenantes y creación de familiaridad.

- Más cerca de la parte superior, se encuentran los clientes potenciales calientes y las referencias.

  Acción: estos prospectos requieren seguimiento inmediato para calificarlos y/o pasarlos al canal de ventas.

- En la cima, hay clientes potenciales altamente calificados que están pasando a la ventana de compra, debido a una necesidad inmediata, el vencimiento de un contrato, un evento desencadenante o un período presupuestario.

  Acción: estos son tus prospectos de mayor prioridad y deben estar en la parte superior de tu lista diaria de prospección. El objetivo es pasarlos a los canales de venta.

La clave para aprovechar la filosofía de la pirámide de prospección es enfocarse diaria y sistemáticamente en la recopilación de información que permita identificar las ventanas de compra y las partes interesadas y pasar a los prospectos hacia la parte superior de la pirámide, con base en esa información.

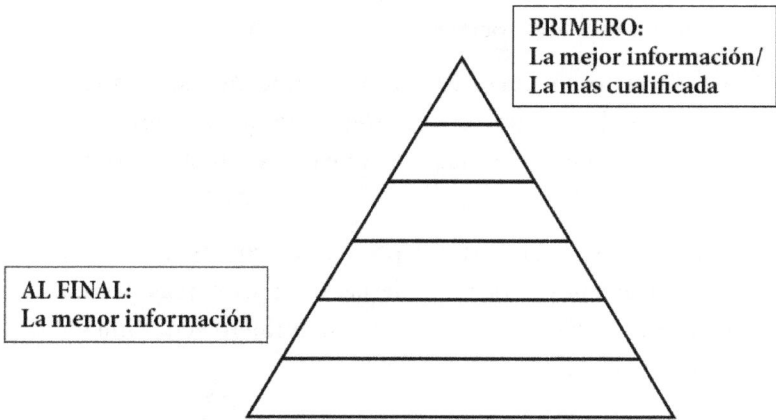

Figura 10.1 La pirámide de prospección
(Organización de bloques de prospección)

Las listas poderosas generan resultados poderosos

Ser un prospector más eficiente y eficaz comienza y termina con una lista de prospección organizada y dirigida. Una lista de prospección de alta calidad es como la pista de tu tren de prospección. Elimina la pérdida de tiempo buscando prospectos calificados y te ayuda a centrarte en un objetivo específico dentro de un canal de prospección en particular.

El triste hecho es que la mayoría de los vendedores está trabajando con listas mal estructuradas o, en muchos casos, con ninguna lista en absoluto. Algunas empresas tratan de darles listas a sus representantes, pero la mayoría no, y las que sí, por lo general, lo hacen mal.

Crear listas de prospección eficaces y robustas requiere de esfuerzo y disciplina constantes, por lo que los vendedores no lo hacen. Es mucho más fácil abrir el CRM y empezar a llamar al primer prospecto que ellos encuentren.

Esta es una llamada de atención. La calidad de la lista con la que trabajas durante cada bloque de prospección tiene un impacto más significativo en el éxito del bloque que cualquier otra cosa, excepto tu mentalidad.

Cuando generas listas poderosas, obtienes resultados poderosos.

Las listas deben construirse según los siguientes filtros (o según otras metodologías, dependiendo de tu situación). Combina estos elementos para estructurar tus listas de prospección de tal forma que estas tengan el máximo impacto.

- Objetivo de la prospección: hacer una cita, reunir información, cerrar la venta, generar familiaridad.
- Canales de prospección: teléfono, correo electrónico, redes sociales, mensaje de texto, en persona, trabajo en red.
- Nivel de calificación: los de mayor calificación en la parte superior y los de menor calificación en la parte inferior de la lista.
- Potencial: las mayores oportunidades en la parte superior y el menor potencial en la parte inferior de la lista.
- Probabilidad: la probabilidad más alta de alcanzar tu objetivo en la parte superior y la más baja en la parte inferior de la lista.
- Plan territorial: día de la semana, código postal, calle, cuadrante geográfico, ciudad.
- Oportunidades potenciales entrantes.
- Prospectos por conquistar.
- Rol de quien toma las decisiones/partes interesadas.
- Vertical de la industria o mercado.
- Clientes que compran un tipo específico de producto o servicio.
- Clientes de temporada.
- Clientes inactivos.
- Clientes potenciales de una feria o conferencia reciente.

Algunos de estos filtros se pueden automatizar en el CRM, mientras que otros pueden requerir decisiones manuales. Automatiza el proceso tanto como sea posible con filtros, vistas e informes predefinidos para facilitar la extracción de listas basadas en tus objetivos de prospección.

Sólo unos cuantos prospectos de la base de datos estarán en un momento dado en la ventana de compra, así que debes ponerte frente a ellos antes de que compren o de que la ventana de insatisfacción de un evento desencadenante se disipe. Comienza tu bloque de prospección cada mañana centrado en una lista de estos prospectos de la parte superior de la pirámide, mientras aún estás fresco, sintiéndote bien y motivado.

Como estos prospectos están en la ventana de compra, será mucho más fácil convertirlos en una cita, demostración o venta. Comenzar el día llamando a los prospectos de la parte superior de la pirámide te dará victorias desde temprano. Esto te da la confianza y motivación para abordar el resto de tu jornada de ventas.

Una vez hayas agotado los prospectos de alto potencial, enfoca tu prospección en calificar y cultivar cuentas por conquistar. Sigue enfocándote en calificar a los cientos o miles de prospectos que están más abajo en la pirámide.

Si comienzas cada día en la parte superior de la pirámide y haces citas de calidad desde temprano, te quedará tiempo para calificar sistemáticamente a los otros prospectos en tu base de datos y pasarlos a la parte superior de tu pirámide. Con el tiempo, tendrás bloques de prospección más exitosos, una dinámica base de datos de prospectos y un canal de ventas lleno.

Mañana por la mañana, cuando te prepares para hacer tus llamadas de prospección, mira el primer nombre de la lista y pregúntate: "¿Este es el mejor prospecto por llamar?". Luego, familiarízate con los filtros y las herramientas de clasificación de tu programa CRM y crea tu propia pirámide de prospección.

11

Aprópiate de tu base de datos: Por qué el CRM es tu herramienta de ventas más importante

Lo más costoso que puedes hacer en ventas es pasar tiempo con el prospecto equivocado.

—Jeb Blount

Odio escribir o hablar de los CRM. Es aburrido y agotador. Además, es poco atractivo, porque sé que los vendedores no quieren al CRM. Honestamente, me dolió incluir este importante pero tedioso tema. Pero esta es la brutal y a menudo ignorada realidad: ninguna otra arma o herramienta dentro de tu arsenal de ventas tiene más importancia o impacto para tu flujo de ingresos a largo plazo que tu base de datos de prospectos. Ninguna. Tu base de datos de prospectos es lo que te ayudará a ganarte la vida ahora y en el futuro. No importa qué vendas; una base de datos de prospectos bien administrada y viva es un ganso de oro que sigue poniendo huevos.

Tu CRM es la herramienta más importante dentro de tu arsenal de ventas porque:

- Te permite gestionar los detalles y las tareas relacionadas con muchos contactos diferentes sin tener que recordarlo todo.

- Te mantiene organizado, gestiona tu canal de ventas y evita que tus negocios y relaciones se descarrilen. Te hace la vida más fácil, porque trabaja por ti.
- Te permite segmentar y clasificar la base de datos de clientes potenciales y crear listas basadas en cualquier campo o grupo de campos de la base de datos. Esto te hace exponencialmente más efectivo y eficiente en tus actividades de prospección.
- Te ayuda a calificar sistemáticamente a los prospectos para moverlos hacia arriba en la pirámide de prospección.

Si dejamos de lado toda la tecnología, un CRM es un sistema de archivos basado en un software que facilita la gestión y el acceso a la información, ya que hace una tarea muy simple: recuerda cosas importantes por ti y te notifica cuando esas cosas son importantes. Enfréntalo, tú vas rápido y olvidas las cosas. En ventas, las pequeñas cosas son grandes y un CRM bien administrado evita deslices que podrían hacerte perder negocios.

Manéjalo como si fueras un CEO.

Esta es la verdad sobre el CRM: si no lo manejas, nunca alcanzarás tu verdadero potencial de ganancias. Significa que debes aplicar la mentalidad de CEO de la cual hablamos anteriormente. Consiste en:

- Ser responsable de mantener la integridad de tu base de datos de prospectos.
- No esperar hasta que tu gerente te esté gritando por no haber actualizado un registro en un mes.
- Tomarte el tiempo para hacer anotaciones detalladas después de las llamadas de ventas y registrar estas últimas.
- Incluir a nuevos clientes potenciales en el sistema en lugar de andar con el bolsillo lleno de todas las tarjetas de presentación que te han dado tus prospectos.
- En vez de estar quejándote de que no entiendes el CRM, tómate el tiempo para aprender acerca de él mediante prueba y error y de herramientas de aprendizaje en línea.

Los fanáticos de prospectar atesoran su base de datos porque entienden que de allí es de donde provienen las listas específicas. Su base de datos los hace más eficientes y efectivos. Esta debe ser muy importante para ti, al igual que comer, dormir y beber.

Tuve un representante que trabajó para mi empresa durante nueve meses. Era talentoso y sabía vender. Sin embargo, nunca logró mantener su canal de ventas lleno ni acercarse a su cuota de ventas. Cuando al fin empezamos a analizar qué estaba pasando, descubrimos que él había iniciado sesión en el CRM sólo una vez, mientras trabajó para nosotros. Triste pero cierto, y para entonces, ya era demasiado tarde. Lo despedimos.

Algunos vendedores no ven que el sistema los beneficia a nivel personal. Tienen un gerente de ventas que se queja de tener que actualizar el CRM, pero en su mente lo hacen para la empresa, no para ellos mismos. Es una cuestión de mentalidad. Estos vendedores piensan que están "trabajando para otros", mientras que los fanáticos de prospectar creen que ellos son los CEO de su territorio. Trabajan para sí mismos. Yo puedo pararme frente a ti a sermonearte. Puedo advertirte sobre las consecuencias. Puedo explicarte los beneficios. Pero la única persona que puede motivarte a explotar completamente tu CRM e invertir diligentemente en la construcción de una base de datos de prospectos de calidad eres tú. Si decides no invertir en tu base de datos, como dice el refrán, no es posible cambiar la estupidez.

Un bote de basura o una mina de oro

La mayoría de las veces, los vendedores tratan a su base de datos como a un bote de basura y no como a una mina de oro. No ingresan información acerca de las llamadas que hacen. No mantienen los registros actualizados. No anotan lo que dicen sus prospectos durante la interacción. Esta falta de atención a los detalles hace que el valor y la integridad de la base de datos disminuyan, lo cual genera que los vendedores tengan que luchar para concertar citas e involucrar a los prospectos correctos, en el momento correcto, con el mensaje correcto, dado que no saben a quién llamar.

En cambio, si recopilas y evalúas la información, ahí es cuando administrar y construir la base de datos realmente vale la pena. Con el tiempo, mediante prospección e investigación constantes, tendrás una imagen clara que te ayudará a calificar al 100% las oportunidades que tengas para hablar de tu negocio. Conocerás a los principales responsables de la toma de decisiones e influenciadores, sabrás qué compran tus prospectos y cuánto, identificarás quiénes son tus competidores, te enterarás de posibles eventos desencadenantes y, lo más importante, sabrás cuándo se abre la ventana de compra.

Construir una base de datos es como armar un rompecabezas. Toma tiempo, mucho trabajo, y, a veces, no hay mucha evidencia de que esta actividad esté dando sus frutos. La clave está en reconocer el valor acumulado de pequeñas victorias. A menudo, escucho a representantes de ventas quejarse por una llamada que piensan que no salió muy bien, en lugar de celebrar por la pequeña cantidad de información que descubrieron acerca de alguien encargado de la toma de decisiones, lo cual representa otra pieza que le agrega calidad al rompecabezas.

Cuando se trata de construir una poderosa base de datos de prospectos, mi filosofía es simple: incluye cada detalle sobre cada cuenta y cada interacción con cada cuenta y contacto en tu CRM. Toma notas buenas y claras. Nunca procrastines. No tomes atajos. Desarrolla la disciplina para hacerlo bien desde la primera vez y, con el tiempo, te dará sus frutos.

12

La Ley de la familiaridad

Después de ver gran parte del mundo, ahora tiendo
a regresar a los mismos lugares a disfrutar de
la familiaridad que ellos me brindan.

—Louise Nurding

Cuanto más familiarizado esté un prospecto contigo, con tu marca, y/o con tu empresa, más probable será que acepte y devuelva tus llamadas, abra los correos electrónicos que le envíes, acepte una solicitud de conexión por redes sociales, responda un mensaje de texto, acepte una invitación a un evento o webinar, descargue la información de un enlace que le envíes, se involucre en conversaciones de ventas, y, en última instancia, haga negocios contigo. Se trata de la Ley de la familiaridad.

Los datos indican que suelen requerirse entre 20 y 50 acercamientos para involucrar a un prospecto con poca o ninguna familiaridad contigo o tu empresa, pero sólo de 1 a 10 para involucrar bien sea a un cliente inactivo, a un cliente potencial interesado o a un prospecto que tiene un alto grado de familiaridad contigo, tu empresa o tu marca.

La falta de familiaridad es la razón por la cual recibes tantas objeciones cuando les pides a tus prospectos que te dediquen tiempo. Cuando ellos no te conocen, es mucho más difícil entrar por su puerta.

Facilita la prospección

Por esta razón, es necesario que te enfoques en invertir tiempo y esfuerzo con el fin de generar familiaridad con tus prospectos.

La familiaridad facilita la prospección, porque hace que la decisión de ellos de dedicarte tiempo sea menos arriesgada.

De ese modo, llega un punto en el que logras un nivel de comunicación entre tus prospectos y tú que genera una interacción en medio de la cual ellos hasta te llaman por tu nombre aun cuando no les interese hacer negocios contigo en este momento. Sean Burke, CEO de KiteDesk, llama a esto el umbral de la familiaridad.

Cuando te ganas la suficiente confianza para cruzar el umbral de la familiaridad, también obtienes la capacidad de comunicarte con ellos con más libertad —incluso a través de mensajes directos por redes sociales y mediante mensajes de texto— sin que por eso te consideren entrometido.

Sin embargo, no es posible cruzar el umbral de la familiaridad con la mayoría de los prospectos, porque nunca tendrás suficiente tiempo para hacer ese tipo de inversión en todos ellos. Cruzar el umbral de la familiaridad requiere de una inversión significativa de tiempo, intelecto, emoción, energía y tecnología. Es por eso que necesitas crear listas específicas y desarrollar planes estratégicos de prospección, de modo que puedas enfocar tu tiempo y atención en la construcción de familiaridad con los prospectos más valiosos para tu negocio.

Las cinco palancas de la familiaridad

El umbral de la familiaridad es también la razón por la cual los representantes de ventas senior de tu organización —aquellos que han estado en los mismos territorios durante años— hacen que las cosas parezcan muy fáciles para ellos. Los años que han invertido construyendo familiaridad en su territorio han dado sus frutos. Si analizas sus esfuerzos con mayor detalle, descubrirías que existen cinco palancas que les ayudaron a construir familiaridad con el paso del tiempo.

Prospección persistente y constante

El primer paso para crear familiaridad es la prospección diaria, persistente y constante. Cada vez que llamas, envías un correo electrónico, te reúnes con alguien, entregas una tarjeta y dejas un correo de voz, estás creando familiaridad. Esta es una de las razones principales por las que la persistencia vale la pena. Cuantas más veces tus prospectos vean o escuchen tu nombre, más se familiarizarán contigo y se irán abriendo las puertas. En pocas palabras, cuanto más prospectes, más familiar serás para tu base de prospectos.

Referencias y presentaciones

"Ron, mencionaste que todavía tienes vínculos cercanos con tu empresa de antes. ¿Sabes quién toma las decisiones sobre capacitación en ventas allí?", le estaba preguntando al encargado de tomar decisiones de compra de uno de mis clientes principales.

"Sí. Es Mary Walker. Antes trabajaba para mí. Gran persona. Te caerá bien". En seguida, miró su teléfono y me dijo: "Voy a buscar su número".

Unos segundos después, me dio su información de contacto. Luego, le pregunté: "¿Te molestaría llamarla y presentarme con ella?".

Ron levantó la vista y dijo: "Claro, no hay problema". Entonces, la llamó y le dijo: "Mary, estoy aquí con Jeb Blount. Él ha estado ayudándonos a desarrollar nuestro plan de capacitación en ventas. Creo que sería bueno que tú y él se conocieran. Te va a llamar".

El camino más poderoso y directo hacia la familiaridad es a través de las referencias o de la presentación. Las referencias te dan credibilidad instantánea, porque aprovechas el hecho de que esa persona ya es confiable para tu prospecto. Hay tres tipos básicos de referencias:

1. *Las referencias de clientes*, que provienen de compradores felices que confían en ti. La clave para generar estas referencias consiste en saber desarrollar un proceso disciplinado y sistemático para pedirlas.

2. *Las referencias personales*, provenientes de amigos, familiares y conocidos. Estas son personas que te conocen y que están dispuestas a enviarte prospectos. Tómate el tiempo necesario para explicarles a tus contactos personales lo que haces y cuáles son tus prospectos ideales, de tal modo que ellos sepan a quiénes buscar. Luego (y esto es crítico), sigue recordándoles que te interesan sus referencias. Así, no se olvidarán de dártelas.

3. *Las referencias profesionales*, que provienen de relaciones comerciales las cuales has desarrollado con otras personas en industrias relacionadas con la tuya o con vendedores que

pueden recurrir al mismo tipo de prospectos, pero que no compiten contigo. Son relaciones mutuamente beneficiosas. Para generar estas referencias, debes buscarlas, formarlas e invertir continuamente en ellas. Cuanto más amplia sea tu red profesional, más referencias generarás.

He leído docenas de libros sobre referencias. Dan excelentes consejos, técnicas y pautas sobre cómo generarlas. Por motivos de tiempo, haré una breve sinopsis del mensaje principal de todos esos libros. El verdadero secreto para generar referencias consiste en:

- Brindarles una magnífica experiencia a los clientes.
- Pedirles referencias.

Eso es todo. Directo y sencillo. Sin embargo, el mes pasado me encontraba frente a un grupo de representantes de ventas B2B y pregunté: "¿Cuántos de ustedes les brindan un magnífico servicio a sus clientes? Levanten la mano".

Todos levantaron la mano.

"¿Cuántos de ustedes pidieron al menos una referencia la semana pasada?".

Nadie levantó la mano.

"¿Y en el último mes?".

De nuevo, nadie.

"¿Y en el último trimestre?".

Una persona.

"¿El año pasado?".

Tres personas levantaron la mano en medio de un centenar de vendedores.

¿Sorprendente? En realidad, no. Suelo hacerles esta pregunta a grupos de vendedores. La respuesta siempre es la misma. No te haré perder el tiempo, disertando sobre por qué los vendedores no lo hacen, porque la respuesta es más que obvia: porque temen ser rechazados o porque, sencillamente, no piensan en eso.

Pedirle referencias a un cliente feliz es relativamente fácil, informal y de bajo riesgo. Es algo así:

"Patricia, gracias de nuevo por hacer negocios con nosotros. Me alegra escuchar que estás feliz con nuestros productos. Siempre estoy en busca de clientes como tú. ¿Podrías presentarme a otras personas de tu red de contactos que creas que también querrían usar nuestros productos?".

Sí, hay formas más estratégicas y poderosas de preguntar. Sí, hay maneras de hacer que sea más fácil para tus clientes ayudarte con las referencias. Sin embargo, lo más importante es tener la disciplina de pedirlas.

Networking

Cada semana, hay nuevas oportunidades de hacer contactos en tu comunidad o territorio. El primer lugar donde puedes buscar es en la(s) cámara(s) de comercio de tu zona. Luego, busca por internet los calendarios de actividades de otras organizaciones empresariales o cívicas del área. Por último, pregúntale a tus prospectos y clientes a qué eventos, conferencias y ferias comerciales asisten.

Luego, ¡ve! ¿Quieres que te lo diga de forma más clara? Ve a estrechar la mano de otros. Ve a conocer gente. Ve a aprender sobre ellos. Obtendrás nombres de clientes potenciales y referencias. No hay nada mejor para crear familiaridad que el contacto cara a cara. Hablaremos sobre la prospección y las redes sociales en el siguiente capítulo, pero el trabajo en red es la verdadera prospección social.

Para tener éxito haciendo networking, evita convertirte en un folleto de marketing ambulante y parlante y métete en la cabeza que a nadie le preocupa quién eres o lo que tienes por decir. La gente quiere hablar de sí misma.

Tú no vas a los eventos de networking a vender. Tampoco vas a programar citas ni a obtener datos sobre clientes potenciales ni a cerrar negocios. Vas para crear conexiones con otras personas. Puedes obtener todas esas otras cosas después de establecer conexiones. No debería haber ningún *quid pro quo* en tus conversaciones.

Creas conexiones cuando haces preguntas, escuchas y te interesas en otras personas de forma genuina. Maya Angelou dijo: "La gente olvida lo que dijiste o hiciste, pero siempre recordará cómo la hiciste sentir". Recuérdalo cuando inviertas tiempo en eventos de networking.

Hacer seguimiento después de este tipo de eventos es la clave para construir nuevas relaciones y familiaridad. Usa notas escritas a mano para recordarle a la otra persona la conversación que tuvieron, haciendo referencia a algo de lo que hayas hablado. Yo tengo el hábito de mantener una pila de sobres estampillados previamente y notas de agradecimiento en mi auto. Además, tomo notas de las conversaciones, mientras todavía siguen frescas en mi mente.

Cuando he tenido una conversación positiva con alguien, le envío un breve mensaje de texto para agradecerle por tomarse el tiempo para hablar conmigo, seguido de una solicitud de conexión por LinkedIn para crear aún más familiaridad.

Por último, registro cualquier cliente potencial en mi CRM a más tardar a la mañana siguiente. Si prometí enviarle algo, agendar una cita o presentarle alguien a mi contacto, me programo para hacerlo y lo hago dentro de las 24 horas posteriores al encuentro.

Luego, hago seguimiento de forma regular hasta trasladar a mis prospectos obtenidos mediante trabajo en red al canal de ventas.

Familiaridad con la empresa y la marca

La buena noticia es esta. Si tienes la suerte de trabajar para una empresa reconocida o vendes una marca famosa, la prospección es exponencialmente más fácil para ti que para un representante de ventas de una *startup* o de una empresa pequeña y desconocida. En algunos casos, lo único que debes hacer para entablar una conversación o agendar una cita es mencionar el nombre o el producto de tu empresa.

La maquinaria de marketing de las grandes empresas siempre está en funcionamiento, impulsando el reconocimiento de marca y generando clientes potenciales a través de publicidad tradicional, redes sociales, marketing de contenidos, ferias comerciales y conferencias. Esto le da una enorme ventaja al representante que trabaja para una famosa empresa, con una gran marca, en medio de la guerra por la atención de sus prospectos.

Si trabajas para una startup, una marca emergente o una empresa pequeña y desconocida, sin una estrategia de marketing sostenida, casi siempre, estás en desventaja. Es mucho más difícil hacer que la gente se reúna contigo cuando no está familiarizada con tu empresa. Por esta razón, los equipos de ventas de las pequeñas empresas y *startups* son intrínsecamente una parte integral del proceso de creación de marca y sensibilización del mercado. Además de (o, en algunos casos, a pesar de) los recursos de marketing limitados, tú debes participar activamente para hacer correr la voz y dar a conocer estos emprendimientos.

Es posible que te pidan —aunque sugiero que te ofrezcas— escribir y publicar blogs relevantes, participar en ferias comerciales, crear y aprovechar tus redes sociales, aportar en informes y libros electrónicos, crear podcasts y organizar webinarios. Y cuando se trata de las redes sociales, puedes generar una conciencia de marca enorme para un público objetivo si eres activo, haces crecer tu red y compartes contenido.

Lo cierto es que, cuando eres parte de una organización pequeña, casi siempre, se requiere del apoyo de todos y es un hecho que las ventas y el marketing están mezclados, en lugar de separados.

Para los representantes de ventas que trabajan para una marca reconocida, la clave es mantenerse alejados de los engranajes de la maquinaria del marketing y dejar que esta haga su trabajo.

Marca personal

La familiaridad también se construye mediante la creación de la marca personal —invirtiendo de forma directa en mejorar la conciencia sobre tu nombre, experiencia y reputación.

Esta es la mejor manera de construir familiaridad, porque la gente compra por quién *tú* eres. Confía en ti, porque cree que eres la única persona que puede resolver su problema en particular.

Nunca antes había sido tan fácil crear familiaridad a través de la marca personal. Hoy en día, distribuir contenido es fácil. Simplemente, entras a tu red social favorita y puedes hacer lo que sea. Apunta, dispara, escribe, haz clic y publica —todo al alcance de tus manos—. Puedes dar a conocer tu nombre y reputación bastante rápido y a muy poco costo. Sin embargo, existe una metodología para la creación de marca personal que es muy poco utilizada, pero que yo considero que es un arma secreta en la guerra por crear familiaridad. Tiene un extraordinario historial de producción de resultados y genera familiaridad instantánea, credibilidad y clientes potenciales.

El secreto: habla en público y hazlo con frecuencia.

Este es un método poderoso para conocer gente y desarrollar relaciones comerciales, porque crea un ambiente donde los prospectos te buscan.

Cuando hablas en público, aunque sea por un momento, eres visto casi como una celebridad y la gente quiere conocerte. Después de hacer la presentación, las personas se te acercan, conversan contigo, hablan libremente de temas comerciales y te dan su información de contacto de manera voluntaria.

Es fácil participar en eventos. Organizaciones como las cámaras de comercio, los clubs rotarios, entidades empresariales y otros grupos civiles siempre requieren oradores invitados. Lo único que debes hacer es llamar, ofrecerte como voluntario y ellos estarán felices de incluirte en su programación. Si asistes a ferias comerciales y reuniones de asociaciones, es cuestión de ponerte en contacto con los organizadores y decirles que te gustaría ser orador o realizar un taller. Estas personas están en la búsqueda de expertos en la materia que les agreguen valor a sus programas. Aunque es menos eficaz, también puedes dar webinarios y transmitir eventos en vivo organizados por asociaciones comerciales de la industria y por tu propia empresa.

Hablar en público te permite dar a conocer tu conocimiento. También te da gran visibilidad y credibilidad. Y como tan pocos competidores lo hacen, hacerlo te diferenciará, mejorará tu marca personal y creará un mayor sentido de familiaridad con tus prospectos.

Advertencia

La información de este capítulo incluye una advertencia. Es fácil pasar todo el tiempo generando familiaridad. Si haces esto en lugar de otras actividades de prospección, dentro de un mes, tu canal de ventas estará vacío y tu jefe, enojado.

Como todo en las ventas, construir familiaridad se basa en el equilibrio. Debes balancear la necesidad de ventas actuales con la inversión a futuro.

13

Venta social

Las ventas son una mezcla de arte y ciencia.
El arte es influenciar a las personas a asumir compromisos.
La ciencia es influenciar a las personas adecuadas.

—Jeb Blount

La influencia de las redes sociales en la sociedad actual es ineludible. Millones de personas están conectadas en las redes sociales y revisan y actualizan constantemente su estado. Como herramienta de negocios, las redes sociales han pasado de ser vanguardistas a ubicuas.

Mientras escribo este libro, *la venta social* es una de las frases de moda en la profesión de ventas.

No hay duda de que el canal de venta social (a veces, llamado prospección social) es un componente esencial de una metodología equilibrada de prospección.

Creo que, para la profesión de las ventas, las redes sociales son el avance tecnológico más importante desde que se inventó el teléfono. Nunca habíamos tenido tanta información, de tan fácil acceso, sobre los compradores. Y no sólo información de contacto, sino también de contexto. A través del canal social, podemos vislumbrar el comportamiento, los deseos, las preferencias y los desencadenantes que impulsan el comportamiento de nuestros prospectos y que abren las ventanas de compra.

El canal social nos da la capacidad de construir familiaridad de manera fácil y económica, mediante técnicas de bajo impacto y no intrusivas. Podemos mapear con cierta facilidad a los compradores, influenciadores, entrenadores potenciales y a otras partes interesadas en nuestras cuentas potenciales, descubriendo así las motivaciones y los intereses de compra que conllevan a conversaciones persona a persona más sólidas y de mayor impacto. Podemos monitorear a nuestros competidores y las tendencias de la industria de maneras que no eran posibles o económicamente factibles en el pasado.

La tecnología que nos permite aprovechar, analizar y utilizar este flujo interminable de datos está emergiendo a un ritmo vertiginoso, lo cual es tanto bueno como malo. Lo bueno es que la tecnología hará que sea aún más fácil que uses el canal social para construir tu canal de ventas y acelerar el proceso comercial.

¿Lo malo? A medida que el conjunto de datos se transforma y las opciones para aprovechar esos datos aumentan, el ecosistema social se está volviendo cada vez más abrumador y el costo de uso de estos datos está aumentando a gran velocidad.

Los propietarios de los canales sociales —LinkedIn, Google, Facebook y Twitter— son muy conscientes de que tienen todos los datos y están en una posición ventajosa. Las empresas que crean el software que desbloquea estos datos tienen que pagar para obtener acceso a ellos. Entonces, para obtener ganancias, esos costos te los transmiten a ti. En otras palabras, en el futuro, para aprovechar al máximo las ventas sociales, habrá que recurrir a la billetera.

Sin embargo, la venta social es parte inextricable del tejido de la prospección. Los mejores vendedores lo saben y es por eso que, cada vez más rápido, están adoptando tácticas de venta social para prospectar y están dispuestos a pagar por el acceso.

En lo que me voy a centrar en este capítulo es en brindarte un modelo para ser más eficaz y eficiente con las redes sociales en tu rutina de prospección. Te ayudaré a entender los objetivos principales y las cinco C de la prospección social, junto con las cinco categorías de herramientas de venta social que te ayudan a ser más eficiente y eficaz en tu labor.

Cinco objetivos de la prospección social (resultados)	Las cinco C del proceso de prospección social (eficaz)	Herramientas de prospección social (eficiente)
Marca personal y construcción de familiaridad	Conexión	Herramientas que generen compromiso
Prospección entrante, mediante educación y conocimientos	Creación de contenido	Herramientas de creación
Conciencia de eventos desencadenantes y del ciclo de compra	Curación de contenido	Herramientas de curación
Investigación y recopilación de información	Conversión	Herramientas de distribución
Prospección saliente mediante involucramiento directo	Coherencia	Herramientas y datos de inteligencia

Sin embargo, debido a que el panorama de la venta social está cambiando tan rápido, evitaré sumergirme en las características/tácticas específicas de los principales sitios y herramientas de las redes sociales. Siendo sincero, debido a que las redes sociales son tan ricas en características, se requerirían varios libros para abordar todo lo que necesitas saber y, para el momento en que estos sean publicados, ya estarán desactualizados.

Por eso, en vez de incluir todo lo que necesitas saber sobre la prospección social en este breve capítulo, creé un completo grupo de recursos que se actualizan constantemente.

La venta social no es una panacea

Junto con el aumento de la conciencia del poder del canal social, ha habido un preocupante aumento de gurús que afirman que este resolverá todos tus problemas relacionados con las ventas.

Hace poco, leí a uno de estos "gurús". Decía que todas las otras formas de prospección estaban muertas y les aconsejaba a los vendedores centrar toda su energía en la venta social (por supuesto, usando su complicado sistema de nueve pasos que ofrecía con un descuento especial). Irónica e hipócritamente, todo ese discurso lo hizo a través de un correo electrónico en frío.

Otra experta llamó en frío a mi VP de Ventas en Sales Gravy para presentar su programa de ventas sociales como un método avanzado de generación de clientes potenciales que eliminaría las llamadas en frío para siempre. Él la desafió: "Si tu programa es tan bueno, ¿por qué me estás haciendo una llamada en frío? ¿No debería entonces ser yo quien llame?". Eso terminó abruptamente la llamada.

La venta social no es una panacea. Las tasas de contacto y conversión del teléfono y el correo electrónico eclipsan a las de las redes sociales. El canal social mejora, aumenta y a veces acelera tus esfuerzos de prospección. Tiene un impacto sobre la familiaridad. Pero no reemplaza los esfuerzos dedicados y deliberados de prospección.

El desafío de la venta social

Sin embargo, de vez en cuando contrato a un nuevo representante de ventas para que me desafíe ante esta premisa. El año pasado, uno de mis nuevos representantes vino a mi oficina y dijo que las llamadas en frío desaparecerían. Había leído un artículo de un "experto" en venta social y luego asistió a uno de sus webinarios. Mi representante afirmó que había aprendido a eliminar las llamadas en frío (es decir, *todas*) con una estrategia más poderosa de LinkedIn.

"Además," me dijo, "ya nadie contesta el teléfono". Los compradores 2.0 quieren hablar con los vendedores según sus propias condiciones". (Recuerdo haber pensado, "¿Compradores 2.0? ¿Qué diablos es eso?").

Incluso pronunció las palabras "vieja escuela" a medida que debatíamos sobre su posición acerca de hacer llamadas y de LinkedIn. Entonces, le señalé el teléfono e insistí en que lo tomara y comenzara a llamar.

Lo desafié. Le dije que él podría emplear su "estrategia de nueva escuela" durante una semana y yo trabajaría al estilo de la vieja escuela, es decir, abriría nuestra base de datos de prospectos, empezaría a llamar e interrumpiría el día de todo posible "comprador 2.0".

Al final del primer día, él entró con orgullo a mi oficina, diciendo que sus solicitudes de contacto habían sido aceptadas por siete personas. "Son buenos prospectos", dijo.

"¡Impresionante! Y ¿cuánto vendiste?", le pregunté.

"Tú no lo entiendes, Jeb. No funciona así", me respondió. "Esto requiere tiempo".

Miré mi hoja de llamadas. Hice 73 llamadas, 19 contactos y cerré dos negocios, los cuales me pagaron con tarjetas de crédito —ya había dinero real en el banco.

Repetimos este ejercicio durante cuatro días más. Al final de la semana, cerré 17 cuentas nuevas y recaudé los pagos de todas. Él había logrado que mucha gente aceptara sus solicitudes de conexión, comentara o le diera "like" a un montón de publicaciones, siguió páginas de empresas, se unió a grupos, publicó bastante contenido y… no había vendido nada.

Sólo para asegurarme, también usé las redes sociales. Cerré dos tratos cuando los prospectos me llamaron después de dejarles un correo de voz, enviarles un correo electrónico y contactarlos por LinkedIn. También les envié solicitudes de conexión a los prospectos a los que les vendí y a aquellos con quienes hablé por teléfono, pero con los cuales no pude cerrar ningún trato. Mientras creo mis listas de llamadas, escaneo perfiles de LinkedIn en busca de datos que podrían hacer mis llamadas más relevantes. En otras palabras, incluí a las redes sociales dentro de mi tejido equilibrado de prospección, en lugar de convertirlas en mi canal exclusivo de buscar prospectos.

Después de nuestro ejercicio, el pago de una apuesta de $10 dólares y una sesión de coaching en la que le mostré con calculadora en mano cuánto habría ganado en comisiones si hubiera hecho esas 17 ventas, mi nuevo representante estuvo de acuerdo en que llenaría su cuenta bancaria más rápido con un enfoque equilibrado que incluyera interrumpir a la gente en lugar de pasarse todo el día en el canal social esperando a que lo interrumpieran a él.

Antes de aventarse de cabeza a esta brutal realidad, mi nuevo representante había adoptado una metodología de un "gurú" que prometía un flujo interminable de prospectos listos para comprar, mediante mínimo esfuerzo de su parte y sin rechazo.

Si decides creer en esa basura, es mejor que tengas tu currículum listo, y si crees que la venta social es el nuevo polvo mágico que te convertirá en la próxima superestrella de las ventas, alguien te despertará bruscamente.

La venta social no resolverá el problema de mantener llenos tus canales de venta ni te proporcionará un flujo interminable de clientes potenciales haciendo poco esfuerzo. Se necesita mucho más que una conexión de LinkedIn, creación de contenido y la esperanza de convencer a los compradores de hoy a actuar. La venta social consume mucho tiempo, es agotadora a nivel intelectual y requiere de un esfuerzo diario constante para dar resultados.

Así que tal vez lo mejor sea comenzar por lo que no es la venta social.

La venta social no es vender

Aclaremos esto desde el principio. La venta social no es vender. Si estás tratando de hacer ventas en LinkedIn, Twitter, Google+ o Facebook, es probable que no estés vendiendo nada, pero sí irritando a los que pronto serán tus excontactos y que causes daños importantes en tu reputación y tus relaciones.

La conclusión es que las personas no quieren que les "vendan" en las redes sociales. Prefieren conectarse, interactuar y aprender. Por esta razón, es mejor usar el canal social para crear familiaridad, cultivar clientes potenciales, investigar, hacer una delicada prospección y crear conciencia sobre eventos desencadenantes.

Con excepción de los mensajes directos por redes sociales, que pueden ser un suplemento y una alternativa al correo electrónico tradicional, la prospección social requiere de sutileza, tacto y paciencia. Con prospectos complejos y empresariales, el canal social se convierte en una parte central de un estratégico juego de ajedrez, diseñado para influir en las partes interesadas y pasar hábilmente estos acuerdos al canal de ventas en el momento justo. (Abordaré los mensajes directos por redes sociales cuando hablemos de la prospección por correo electrónico).

La *venta social* es un término colectivo que abarca una variedad de actividades diseñadas para enriquecer el proceso de ventas y llenar el canal de ventas con prospectos más calificados y motivados. Estas actividades incluyen:

- Investigación
- Networking
- Generación de clientes potenciales
- Marketing
- Prospección
- Monitorización de eventos desencadenantes
- Inteligencia competitiva
- Gestión de relaciones con clientes (CRM)
- Gestión de cuentas

Dicho esto, es fundamental que incluyas la venta social en tu arsenal como vendedor y que trabajes para convertirte en un maestro en su aprovechamiento. Sin importar qué vendas, integrar las redes sociales en tu proceso de prospección y ventas ya no es una opción.

Elige los canales sociales adecuados

Pregunta: ¿Por qué roban a los bancos?

Respuesta: porque ahí está el dinero.

¿En qué canales sociales deberías estar activo? ¿En dónde deberías invertir tu limitado tiempo? La respuesta es simple: en donde estén tus clientes potenciales.

LinkedIn, Facebook, Twitter, Google+, Pinterest, Instagram, Tumblr, Foursquare, Swarm, Ello, SoundCloud, YouTube, Snapchat, WhatsApp, SlideShare —la lista de redes sociales es larga (estoy seguro de que me faltan algunas) y seguirán surgiendo más. Suficiente para sobrecargarnos—. El panorama de las redes sociales es complejo. La tarea de participar y liderar en las redes sociales es sobrecogedora y, francamente, abrumadora, tanto que la mayoría de las empresas tiene un individuo (pequeñas empresas) o un equipo completo (grandes empresas) a cargo de administrarlas. Esto demuestra que se requiere de un gran esfuerzo.

Como profesional independiente, es imposible cubrirlas todas y además tener tiempo para vender. Si tratas de desarrollar una presencia en todos estos canales, verás que es agotador. Por eso, no deberías intentarlo. He descubierto que puedo manejar efectivamente de tres a cuatro canales a la vez y que soy mucho mejor cuando sólo son dos. Más de eso, se vuelve tedioso y mis esfuerzos se debilitan. Devuélvete un poco y responde estas dos preguntas:

1. ¿En qué canales sociales encontraré a mis prospectos y clientes potenciales?
2. ¿En qué canales sociales me siento más cómodo?

La primera pregunta es, de lejos, la más importante. Si tus clientes no están en Twitter, por ejemplo, no te preocupes por él. Pero si sí lo están, es mejor que empieces a usarlo. El ROI de tu inversión en ventas sociales (tiempo, dinero y emoción) aumentará significativamente si estás en el mismo lugar que tus prospectos. Por ejemplo, si vendes software basado en la nube a empresas de servicios financieros, no asistes a ferias comerciales para agricultores. Lo mismo ocurre con las redes sociales.

También es importante participar en canales que disfrutes y con los que te sientas cómodo. Por ejemplo, paso mucho tiempo en Twitter porque me encanta. Mi audiencia abarca casi todos los canales principales, pero Twitter es, por mucho, mi favorito; se nota en mis seguidores.

Si no disfrutas un canal en particular, tenderás a ignorarlo y tu actividad no será consistente. Pero seamos honestos, si tus prospectos están en un canal que detestas, sugiero que descubras cómo puedes empezar a apreciarlo de tal modo que este se convierta en parte de tu día como vendedor.

Sin embargo, para la mayoría de los vendedores, LinkedIn es el principal canal social. Primero, debes hacer presencia allí, porque LinkedIn es la red de los profesionales. En segundo lugar, si trabajas en ventas B2B o B2C de gama alta, LinkedIn es donde están tus prospectos. Tercero, LinkedIn tiene un sólido conjunto de herramientas y funcionalidades diseñadas para los vendedores que te ayudarán en todos tus canales de prospección.

Los cinco objetivos de la prospección social

¿Escuchas ese enorme sonido absorbente? Son las redes sociales robándose las horas doradas de los vendedores de todo el mundo. Horas y horas del tiempo principal de ventas desperdiciadas debido a que todos están metidos en sus computadoras portátiles, tabletas y teléfonos inteligentes, haciendo "venta social".

Los canales sociales son fascinantes y adictivos. Están diseñados para ser así, para engancharte y para que siempre quieras volver por más. Por eso existen los likes, los shares, las estrellas, las notificaciones y los pequeños números en las aplicaciones sociales de tu teléfono. Todos despiertan tu curiosidad y competitividad.

Las redes sociales son una gran máquina para hacer dinero que devora tus datos y tu tiempo y lo vende a los anunciantes. Para lograrlo, necesitan que estés enganchado. Pasar todo el día en las redes sociales no difiere en nada de desperdiciar el tiempo frente a una pantalla de televisión.

Por supuesto, la diferencia entre la televisión y el canal social es que en realidad puedes lograr algo en este último cuando tienes la disciplina para enfocar tu tiempo en crear resultados específicos que te ayuden a identificar prospectos y a hacer que estos se muevan dentro de tus canales de venta. Estos resultados incluyen:

- Marca personal y construcción de familiaridad
- Prospección, mediante educación y conocimientos
- Conciencia de eventos desencadenantes y del ciclo de compra
- Investigación y recopilación de información
- Campañas estratégicas de prospección
- Prospección saliente

Necesitas aprender a usar las redes sociales de la manera correcta, de tal forma que sepas darle buen uso a tu tiempo. *Eficiente* y *eficaz* son las palabras clave. Tu inversión de tiempo en el canal social debe centrarse en aumentar el tamaño y la viabilidad de tus canales de venta. De lo contrario, lo desperdiciarás.

Marca personal

Estas son dos preguntas que es bueno plantearte constantemente cuando haces prospección social:

1. ¿Mi presencia en línea me ayuda a crear reputación como un profesional de ventas que resuelve problemas y es confiable?
2. ¿Contribuye a que la gente se familiarice con mi nombre y mi marca de una manera positiva?

Si la respuesta a cualquiera de estas preguntas es "no" o "no estoy seguro", es hora de ajustar la estrategia. La razón principal por la que debes participar en la venta social es para incrementar tu nivel de familiaridad y construir confianza. La idea es que los compradores potenciales te vean, te escuchen y te consideren como una fuente de ventas creíble.

A nivel básico, antes de reunirse contigo los prospectos te buscarán para saber quién eres y qué te interesa. Lo que ellos vean les hará emitir un juicio instantáneo sobre ti. Esos juicios tendrán un impacto en tu capacidad de influir en ellos y de persuadirlos para que se comprometan a renunciar a su tiempo, recursos y dinero. El propósito es que tu presencia profesional en línea te posicione como la persona más idónea para ofrecer soluciones.

Como la mayoría de las personas, tú también emites juicios instantáneos o tienes determinadas impresiones sobre los demás cuando recién los conoces. Así somos los seres humanos. Con tantos datos que son percibidos por nuestro sistema nervioso, nuestro cerebro ha evolucionado para captar a gran velocidad la información disponible sobre los demás (cómo se ven, hablan, actúan) y con ella crean una imagen instantánea de las personas. Esas primeras impresiones —independientemente de qué tan válidas sean— influyen en nuestros sentimientos hacia ellas.

Es cierto, en el mundo físico, a veces tenemos una segunda oportunidad para causar una buena primera impresión. En el mundo virtual, sin embargo, tenemos cero posibilidades de cambiar las primeras impresiones que los demás tienen sobre nosotros. Cuando los clientes potenciales ven "tu versión en línea" y no les gusta, siguen de largo de inmediato.

Por supuesto, la gran mayoría de los profesionales de ventas tiene la sensatez de no hablar mal de su jefe, de no publicar comentarios políticos o religiosos controversiales y de no pavonearse contando lo borrachos que estaban la noche anterior, antes de conectarse a internet. Sin embargo, crean primeras malas impresiones de maneras más sutiles.

Con frecuencia, me impresiona la forma tan vergonzosa en que algunos vendedores manejan su imagen en las redes sociales. Los errores más comunes son:

- Perfiles mal escritos
- Perfiles incompletos y obsoletos
- Fotos poco profesionales o ninguna foto en sus perfiles
- Publicaciones y discusiones políticas o religiosas demasiado controversiales
- DI: demasiada información sobre asuntos personales

Tus perfiles en redes sociales son un reflejo directo de tu marca personal. Estos son la punta de lanza de la venta social. Hasta que tu cliente potencial se reúna contigo por teléfono o en persona, tu presencia en línea es quien tú eres. Entonces, es crucial invertir tiempo en desarrollar y perfeccionar tus perfiles sociales.

Hoy, no mañana, haz algo para asegurarte de que tu imagen en línea te muestre de la mejor manera. Estos son algunos conceptos básicos para lograrlo:

La foto de la cara

Según algunos sitios web que les ayudan a las personas a elegir la foto correcta para sus perfiles en línea: "Las fotos de perfil son tan esenciales en la comunicación moderna que se han convertido en una necesidad básica. Esto no podría ser más cierto que para aquellos cuya vida profesional depende de su perfil en las redes sociales".

Asegúrate de tener una imagen profesional en todos tus perfiles profesionales —incluido Facebook—. Profesional significa que no haya gatos ni perros ni niños ni vacaciones ni amigos de la universidad ni gafas de sol ni cerveza. La fotografía debe ser tomada con buena luz, en un ángulo favorecedor y con un fondo neutro. Olvídate de las posturas cursis

—como con los brazos cruzados, la mano en la barbilla o inclinando tus anteojos—. No querrás parecer un idiota.

En vez de eso, sonríe y muestra una apariencia agradable. En un estudio[1] basado en más de 60.000 *ratings*, Photo Feeler encontró que una sonrisa genuina tiene un impacto significativo en la percepción de los demás con respecto a tu competencia, simpatía e influencia, según la imagen que proyectes en tu perfil. Una buena práctica que recomiendo es publicar la misma foto en todos los perfiles de redes sociales. Tu imagen es como tu logotipo. La idea es que la gente la recuerde.

Imagen de portada

El gigante de marketing entrante y de CRM HubSpot.com afirma que "tener un perfil de redes sociales sin foto de portada es como tener un negocio físico sin letrero".

La mayoría de los sitios de redes sociales te permite subir una imagen de portada a tu perfil. Esta suele ser un fondo que se pone en el encabezado, pero a veces puede ser el fondo de toda la página. Es una forma gratuita de dejar que una imagen cuente tu historia.

Asegúrate de tener una imagen de portada profesional en todos tus perfiles sociales. Las dimensiones y especificaciones de la imagen para cada red social son diferentes y tienden a cambiar. Encontrarás decenas de recursos en línea con información detallada sobre las imágenes de portada. Si no eres un artista gráfico, crear tu propia imagen profesional puede ser abrumador. Tanto es así que hay muchos expertos en línea dispuestos a ayudarte a crear una a un costo nominal. Te sugiero que primero busques ayuda en Fiverr.com. Para una opción autoservicio de bajo costo, recomiendo Canva.com.

Resumen/Biografía/Acerca de ti

El experto en creación de marca personal William Arruda opina que "un resumen efectivo en LinkedIn hace que la gente quiera saber más sobre ti y, en últimas, conectarse contigo a nivel individual". Esto también es cierto para las secciones "Acerca de ti" y la biografía en cada uno de tus perfiles de redes sociales.

Puedes incluir más información en LinkedIn, Facebook y Google+ o ser más creativo, mediante descripciones cortas y sencillas en Twitter e Instagram.

Escribir un resumen perfecto que conecte con el lector requiere de análisis y esfuerzo. Es tu historia y esta debería hacer que la gente quiera conocerte.

Tiene que estar bien escrita y ser convincente y veraz. Escribe en primera persona, como una conversación. La biografía debe explicar quién eres, qué te interesa (valores), en qué eres el mejor y por qué los clientes cuentan contigo y confían en que tú estás capacitado para ayudarles a resolver sus problemas.

Información de contacto

¿Privacidad? Olvídate de ella. Trabajas en ventas. Lo mejor que puede suceder es que un prospecto te llame y te interrumpa. Si les haces las cosas difíciles, ellos no te buscarán. Si no proporcionas tu información de contacto, no podrán hacerlo. Entonces, facilítales las cosas. Incluye en tus perfiles de redes sociales tu información de contacto, como teléfono, correo electrónico y sitio web.

Medios y enlaces

Asegúrate de asociar cada perfil en redes sociales a tus otros perfiles, junto con cualquier otro medio en el que estés blogueando o aportando contenido. En el caso de LinkedIn, tienes la oportunidad de incluir contenido multimedia, como documentos, fotos, enlaces, presentaciones y videos. Tómate el tiempo de agregar información que sea interesante para tus prospectos, con el fin de enseñarles y darles una razón para conectarse contigo. (Consulta con tu departamento de marketing si necesitas permiso para agregar contenido relacionado con la marca de tu empresa).

URL personalizadas

La mayoría de las redes sociales te permite crear una URL personalizada para tu perfil. Esta hace que sea más fácil para las personas encontrarte y compartir tu perfil.

Historial

Asegúrate de completar todo tu perfil. No dejes áreas en blanco ni tengas perfiles parcialmente completados. Esto da el mensaje de que no eres confiable.

Actualiza tus perfiles con regularidad

Comprométete a gestionar tu presencia en línea, revisando, actualizando y mejorando continuamente todos tus perfiles, como mínimo, una vez por trimestre. Las cosas cambian. Asegúrate de que tus perfiles cambien junto contigo y siempre estén vigentes. Mientras revisas tus perfiles en línea, respóndete esta pregunta: ¿Confiarías en ti mismo?

Construye familiaridad

El canal social es la forma más eficiente y efectiva de construir familiaridad. Para lograrlo, debes involucrarte constantemente con los prospectos en línea, para que te vean a menudo y con el tiempo se sientan más cómodos contigo.

Participar significa dar me gusta, compartir y comentar sus publicaciones, así como el contenido que ellos comentan y comparten. También es necesario publicar contenido que sea de interés para ellos, felicitarlos por sus logros y estar presente en los grupos donde participan.

Ten en cuenta que siempre hay ojos puestos sobre ti. Todo, desde tu foto de perfil hasta las cosas que publicas, te gustan, compartes y comentas, está siendo observado por clientes potenciales, por lo que es fundamental saber cómo transmitir tu mensaje.

Vivimos en un mundo hipersensible. La gente se ofende fácilmente por pequeñas cosas. Ser políticamente correcto está fuera de control. Las palabras, los me gusta o los comentarios equivocados pueden hacer que sea imposible para tu prospecto hacer negocios contigo y, en casos extremos, estos pueden volverse virales y arruinar tu carrera. La idea es que la gente conozca tu nombre y tu rostro, pero en la profesión de ventas, "*no* toda publicidad es buena publicidad".

La familiaridad es una espada de doble filo. Cuando la gente tiene una impresión positiva sobre ti, la familiaridad puede reducir fricciones y ayudarte a hacer citas e iniciar conversaciones de ventas con clientes potenciales. Pero, cuando la impresión que los prospectos tienen sobre ti es negativa, esta levanta un muro que te mantendrá aislado.

Piensa antes de publicar.

Prospección de clientes entrantes mediante conocimiento y educación

El mejor resultado de la inversión que haces en las redes sociales es atraer a los prospectos para que te contacten. Es mucho más fácil lograr hacer una cita, venta o reunión informativa de calificación con un cliente potencial que en una llamada de prospección.

La familiaridad juega un papel clave, aunque pasivo, cuando se trata de prospección. Cuando eres bien conocido por los prospectos, de vez en cuando, ellos te contactarán a medida que se acerca la ventana de compra de tu producto o servicio.

Compartir y publicar contenido que sea interesante para los prospectos y les ayude a solucionar problemas, responder preguntas en grupos y publicar comentarios reflexivos también puede abrir la puerta a que los prospectos te contacten para obtener más información o hacerte preguntas —sobre todo, cuando estas publicaciones te posicionan como un experto.

Una forma más activa de generar clientes potenciales es compartiendo directamente documentos, libros electrónicos e informes que requieren que los prospectos ingresen su información de contacto para tener acceso al contenido. Sin embargo, este enfoque directo en las redes sociales tiende a parecer oscuro, generador de correo no deseado y suele ser percibido como autopromoción abierta —lo que podría no causar la mejor impresión.

Yo utilizo un método más sutil. Cuando publico contenido original o un enlace a un blog, incluyo enlaces a documentos e informes incrustados en el contenido. Eso tiende a generar clientes potenciales sin dañar mi reputación. Tú también puedes usar una táctica similar con el contenido que haya sido generado por tu equipo de marketing.

Aprovecha el conocimiento y la educación para impulsar la prospección estratégica

Proporcionarles información y educación a los prospectos también es una manera brillante de nutrir a aquellos de alto valor como parte de una campaña estratégica de prospección (CEP). La prospección estratégica es una tarea integral a largo plazo que abarca múltiples canales. Las CEP están diseñadas para preparar y nutrir las relaciones de contacto, en anticipación de una ventana de compra futura. Los objetivos principales de la prospección estratégica son:

- Tener un registro de las personas encargadas de hacer las decisiones de compra y de los influenciadores
- Animar y nutrir a los contactos adecuados
- Identificar y desarrollar relaciones con entrenadores potenciales
- Crear familiaridad personal y de marca
- Generar buen nombre y aprovechar la Ley de la reciprocidad, ofreciendo primero valor
- Ser invitado por el prospecto cuando se abre la ventana de compra o reducir la fricción cuando haces contacto para establecer la(s) cita(s) inicial(es)

Para la mayoría de los profesionales en ventas, las CEP se limitan a unas cuantas oportunidades de conquista, sobre todo, porque consumen mucho tiempo y requieren de atención continua.

Con el enfoque y las herramientas adecuadas, tú puedes aprovechar los canales sociales para cubrir más terreno, conectar y nutrir a más contactos que nunca. Cuando combinas el trabajo en redes sociales con prospección por teléfono, en persona, correo electrónico, redes y ferias comerciales, construyes una robusta máquina de prospección estratégica casi imposible de superar.

Con respecto a los eventos desencadenantes y al ciclo de compra

Los eventos desencadenantes son interrupciones en el *statu quo* que abren ventanas de compra y obligan a los compradores a actuar. Para algunos prospectos, las ventanas de compra son predecibles, porque se basan en marcos de tiempo presupuestarios o contractuales establecidos. Para otros prospectos, las ventanas de compra son desconocidas y aleatorias y pueden ser desencadenadas por problemas internos o externos de la industria, económicos, ambientales, de seguridad, empleo y por otras tendencias basadas en el mercado. Además, cuando las personas a las que les has vendido en el pasado se van a otras compañías, se abre la puerta para que tú puedas intervenir.

La mayoría de las redes sociales te da la capacidad de seguir a las personas sin estar directamente conectado con ellas. Twitter y Google+ van un paso más allá y te permiten crear listas y círculos, respectivamente, que facilitan el monitoreo de grupos segmentados. LinkedIn también ofrece herramientas (algunas gratuitas, otras pagas) que brindan actualizaciones sobre las personas que estás siguiendo. Es importante monitorear constantemente tus noticias, listas, alertas de actualización y discusiones en los grupos donde se encuentran tus prospectos, con el fin de conocer los eventos desencadenantes.

Investigación y recopilación de información

Las redes sociales reúnen gran variedad de datos. Puedes recopilar una cantidad enorme de información sobre los clientes potenciales y alimentar el CRM, usarla para crear mensajes de prospección, aprovecharla para mapear a los responsables de la toma de decisiones y hacer planificación previa a las llamadas. LinkedIn, Facebook, Google+ y Twitter ofrecen potentes funciones de búsqueda que dan acceso a información detallada sobre prospectos. Puedes estar pendiente de tus competidores.

Para atajos de búsqueda social, te recomiendo que consigas una copia del libro de Sam Richter, *Take the Cold Out of Cold Calling*. Es la Biblia sobre el uso de recursos en línea y sociales para recopilar información.

Prospección saliente

El canal social también te permite involucrar directamente a los prospectos para pedirles citas o recopilar información adicional. Puede enviarles mensajes directamente a través de la plataforma, por ejemplo, por mensajes de correo en LinkedIn, mensajes en Facebook o mensajes directo en Twitter o, simplemente, puedes tomar el teléfono y llamar. Un número sorprendente de personas incluye números de teléfono y direcciones de correo electrónico en sus perfiles.

Las cinco C de la venta social

Hay cinco comportamientos/actividades que definen la venta social. Dominarlos hace que el tiempo dedicado a los canales sociales sea efectivo.

Conéctate

Hay una pregunta que siempre hago en mis campamentos para fanáticos de prospectar: ¿Cuántos de ustedes envían una solicitud de conexión de LinkedIn cada vez que conocen un nuevo prospecto, cliente potencial o a alguien que podría ser una adición valiosa a su red de referidos profesionales?

Rara vez, levanta la mano más del 10% de los asistentes.

Durante siglos, las personas altamente exitosas han entendido el poder de las conexiones y cómo aprovecharlas para lograr sus objetivos. Las conexiones te dan acceso y te ponen más rápido delante de las personas adecuadas. Cuando tus conexiones te presentan a personas de su red o empresa, tu mensaje tiene relevancia inmediata.

Todo en las redes sociales comienza con una conexión. Cuando te reúnes con los prospectos por teléfono y en persona, le abres la puerta a la familiaridad. En ese momento, después de que acaban de conocerte, tienes mayor probabilidad de que ellos acepten tu solicitud de conexión por redes sociales. Cuando les envías la solicitud de conexión justo después de conocerte, ven tu nombre de nuevo lo cual aumenta la familiaridad. (Después de esa solicitud de conexión, envíales una nota de agradecimiento escrita a mano y te verán como una superestrella).

En LinkedIn, una vez que una persona se conecta contigo, puedes ver todas sus conexiones, lo que te ayuda a desarrollar un mapa más detallado de compradores e influenciadores y determinar si ellos están conectados e involucrados en conversaciones con tus competidores o conectados con personas de otras compañías en las que estés tratando de entrar. Por eso, te conviene enviar una solicitud de conexión por LinkedIn cada vez que conozcas un cliente potencial, un nuevo contacto o prospecto y personas que tengan el potencial de convertirse en parte central de tu red profesional. Tu red profesional puede ser más poderosa que cualquier otro medio de prospección.

LinkedIn ofrece herramientas gratuitas y pagas que permiten etiquetar, agregar notas, incluir información de contacto a perfiles, organizar, buscar, etiquetar la fuente de contacto y administrar tus conexiones. LinkedIn se está convirtiendo en un CRM bestial. Con sus aplicaciones móviles, tienes una base de datos de contactos enorme y muy poderosa en la palma de tu mano.

Existen tres formas de crear conexiones:

- *Directa*: tanto en LinkedIn como en Facebook puedes enviar una solicitud de conexión de manera directa. En Facebook, el proceso es sencillo: simplemente, haz clic en "Enviar solicitud de amistad".

  En LinkedIn, tienes la opción de enviar una solicitud de conexión estándar y genérica (es posible que te pregunten cómo conociste a la persona) o puedes personalizar tu solicitud de conexión. Recomiendo enviar una nota personalizada con cada solicitud de conexión que haga referencia a cualquier reunión o conversación anterior y que brinde una justificación para la misma. Aunque Facebook ha sido principalmente una herramienta de entretenimiento para mantenerse actualizado con familia y amigos, de un tiempo para acá, tengo más conversaciones de negocios por Facebook y Facebook Messenger que antes.

- *Recíproca*: con Twitter y Google+, es posible hacer conexiones simplemente siguiendo a la gente, porque al hacerlo, la gente hace lo mismo y también empieza a seguirte. La probabilidad de que otras personan lo hagan está determinada por su nivel de familiaridad contigo, por lo que tiene sentido seguir o invitar al círculo a las personas tan pronto como las conozcas.
- *Pasiva*: cuando publicas contenido original o curado que le llega a tu audiencia y se comparte, la gente se conecta contigo y te sigue. Esta es la forma más poderosa de construir conexiones, ya que la persona que se conecta contigo está tomando una decisión consciente de

agregarte a su red porque cree que le agregas valor a su carrera y a su vida.

Genera contenido

Crear y publicar contenido original que sea relevante para los problemas y retos que enfrentan tus prospectos es la forma más poderosa de construir confianza y credibilidad entre ellos. El contenido original normalmente se publica en forma de:

- Artículos
- Videos
- Presentaciones de diapositivas
- Podcasts
- Infografías
- Informes técnicos
- Estudios de caso
- Libros electrónicos (e impresos)

Publicar contenido original te posiciona como un experto. Te convierte en un recurso valioso. Atrae a los prospectos hacia ti y los invita a involucrarse contigo o compartir tu mensaje con otros en su organización. Cuando a las personas que antes no conocías les gusta o comparten tu contenido, surgen nuevos prospectos y desarrollas contactos adicionales dentro de las organizaciones con las que estás trabajando.

También puedes obtener conocimientos sobre eventos desencadenantes y ventanas de compra. Cuando a las personas les gusta, comentan o comparten tu información, descubres los problemas que ellas enfrentan, sus emociones, su urgencia y la oportunidad para ayudarlas.

Crear contenido de alta calidad es poderoso, pero es muy, muy difícil. Requiere una inversión significativa de tiempo y recursos intelectuales. Si trabajas para una organización grande, con un equipo sólido de marketing y creación de marca, es muy posible que te indiquen no crear contenido sin su aprobación y supervisión expresa.

Te recomiendo invertir el tiempo necesario para crear y publicar contenido original, porque los beneficios que tiene para tu reputación y carrera son enormes. Pero si desarrollar contenido original no es lo tuyo, una forma más fácil de hacerlo es mediante la curación.

Curación de contenido

Intuitivamente, sabemos que los vendedores que pueden educar, ofrecer información y resolver problemas son mucho más valiosos que aquellos cuya estrategia principal de ventas es lanzar productos y servicios. Sin embargo, para agregar valor, *debes ser* valioso.

Confía en mí cuando te digo esto: los vendedores que autopromocionan su compañía, marca, producto o servicio en las redes sociales son eliminados, bloqueados, reportados como *spam* e ignorados. ¡No lo hagas!

En el canal social, la forma principal de proporcionar valor es a través de contenido que educa, crea credibilidad, aumenta la familiaridad y te posiciona como un experto que puede resolver problemas relevantes.

El contenido correcto, compartido en el momento adecuado con los prospectos ideales, puede crear conexiones importantes y convertir las relaciones en línea pasivas en conversaciones en tiempo real.

El reto es que el canal social es una bestia voraz e insaciable que devora contenido. Es crucial alimentarla a diario para que tu mensaje y tú sigan siendo relevantes y actuales. Incluso si tuvieras el tiempo de crear un montón de contenido original, este nunca sería suficiente para mantenerte al día. Entonces, la solución es algo llamado curación.

Una simple analogía es el acto de cortar artículos de revistas y periódicos y enviárselos a alguien. Excepto que, en las redes sociales, esto se hace digitalmente y amplificando el impacto, al pasar de una huella analógica uno a uno a una distribución digital de uno a muchos.

En lugar de publicar tu propio contenido original, aprovecha el contenido que otros crean y publican. Esencialmente, te conviertes en un experto que agrega el contenido más relevante para su audiencia y lo comparte a través de diversos canales de noticias de redes sociales. Puedes compartir mediante un enlace directo que publiques o un recurso compartido/retweeteado de una fuente que sigas. Lo hermoso de compartir contenido es que, a pesar de no producirlo, parte del crédito de ese contenido te lo ganas tú.

La curación de contenidos se basa en tres pilares:

- *Conocimiento*: necesitas estar al tanto de todo lo que está sucediendo en tu industria —tendencias, competidores y líderes—. Mantén abiertos los ojos y los oídos, préstale atención a todo lo que sucede a tu alrededor y consume información específica de la industria. Descubre y sigue a los líderes de opinión que están estableciendo las conversaciones en tu industria y dónde se publica gran contenido.

- *Intención*: cuando curas información con intención, comienzas a incluir contenido relevante con base en una estrategia general, en lugar de compartirlo de forma aleatoria y dispar. Te tomas el tiempo para leer y entender lo que se está compartiendo, lo que te permite agregar comentarios y conclusiones interesantes al contenido compartido lo cual mejora aún más tu estatus de experto.

- *Herramientas*: la curación de contenido consume demasiado tiempo, por lo que es ideal aprovechar las herramientas que te ofrezcan contenido relevante y automatizar la distribución del contenido que desees compartir.

Conversión

Seamos honestos. Lo ideal es que el tiempo y el esfuerzo que inviertes en hacer prospección social produzca resultados reales y tangibles. Te interesa tener más tratos en tu canal de ventas, cerrar más ventas y aumentar tus ingresos. De lo contrario, ¿cuál es el punto?

El canal social, cuando se aprovecha de la manera correcta, puede y debe generar clientes potenciales entrantes. Aunque es una simplificación excesiva, la prospección social es como construir tu pequeña máquina de marketing. Aquí es donde la intención entra en juego. Tienes que planificar y trabajar activamente para generar datos de clientes potenciales e involucrarlos de forma que sea posible tener conversaciones de ventas.

Coherencia

La prospección social es un desgaste. Requiere de trabajo. No es fácil, simple o automática. Obtener valor y agregar valor al canal social requiere una disciplina constante, enfocada y reglamentada. La constancia es crucial. El canal social no rinde sus frutos si no eres constante. Tu esfuerzo no vale la pena si te dedicas a él de forma aleatoria y a prueba y error.

El bloqueo de tiempo y el uso de herramientas que automatizan parte de la actividad son las claves para ser eficiente. Debes bloquear de 30 minutos a una hora al día (preferiblemente, antes o después de las horas doradas) para realizar allí actividades de prospección social planeadas e intencionales. Ten la disciplina para desarrollar esta actividad sólo en el bloque de tiempo reservado para la venta social y no más.

Es posible que sientas que no logras mucho en bloques cortos diarios de prospección social, pero el impacto acumulativo de la actividad diaria es enorme con el tiempo.

Herramientas de prospección en las redes sociales

Aprovechar las herramientas adecuadas para la prospección social te permite trabajar en el canal al mismo tiempo que te mantienes enfocado en actividades de alto valor. Hay innumerables herramientas para automatizar la venta social. Algunas son muy similares a tu CRM; otras están integradas en los canales sociales como tal y además hay docenas de aplicaciones que puedes instalar fácilmente en tu teléfono o navegador Chrome.

Sin embargo, prepárate para asumir su costo. Aunque la mayoría de las herramientas ofrece algún grado de acceso gratuito, este tiende a ser menor a medida que gana popularidad. Los desarrolladores de estas herramientas no las crean por razones altruistas. Son muy conscientes del alto costo en términos del tiempo y los recursos que se requieren para aprovechar de manera plena y efectiva las redes sociales para hacer prospección. Saben que el tiempo es dinero y, si estás dispuesto a pagar, prometen ahorrarte tiempo. La buena noticia es que casi todas estas herramientas, con la excepción de algunas soluciones de nivel empresarial, te permiten probar o usar un número limitado de características de forma gratuita. Además, tu empresa podría suministraste algunas.

Mientras escribo este capítulo, están surgiendo nuevas herramientas y otras están siendo descontinuadas, renombradas o adquiridas por terceros con el fin de convertirlas en otras. Ayer, una de mis herramientas favoritas quedó inutilizable porque el canal social que me ayudaba a administrar la eliminó de su API. Esto sucede ahora con más frecuencia, ya que los principales canales sociales tienen la intención de limitar el acceso y cobrar más.

Debido a esta dinámica actual, incluyo lista limitada de herramientas en esta sección.

Las herramientas de prospección social se dividen en cinco categorías básicas.

- *Curación de contenido*: estas te ayudan a encontrar y/o almacenar con facilidad contenido nuevo para distribuir en tus canales sociales. Herramientas como Feed.ly, Google News y Sprout.it facilitan la identificación del tipo de contenido que deseas compartir, recopilan ese contenido desde varias fuentes y lo envían a tu computadora de escritorio o smartphone. Otras como Pocket (una de mis aplicaciones favoritas) te permiten almacenar contenido en línea para compartirlo más tarde.
- *Creación de contenido*: las herramientas que te ayudan a crear tu propio contenido abundan. LinkedIn Pulse es una fantástica herramienta que te permite publicar artículos completos directamente en LinkedIn. Del mismo modo, Tumblr es una herramienta de blogs fácil de usar. Para video, YouTube, junto con una gran cantidad de aplicaciones móviles, ofrece una variedad de herramientas de edición y publicación. SlideShare te permite publicar presentaciones y es propiedad de LinkedIn, por lo que puedes publicarlas directamente en tu perfil. Canva.com es una excelente herramienta para editar imágenes y crear infografías.
- *Distribución*: publicar el contenido que creas o curas en múltiples sitios sociales muchas veces a lo largo de cada día consume demasiado tiempo y es tedioso. Las herramientas de distribución como HootSuite, Buffer y HubSpot (muy costosas) te permiten cargar el contenido que deseas compartir durante las horas no dedicadas a la

venta y automatizar la distribución de ese contenido en un horario establecido. Configúralo y olvídate del resto.

- *Involucramiento*: herramientas como HootSuite, HubSpot, Bit.ly y TweetDeck, junto con las de análisis integradas en los principales canales sociales, te permiten visualizar y analizar cómo interactúa la audiencia con tu contenido y si este es efectivo.

- *Inteligencia*: estas herramientas te ayudan a recopilar información sobre empresas, personas, eventos desencadenantes y ventanas de compra. Mi favorita es las alertas de Google. También hay un grupo cada vez mayor de herramientas de inteligencia que están siendo construidas e integradas en las principales redes sociales.

Prospección social + Prospección saliente = Una poderosa combinación

El problema es que, en el inmenso océano de contenido que inunda el canal social, cada vez es más difícil destacarte y hacerte notar (por eso, los canales sociales ganan tanto dinero vendiendo publicaciones patrocinadas). Si estás empezando desde ceros, sin seguidores o con una pequeña audiencia en plataformas sociales establecidas como LinkedIn, es posible que requieras de seis meses a dos años para crear suficiente gravedad que te permita atraer prospectos hacia ti.

Eso no significa que una estrategia de venta social específica y enfocada no pueda ser efectiva. Sólo necesitarás más y más esfuerzo y dinero para obtener un rendimiento razonable de la inversión.

Es por eso que incluso HubSpot, el abuelo del movimiento de marketing entrante, y LinkedIn, el gran líder del movimiento de ventas sociales, combinan estrategias de prospección entrante y saliente.

La prospección saliente y la social entrante van siempre juntas, como el puré de papa y la salsa de carne. La venta social genera un impacto en la familiaridad, es excelente para la investigación y la conciencia de eventos desencadenantes y genera clientes potenciales entrantes. Sin embargo, es una estrategia pasiva a largo plazo que requiere de paciencia y delicadeza y es poco probable que produzca resultados inmediatos o que crezca a un tamaño que genere suficientes clientes potenciales para permitirte alcanzar tus objetivos de ventas y los ingresos que desees.

La prospección saliente, por otro lado, es un enfoque activo para llenar el canal de ventas al involucrar a los prospectos en persona o por teléfono, correo electrónico, bandeja de entrada en redes sociales o mensajes de texto. Es el arte de interrumpir el día de tu prospecto, iniciar una conversación, hacer una cita o recopilar información.

Junto con la prospección social, la saliente es enormemente poderosa. Los beneficios totales incluyen:

- Amplificar la familiaridad, lo que aumenta la probabilidad de que el prospecto se involucre.
- Listas de prospección más específicas, centradas en los prospectos y compradores individuales más calificados.
- Aprovechar los eventos desencadenantes para abrir o aprovechar las ventanas de compra en el momento justo.
- Nutrir y educar a los prospectos antes de las ventanas de compra esperadas o proyectadas.
- Investigar para obtener información sobre los contactos.
- Mapeo de comprador-influenciador-entrenador (CIE).
- Evaluar y cualificar.
- Refinar y hacer que tu mensaje de prospección saliente sea relevante.

Una vez más, la conclusión es buscar el equilibrio en tus canales, metodologías y técnicas para ser eficiente y eficaz con tu recurso más escaso: el tiempo.

14

El mensaje importa

Por cada venta que pierdas por ser demasiado entusiasta,
perderás cien por no ser lo suficientemente entusiasta.

—Zig Ziglar

"¿Qué digo cuando los tenga al teléfono?".

"¿Qué escribo?".

"¿Cómo me acerco a este tipo de prospecto?".

"¿Cómo respondo si me preguntan…?".

Todos queremos tener esas palabras mágicas que salgan de nuestra boca y sorprendan a nuestros prospectos hasta lograr su completa sumisión. Sé que los vendedores fantasean en secreto con tener el discurso perfecto que haga que los prospectos se desmayen y siempre digan que sí a sus peticiones.

La mala noticia es que eso no va a suceder.

La buena noticia es que, con un poco de introspección, esfuerzo y práctica, puedes crear mensajes de impacto que hagan que los prospectos pasen a la acción y puedas manejar hábilmente las respuestas reflejas, las evasiones y las objeciones.

Como ya hemos establecido, lo que hace que la prospección sea tan difícil es que estás interrumpiendo el día de alguien y esto crea resistencia inmediata e incluso, a veces, respuestas no tan agradables por parte del prospecto. Las palabras y la forma como las uses, sin importar qué canal de prospección estés usando, aumentarán la gravedad de esa reacción y el rechazo posterior o reducirán la resistencia o romperán las paredes emocionales y mejorarán la probabilidad de que los prospectos calificados respondan positivamente a tu solicitud de que te dediquen su tiempo.

En nuestro ocupado mundo, donde la gente está en un estado de estrés casi constante, pedirle a tu prospecto que te dedique tiempo es lo más difícil que harás durante todo el proceso de venta, incluyendo pedirle que tome una decisión de compra. Esta es una de las razones principales por las que las llamadas de prospección encuentran una resistencia tan fuerte.

Muchos vendedores se paralizan ante el primer indicio de rechazo, pronuncian palabras sin sentido o cursis, que desaniman a los prospectos; dicen cosas como: "Me encantaría contar con unos minutos de tu tiempo para contarte sobre mi empresa".

Mensajes como este no agregan valor y generan resistencia instantánea porque, inconscientemente, el prospecto escucha: "Me encantaría ir a tu oficina a hacerte perder una hora de tu vida hablando de mí, de mis productos y de mis proyectos. ¿No te parecería interesante desperdiciar tu valioso tiempo mientras me escuchas?".

Los vendedores están cometiendo errores atroces por teléfono, en persona, por correo electrónico y en las redes sociales, porque no se dan cuenta de que los prospectos no van a dedicarle tiempo a:

- Un montón de información sobre un producto o servicio.
- Un discurso entusiasta que afirma que su empresa es "la #1" o "la más grande".
- Listas regurgitadas de hechos y cifras genéricas.
- Folletos de marketing.
- Información que no es relevante.
- Cualquier otra basura sin sentido dicha o digitada por vendedores.

Nadie quiere que lo busquen para eso. Tú y yo lo detestamos, al igual que los prospectos. Esto hace que ellos sientan que no los escuchas y que no son importantes. Esta es la razón principal por la que los prospectos ponen tanta resistencia a invertir su tiempo.

Les molesta que les interrumpas el día para decirles que van a perder aún más tiempo hablando de ti y de tus datos genéricos. Preferirían ir al dentista que pasar una hora escuchando a un vendedor.

Los prospectos se reúnen contigo por sus propias razones, no por las tuyas. Es por eso que es fundamental mostrarles el valor de pasar tiempo contigo en el contexto de lo que es más importante para ellos. Tu mensaje debe demostrar un interés sincero en escucharlos, aprender sobre ellos y resolver sus problemas particulares. Así se derriba la resistencia inicial para programar una cita, tener la oportunidad de reunir información calificada o entablar una conversación de ventas justo en ese momento. Lo que quiero dejar claro es que los mensajes de prospección no deben ser complejos. No compliques demasiado las cosas. Tu mensaje de prospección está diseñado para un propósito: persuadir rápidamente a tu prospecto para que te dedique tiempo.

Lo que dices y cómo lo dices

En la mayoría de las interacciones de prospección, sólo tienes unos cuantos segundos para llamar la atención de un comprador potencial. En esos preciosos momentos, el mensaje importa. Lo que dices (las palabras que usas) y cómo lo dices (señales no verbales) es fundamental para tu éxito.

He estado la mayor parte de mi vida cerca de caballos. Ellos tienen una habilidad innata para sentir el miedo y se aprovechan de los jinetes tan pronto sienten que tienen miedo o carecen de confianza. Los caballos tienen una ventaja de 5 a 1 en peso y tamaño en comparación con una persona promedio. Si el caballo no está convencido de que tú estás a cargo, puede lanzarte y lo hará.

Es lo mismo con los prospectos. Si sienten que tienes miedo, debilidad y falta de confianza, te harán callarte o te pasarán por encima. El mensaje importa. Los fanáticos de prospectar transmiten confianza, razón por la cual tienen tanto éxito para abrir puertas que otros creían cerradas.

Una de las verdades del comportamiento humano es que las personas tienden a responder de manera similar. Si eres relajado y confiado, le transferirás esa emoción a tu prospecto. Si quieres que los prospectos se entusiasmen por conocerte, demuéstrales que tú sientes lo mismo hacia ellos. Un comportamiento y tono relajado, confiado y entusiasta te abrirá las puertas cuando nada más funcione. La comunicación no verbal incluye:

- Tono de voz, inflexión, modulación y velocidad.
- Lenguaje corporal, expresiones faciales.
- La forma como te vistes y tu apariencia exterior.
- La estructura de las oraciones, la gramática, la puntuación y las palabras que utilizas en la comunicación escrita, como correo electrónico y mensajes de texto y por redes sociales.

Entusiasmo y confianza

La confianza y el entusiasmo son los dos mensajes no verbales más poderosos y persuasivos que les transmites a los prospectos.

Una sencilla definición de confianza es "un sentimiento o creencia de que puedes hacer algo bien o tener éxito en algo"[1].

El entusiasmo se define como "una fuerte emoción por algo; algo que inspira celo o fervor"[2].

Ser entusiasta y sentirse confiado en caso de rechazo puede ser muy difícil. Por eso, tiene sentido desarrollar técnicas para construir y demostrar confianza y entusiasmo, incluso cuando no te sientes así.

Lo primero es desarrollar una mentalidad y una fortaleza que te permitan recuperar el enfoque y sobreponerte del rechazo y la fatiga. Incluso los mejores, los que tenemos experiencia y éxito, luchamos de vez en cuando contra la falta de entusiasmo y confianza.

Los estudios sobre el comportamiento humano de prácticamente todos los ámbitos del mundo académico han demostrado una y otra vez que podemos cambiar la forma como nos sentimos si cambiamos nuestras expresiones faciales, las palabras que usamos, la forma como nos hablamos a nosotros mismos y nuestra postura física. En otras palabras, lo que sucede en nuestro interior se manifiesta en nuestra confianza y en nuestro entusiasmo externos.

No es sólo una respuesta psicológica[3]. Es algo fisiológico[4]. Los estudios académicos indican que las hormonas cortisol y testosterona juegan un papel importante en la confianza. Investigadores como Amy Cuddy, de la Universidad de Harvard, revelan que la postura y el lenguaje corporal pueden moldear las emociones, incluyendo el entusiasmo y la confianza.

Su trabajo demuestra que la "postura de poder", que es estar de pie, demostrando confianza, incluso cuando no nos sentimos seguros, incrementa los niveles de testosterona y cortisol en el cerebro, y eso influye en la confianza[5].

Sin embargo, esto no es nuevo. Líderes de opinión, expertos en autoayuda, maestros y madres nos han dado este mismo consejo durante años. *Siéntate erguido y te sentirás mejor. Mantén la cabeza en alto.* La mayoría de los capacitadores de ventas les enseña a los vendedores que una sonrisa en el rostro se nota en la voz. Algunos entrenadores sugieren poner un espejo al lado del teléfono al momento de prospectar para así ser conscientes de nuestra expresión facial.

Sabemos que, cuando usamos la mejor ropa posible, nos sentimos maravillosos. Cuando levantas los hombros y la barbilla, te ves y te sientes seguro. Cuando nos decimos a nosotros mismos que tendremos éxito, las posibilidades de que así sea aumentan. Usa palabras y frases entusiastas y un tono de voz asertivo y presuntivo y serás más poderoso y fiable. Así será más probable que obtengas un sí cuando pidas lo que quieres.

Actúa de forma entusiasta, ten pensamientos positivos y usa un lenguaje motivador y comenzarás a sentirte así y, eventualmente, te convertirás en este tipo de persona. Incluso el simple acto de decir "¡Me siento increíble!" cuando alguien te pregunte cómo estás levantará tu estado de ánimo y hará que te sientas así, incluso cuando no es cierto.

Lo que dices

La prospección está diseñada para involucrar rápidamente a un cliente potencial y persuadirlo de renunciar a su agenda propia. No necesitas pronunciar discursos elaborados ni elaborar guiones complejos. De hecho, ahí es cuando gran parte de la prospección sale mal.

Estás interrumpiendo las actividades de tu prospecto. Si un vendedor interrumpiera tu ajetreado día, ¿qué te gustaría? Piénsalo.

- Quisieras que fuera rápido y directo al punto para poder retomar tus actividades.

- Que fuera claro y transparente acerca de sus intenciones; que te diga qué quiere.
- Que la interrupción fuera relevante para tu situación, tus problemas o tus asuntos.

Tu mensaje de prospección debe ser rápido, simple, directo y relevante. La parte relevante es el elemento crucial. Los prospectos van a estar de acuerdo en renunciar a lo que tengan programado en su valioso tiempo por sus propias razones, no por las tuyas. Cuanto menor sea el riesgo para ellos de renunciar a su agenda, más probable será que estén dispuestos a hacerlo.

Esta es la razón por la que, por ejemplo, es más difícil obtener un sí cuando solicitas una reunión de una hora para hacer una demostración completa que si pides una cita inicial de 15 minutos con el fin de determinar si hay suficiente interés y razones para dar el siguiente paso.

Puedes reducir el riesgo para tu prospecto si contestas la pregunta YYQG —la más importante que todo prospecto tiene en mente:

¿Y yo qué gano?

Por supuesto, no siempre es posible saber qué razón reducirá el riesgo lo suficiente para que tu prospecto responda que sí a tu solicitud. A veces, tienes que hacer una conjetura fundamentada.

En su libro *Smart Calling*, Art Sobczak llama "posibles proposiciones de valor" a estas suposiciones sobre YYQG. Sugiere que, con cada clase de prospecto y tomador de decisiones, es crucial que inviertas el tiempo necesario para definir las posibles razones que crearían suficientes YYQG para que ellos quieran renunciar a su agenda y reunirse contigo.

Jill Konrath, autora de *SNAP Selling*, dice que, en nuestro entorno de negocios actual, donde los potenciales responsables de la toma de decisiones están muy ocupados, poder ofrecer poderosas propuestas de valor es la manera de "despertar su curiosidad y abrir puertas"[6]. Jill define una propuesta de valor como "una declaración coherente de los resultados tangibles que un cliente obtiene al usar tus productos o servicios. Es decir, está enfocada en los resultados y enfatiza el valor comercial de tu oferta"[7].

Konrath sugiere que una propuesta de valor ganadora tiene tres partes clave:

1. *Se centra en un objetivo de negocio que sea medible:* es posible captar la atención del prospecto cuando te centras en una métrica que incremente su nivel de rendimiento.
2. *Cambia el statu quo:* el *statu quo* es poderoso. La gente aborrece el cambio y sólo se aleja del *statu quo* cuando siente que puede mejorar en gran medida su situación actual, ya sea incrementar las ventas, reducir los costos, elevar el nivel de eficiencia, disminuir el estrés, etc.
3. *Ofrece pruebas o evidencias:* cuando estás en capacidad de proporcionar información sobre cuánto les has ayudado a otros prospectos en situaciones similares, ganas credibilidad instantánea.

Cuanto mayor sea el riesgo de que tu prospecto renuncie a su agenda para reunirse contigo, más poderosa y convincente debe ser tu propuesta de valor. Por ejemplo, si le estás pidiendo a un ejecutivo de nivel corporativo que te atienda, debes darle una magnífica razón para hacerlo, porque su tiempo es increíblemente valioso. Debes presentar un caso bien diseñado que sea específico y pertinente para tu prospecto. Por ejemplo:

"He ayudado a varias empresas en su segmento de mercado a reducir hasta en un 50% el tiempo de rentabilidad en los lanzamientos de nuevos productos. De hecho, el lanzamiento de IDEK SaaS de Aspen Systems fue el periodo más corto entre la preparación del personal y el alcance de ROI en la historia de la compañía. Con nuestro sistema, ellos tuvieron un incremento del 41% en sus resultados, con respecto a su último lanzamiento".

Por otro lado, si trabajas para una marca reconocida y te reúnes con propietarios de pequeñas empresas que con regularidad usan productos como el tuyo, pedirles unos cuantos minutos para "aprender más sobre su negocio" puede ser un excelente truco. ¿Por qué? Porque a los propietarios de pequeñas empresas les gusta hablar de sí mismos y el riesgo de tomarse unos minutos para hablar contigo es bajo.

Por ejemplo: "Estoy ayudando a varios restaurantes de la ciudad a lograr ahorros significativos en sus suministros. Pensé que podríamos reunirnos para conocer tu restaurante y también a ti. Nos gustaría ver si lo que ofrecemos podría servirte".

Soy fan de las poderosas afirmaciones de Mike Weinberg y del proceso que él propone en cuanto al desarrollo de las historias de ventas, el cual él detalla en su libro *New Sales. Simplified*. Mike diseña de forma magistral el proceso de creación de historias convincentes que capten la atención de los prospectos. Mike dice que cada afirmación poderosa debe tener en cuenta:

- Los problemas del prospecto
- Que tus ofertas aborden estos problemas
- Diferenciadores competitivos

Weinberg afirma que es crucial responder la pregunta "¿Por qué mis clientes eligen hacer negocios conmigo?". Así es como defines qué te diferencia en realidad de tu competencia, no sólo a tu empresa, producto o servicio, sino a ti mismo. Como dice Weinberg: "La diferenciación llama la atención de tu prospecto".

YYQG —El poder del porqué...

Según Robert Cialdini, autor de *Influence*: "Un conocido principio del comportamiento humano afirma que, cuando le pedimos a alguien que nos haga un favor, tenemos más éxito cuando le damos una razón. A la gente le gusta tener razones para hacer lo que hace".

No uso mucho la frase *propuesta de valor*. Siendo honesto, no me gusta esa expresión. Suena complicada. Me gusta lo simple y directo. En la prospección, lo único que debes hacer es darle a tu prospecto una buena razón para reunirse contigo y de esa manera te dirá que sí. No tiene que ser perfecta —sólo lo suficientemente buena para que logres entrar a su oficina.

Además, soy realista. Para ser eficiente al prospectar, debes hacer muchos acercamientos en cuestión de corto tiempo. En la mayoría de los casos, trabajarás con un grupo similar de prospectos que tiene problemas en común. De modo que, detenerte para elaborar una propuesta de valor perfecta y única para cada uno de ellos es ineficiente e impráctico.

En vez de eso, necesitas un mensaje convincente que funcione la mayor parte del tiempo con casi todos tus prospectos. Tiene que ser rápido, directo y persuasivo, pero no puede sonar como un guion cursi. Debe ser natural y auténtico.

Por supuesto, si estás llamando a un contacto de nivel corporativo o a un prospecto de alto potencial, es fundamental elaborar algo específico y relevante que responda a su pregunta particular de "¿YYQG?".

Pero seamos honestos. La mayoría de los vendedores casi nunca estará en esta situación. Así las cosas, lo que necesitas es un mensaje que se pueda enviar en 10 segundos o menos y que le dé a tu prospecto una razón o un *porqué* que sea lo suficientemente bueno para que diga que sí.

En un estudio histórico sobre el comportamiento humano, la sicóloga Ellen Langer y un equipo de investigadores de Harvard demostraron el poder del *porqué*. Langer hizo que su equipo de investigadores se colara en una fila de personas que esperaba tener acceso a unas fotocopiadoras.

Entonces, descubrió que, cuando el investigador le pedía cortésmente a las personas sin dar una razón —por ejemplo: "Disculpe, necesito sacarles fotocopia a cinco páginas. ¿Puedo utilizar la fotocopiadora?"—, las personas de la fila decían que sí alrededor del 60% de las veces. Sin embargo, cuando el investigador le agregaba a la solicitud una razón válida —diciendo por ejemplo, "porque tengo afán"— las personas decían que sí, en promedio, el 94% de las veces.

Aquí es donde la investigación se puso interesante. Cada vez que el investigador daba una razón absurda —como, "Disculpe, tengo cinco páginas. ¿Puedo usar la fotocopiadora? Porque necesito sacar unas copias"—, las personas seguían diciendo que sí el 93% de las veces. Ese fue un hallazgo sorprendente. Decir la palabra *porque* —o dar una razón— era más importante y poderoso que la razón misma.

Ahora, quiero ser absolutamente claro: no te estoy aconsejando que inventes tonterías y las uses mientras prospectas. Lo que te estoy diciendo es que enfocarse en dar un buen *porqué*... simple y directo funciona. No tienes necesidad de pasar horas y horas agonizando en busca de alguna propuesta de valor compleja que te dé un resultado más efectivo que el uso inteligente de un *porqué*...

Por ejemplo, decir: "Quisiera contar con 15 minutos de su tiempo *porque* quiero saber más sobre usted y su empresa" es una frase que funciona sorprendentemente bien con muchos prospectos.

Lo que descubrimos mediante el ejercicio de las fotocopiadoras que hizo parte del estudio de Langer[8] es que, cuando le pedimos a alguien que haga algo por nosotros, como renunciar a su agenda, es más probable que esa persona acceda, siempre y cuando le damos una razón para hacerlo.

Un puente hacia... *porque...*

Los puentes conectan.

Construir puentes para ofrecerles soluciones a los problemas de tu prospecto usando su lenguaje, no el tuyo, es una de las disciplinas esenciales de las ventas. En el contexto del proceso de ventas, tender puentes te ayuda a hacer avanzar los tratos a través de tus canales de ventas hasta lograr cerrarlos.

En el contexto de la prospección, tu puente es la *palabra* porque, la cual le da al cliente potencial una buena razón para renunciar a sus actividades para atenderte. Cuando prospectes, puedes usar dos tipos de puentes: *dirigidos* y *estratégicos*.

Los *puentes dirigidos* son comunes para un gran grupo de prospectos similares —aquellos que tienen la función de tomar decisiones, el diseño de productos, el análisis de mercado, etc.—. Estos son los puentes más apropiados cuando se tiene poca información sobre un prospecto específico y la relación costo/beneficio de hacer muchísima investigación no vale la pena.

Por ejemplo, si trabajas en servicios empresariales y tienes una base de datos de prospectos de 10.000 PYMES, no tendría sentido dedicar tiempo a investigar a cada uno de ellos antes de llamarlo. Es mejor hacer tantas llamadas como sea posible para involucrar y calificar a todos los prospectos que se logre en la menor cantidad de tiempo. Cuando no tengas detalles sobre sus asuntos, problemas o preocupaciones, tendrás que inferirlos según las tendencias económicas o tu conocimiento sobre lo que otras empresas están experimentando en la misma industria, área geográfica, segmento del mercado o con un producto de tus competidores.

Naturalmente, repetirás y refinarás tu mensaje a medida que tengas más conversaciones con estos prospectos. Este es un ejemplo:

"Hola, Candace. Habla Jeb Blount, de Sales Gravy. La razón por la que te llamo es porque quisiera agendar una cita contigo para mostrarte nuestro nuevo software de incorporación de vendedores. Muchos de mis clientes se sienten frustrados porque toma demasiado tiempo preparar a los nuevos vendedores para que lleguen a su máximo nivel de productividad y se han dado cuenta de que esto está frenando el crecimiento de su negocio. Por lo general, nuestro software reduce el tiempo de incorporación y los costos de los nuevos representantes de ventas en un 50% y hace que sea muy fácil administrar las nuevas contrataciones, lo que te da la tranquilidad de que tus nuevos empleados comenzarán a vender rápidamente. Tengo un espacio el jueves a las 2:00 p.m. ¿Qué tal si tenemos una reunión corta, con el fin de conocerte y saber si tiene sentido programar una demostración?".

Con este ejemplo, notarás que yo asumí que Candace se siente frustrada porque sus vendedores están demorándose demasiado en aprender y empezar a vender. No sé con certeza si este es su problema, pero es una conjetura altamente probable, dado que la mayoría de los ejecutivos siente ansiedad cuando sus nuevos representantes de venta no están vendiendo.

Los *puentes estratégicos* son específicos para cada prospecto de alto valor e individuo específico (quien asume el rol de hacer la toma de decisiones). Por lo general, se requieren puentes estratégicos para el nivel empresarial, prospectos por conquistar y ejecutivos de alto nivel. Los puentes estratégicos requieren de investigación, de forma que cada uno de estos puentes o *porqués...* sea específico y relevante, reduzca el riesgo y le brinde al prospecto una razón convincente para dedicarte su tiempo y atención.

Desarrollar puentes específicos para un sólo prospecto toma tiempo y tiende a limitar en gran medida las actividades que puedes realizar en un día —sobre todo, durante las horas doradas—. Sin embargo, si tu base de datos de prospectos objetivo es limitada o si estás tratando de involucrar a un gran prospecto que te falta por conquistar en tu territorio, desarrollar un puente específico es positivo en cuanto a la relación riesgo/beneficio. En algunos casos, es posible que sólo tengas una oportunidad con un ejecutivo de alto nivel, de modo que necesitas aprovecharla.

Para desarrollar un puente específico para tu prospecto, primero, tendrás que determinar el objetivo de tu acercamiento:

- ¿Estás tratando de obtener más información para calificar aún más la oportunidad, el rol del tomador de decisiones o la ventana de compra?
- ¿Quieres programar una reunión inicial?
- ¿Estás buscando que te presenten a otra persona?

Definir tu objetivo de antemano, saber qué estás pidiendo, te ayudará a desarrollar un puente que le dé a tu prospecto una razón para dar ese paso.

Luego, investiga a tu prospecto. Configura las alertas de Google para que la información sobre la empresa o el individuo sea enviada directo a tu bandeja de entrada. Revise las notas y el historial en tu CRM. Investiga la empresa/división/ubicación a través de búsquedas en línea, visitando sus sitio web, sus comunicados de prensa y sus páginas en LinkedIn, Google+, Twitter y Facebook. Visita las páginas de perfil de tu contacto en las redes sociales. En las publicaciones, préstales atención a la jerga que él usa, a sus valores fundamentales, a sus relaciones públicas, premios, eventos desencadenantes, iniciativas, cambios y, sobre todo, a problemas que tú estés en capacidad de resolverle. Investiga las tendencias de la industria y lee los artículos relacionados más recientes.

Comunica un mensaje que le demuestre a tu prospecto que tú entiendes su situación específica. Construye puentes que te acerquen a la oportunidad de plantear la resolución de un problema específico que el prospecto esté enfrentando. Hazlo usando su lenguaje (el cual debes extraer mediante tu investigación). Por ejemplo:

> Hola, Windsor. Habla Jeb Blount, de Sales Gravy. La razón por la que lo estoy llamando es para programar una cita con usted. Leí en Fast Company que van a contratar a otros 100 representantes de ventas para cubrir su crecimiento. Me imagino que debe ser estresante emplear a tantos vendedores y hacer que produzcan.

> He trabajado con varias empresas de la industria para reducir el tiempo de preparación de los nuevos representantes.

En Xjam Software, por ejemplo, redujimos en un 50% el periodo entre la preparación del personal y el retorno de la inversión en los nuevos representantes. Aunque no sé si nuestra solución se adapte a su situación en particular, tengo varias ideas y conozco algunas prácticas que he visto que funcionan bien para empresas como la suya. Por eso pensé que podría interesarle aprender más sobre ellas. ¿Qué tal si hacemos una breve reunión el jueves a las 2:00 p.m.?".

El secreto para crear puentes poderosos

Frustración. Ansiedad. Estrés. Miedo. Tranquilidad.

¿Qué tienen estas palabras en común? Describen emociones. Cierto tipo de palabras demuestran empatía y conectan con los sentimientos de tu prospecto. El verdadero secreto para crear mensajes de prospección que logren asegurar reuniones, información o ventas es una premisa simple pero poderosa:

Las personas toman decisiones basadas, primero, en la emoción; luego, las justifican con lógica.

Por eso, la lógica de los discursos de ventas —acerca de características del producto en venta— no funciona. Créeme. Tus prospectos aborrecen los discursos de ventas. Esta, por cierto, es la razón por la cual tú pones tanta resistencia hacia esos guiones largos que tu departamento de marketing escribe para ti.

A los prospectos les gusta sentir que tú los entiendes tanto a ellos (aspecto emocional) como a sus problemas (aspecto lógico) o que, por lo menos, tratas de entenderlos. Necesitan conectarse contigo antes de acceder a renunciar a su agenda propia para reunirse contigo. Sólo lo harán porque les ofreces:

- *Valor emocional:* te conectas directamente con ellos a nivel emocional al entender emociones dolorosas como estrés, preocupación, inseguridad, desconfianza, ansiedad, miedo, frustración o ira y al brindarles tranquilidad, seguridad, opciones, menos estrés o preocupación y esperanza.

- *Conocimiento:* les ofreces información que les dé poder o ventaja sobre otras personas. La mayoría de los prospectos se preocupa por mantener su ventaja competitiva, ya sea como empresa o como individuo. Se sienten ansiosos ante la idea de que pueda haber algo en el mercado que ellos no conozcan. Las incógnitas son desconcertantes, sobre todo, si un competidor tiene una mejor práctica, una información, un sistema o un proceso que ellos no tienen.
- *Valor tangible (lógico):* los ejecutivos y los contactos que desempeñan funciones técnicas y centradas en información valoran los datos y los estudios de casos. ¿Cuántos y qué resultados puedes ofrecerles, les has ofrecido o les ofrecerás, que sean específicos para su situación única?

La forma más efectiva de crear el mensaje correcto es poniéndote en los zapatos de tu prospecto. Mira las cosas a través de su lente y usa la empatía que Dios te dio para detectar sus emociones y analizar qué podría ser importante para ellos. Piensa cómo te sentirías en su situación. Comienza respondiendo estas preguntas desde la perspectiva de tu prospecto:

- ¿Qué te causaría estrés? ¿Cuándo sientes estrés?
- ¿Qué te hace preocuparte? ¿Cuándo te preocupas? ¿Por qué te preocupas?
- ¿Qué te causa ansiedad? ¿Cuándo la sientes?
- ¿Cómo te sientes cuando te quedas sin tiempo para hacer cosas importantes?
- ¿Cómo te sientes cuando no tienes suficiente dinero para lograr tus metas? ¿Cuándo sucede esto?
- ¿Cómo te sientes cuando no tienes suficientes recursos para lograr tus metas? ¿Cuándo sucede esto?
- ¿Cómo te sientes cuando no tienes el conocimiento necesario para lograr tus metas? ¿Cuándo sucede esto?
- ¿Cómo te sientes cuando no logras alcanzar tus metas?
- ¿Cuándo te sientes abrumado y qué te ocurre?
- ¿Qué afecta tu tranquilidad o sensación de seguridad?
- ¿Qué sentirías si tuvieras opciones limitadas?

- ¿Qué está causando que te sientas frustrado o atascado?
- ¿Qué te molesta?
- ¿Qué te hace sentir desconfianza?
- ¿Qué te causa miedo?
- ¿Qué te causa angustia?
- ¿Cómo te sientes cuando _____ sucede?
- ¿Qué te gustaría saber?
- ¿Algo que no conozcas te haría preocuparte?
- ¿Qué información temerías que cayera en las manos de tus competidores?
- ¿Qué podría estar haciendo un competidor que tú también querrías hacer?
- ¿Qué información crees que podría darte ventaja?
- ¿Qué te causaría curiosidad?
- ¿Qué podría estar robándose tu tiempo, dinero y/o recursos?

Analiza los puntos fuertes y débiles de tu producto o servicio. Revisa o define tus ventajas competitivas y el valor que le aportas al mercado. Busca puntos en común entre tus mejores clientes. Analiza los tratos que estás cerrando para entender mejor los eventos desencadenantes que abren ventanas de compra.

Piensa en cómo podrías entender la situación específica de tu prospecto y cómo puedes expresar esto a través de las palabras que usas, de tu tono e inflexión de la voz y mediante tu lenguaje corporal.

Y, antes de avanzar, responde la pregunta más importante. La única pregunta que evitará que la gente se cierre a la posibilidad de escucharte cuando haces tus llamadas de prospección:

¿Qué causaría que tu prospecto respondiera a tu mensaje: "*¿Y qué?*"?

Pide lo que quieres

El elemento más importante de cualquier acercamiento al momento de prospectar es lo que *pides* —lo que le solicitas al prospecto que haga o renuncie a hacer—. No importa qué más digas o hagas. Si fallas en pedirle a tu prospecto directamente que haga algo, todo lo demás que digas o preguntes sobra.

La razón principal por la que la prospección se vuelve demasiado complicada es que las compañías crean guiones largos y absurdos y los vendedores se van por las ramas, diciendo pasivamente oraciones del estilo de "Tal vez si te queda bien y no estás demasiado ocupado, podríamos reunirnos sólo por cuantos minutos, ¿qué opinas?", para evitar preguntar directamente algo que conlleva cierto potencial de rechazo.

El miedo es la razón por la cual tantas personas buscan la salida fácil, atajos y fórmulas mágicas en lugar de tomar el toro por los cuernos y pedir lo que quieren.

Es la misma razón por la que recibo tantas preguntas de vendedores que comienzan con "¿Cuál es el truco?" o "¿Podrías decirme el secreto?". También es la razón por la que tantos vendedores son engañados para que compren seminarios y productos que prometen revelarles el secreto de la prospección, cuando en realidad no hay ningún secreto.

Esta es la brutal verdad: sólo hay una técnica que realmente funciona para obtener lo que quieres mientras intentas prospectar:

Pedir.

Eso es todo. Sencillamente, pide. Pide agendar una cita, pide información, pide saber quién toma las decisiones, pide que te digan cuál es el siguiente paso, pide cerrar la venta. Pide lo que quieras, pero pide.

El hecho es que, si estás teniendo dificultades para hacer citas, hablar con quienes toman las decisiones, obtener información o cerrar tratos, 9 de cada 10 veces es porque no estás pidiendo.

¿Por qué? Porque 9 de cada 10 veces tienes miedo de escuchar que la respuesta sea "no". Desde que empiezas a prospectar y hasta que logres hacer el cierre, debes estar pidiendo constantemente lo que quieres. De lo contrario, los tratos tienden a estancarse y a morir ni lograrás pasar de la puerta.

Pedir implica tres pasos:

    1. Tener confianza y asumir que obtendrás lo que pides.

2. Guardar silencio y esperar.
3. Prepararte para lidiar con respuestas negativas, evasiones y objeciones.

Tener confianza y asumir que obtendrás lo que pides

Hemos monitoreado miles de llamadas en un grupo diverso de industrias. Es evidente que, cuando los vendedores demuestran confianza y piden de manera asertiva lo que quieren, los prospectos dicen que sí alrededor del 70% de las veces. Las solicitudes no asertivas tienen una tasa de éxito de alrededor del 30%. Cuando unes una solicitud asertiva con un *porqué*, la probabilidad de obtener un sí aumenta.

Jeffrey Gitomer, autor de *The Little Red Book of Selling*, afirma que "actuar de manera presuntiva es la estrategia de venta más fuerte del mundo"[9]. Asumir que obtendrás lo que quieres comienza por tu propio sistema de creencias y por la forma como te hablas a ti mismo. Cuando te dices que vas a ganar y sigues repitiéndolo, se refuerza tu sistema de creencias interno. Asumir que obtendrás lo que quieres es una mentalidad de expectativa positiva que se manifiesta en tu lenguaje corporal externo, la inflexión y el tono de tu voz y las palabras que usas.

Debido a que una solicitud de este tipo tiene una tasa de éxito más alta, obtendrás más victorias y esto elevará tu nivel de confianza.

Ya sea por teléfono, en persona, por correo electrónico o redes sociales, las palabras que usas y cómo las estructuras envían un mensaje claro de que asumes que obtendrás bien sea un sí o un no.

No presuntivo, pasivo y débil	Presuntivo y confiado
"¿Es un buen momento para hablar?"	"La razón por la que estoy llamando es..
"Me preguntaba si...?"	"Dime quién, cómo, cuándo, dónde, qué..."
"Tengo todo el día disponible"	"Estoy superocupado con nuevos clientes, pero tengo un espacio disponible a las 11:00 a.m."
"¿Qué opinas?"	"¿Por qué no la planeamos de inmediato?"
"¿Cuál es la mejor hora para ti?"	"Voy a visitar a un cliente no muy lejos d tu oficina el lunes. Puedo recogerte para almorzar juntos".

En el correo electrónico, la mensajería social y los mensajes de texto, las palabras directas y presuntivas y la estructura de la oración son el lenguaje corporal de la palabra escrita. Cuando eliges palabras débiles y pasivas, el mensaje que das es que te falta confianza.

Por teléfono y en persona, las palabras que usas y la forma como lo haces deben coincidir. Tu prospecto está evaluando subconscientemente si tus palabras, tono de voz y lenguaje corporal son congruentes. Si no lo son, no confiará en ti y pondrá resistencia.

En todo caso, lo más importante es ir al grano de forma directa, rápida y concisa. Pedir directamente lo que quieres hace que sea fácil para tu prospecto decir que sí.

El tono de voz, la inflexión y el lenguaje corporal

Cuando te enfrentas a la posibilidad de recibir rechazo, el miedo que sientes es real. Es una respuesta fisiológica impulsada, en parte, por una estructura en forma de almendra en el cerebro llamada amígdala, la cual desencadena el mecanismo de lucha o huida. Esta parte del cerebro está diseñada para mantenernos vivos. Desafortunadamente, no distingue entre amenazas reales y ficticias —una serpiente cascabel, enrollada y siseando hacia ti o un prospecto a punto de decirte que no.

Para la amígdala, ambas situaciones significan el mismo peligro. Por eso, prepara el cuerpo y la mente para luchar o correr y empieza a desactivar partes no esenciales para conservar energía y dirigirla hacia los músculos. En esencia, te está preparando para que tengas el máximo rendimiento y te mantengas con vida. Esa es la razón por la que sientes ansiedad antes de hacer el pedido que estás pensando hacer. Tu mente vacila, las palmas de tus manos sudan, tu estómago se contrae y tus músculos se ponen tensos mientras te preparas inconscientemente para un "no". Esta es la causa explícita de tu sensación de miedo.

Superar el miedo al "no" es difícil. He sido vendedor toda mi vida y he tenido un éxito increíble en este campo; sin embargo, aún hoy tengo que recordarme a mí mismo que un "no" no me hará daño. Por cierto, esa es la clave. Debes enseñarle a tu cerebro racional a decirle a tu amígdala o cerebro "reptiliano" que la amenaza no es real.

Comienza por aprender a anticipar la ansiedad que sientes justo antes de pedir lo que quieres. Luego, practica tu autoconversación interna y tu reacción física externa a ese miedo. En estas situaciones, el coraje es como un músculo. Cuanto más lo ejercites, más fuerte se vuelve.

Tener certeza y claridad en esto te ayuda a administrar tu lenguaje corporal, la inflexión de tu voz y el tono, y las palabras, a pesar del volcán de emociones que puede estar explotando bajo de la superficie. Como un pato en el agua, das la apariencia de estar tranquilo y confiado; proyectas un comportamiento relajado y seguro en el exterior, a pesar de estar remando agitadamente bajo de la superficie.

Demuestra falta de confianza, inseguridad y miedo	Demuestra un comportamiento relajado y seguro de sí mismo
Hablar con un tono de voz alto.	Hablar con inflexión normal y un tono más profundo.
Hablar muy rápido. Cuando hablas demasiado rápido, pareces poco confiable.	Hablar con inflexión normal y un tono más profundo.
Usar un tono de voz tenso o a la defensiva	Usar un tono amistoso, con una sonrisa en tu voz.
Hablar muy alto o suave.	Usar una modulación de voz adecuada, con un énfasis emocional apropiado en las palabras y frases correctas.
Usar un tono de voz frágil o nervioso, con demasiadas muletillas como "umm, "eh…" y pausas incómodas.	Usar un tono directo, con buen ritmo y palabras que van al grano.
La falta de contacto visual o mirar hacia otro lado. Nada dice más "no confíes en mí" y "no me siento seguro" que el hecho de no hacer contacto visual.	Hacer un contacto visual directo y adecuado.
Mantener las manos en los bolsillos.	Mantener las manos al lado o al frente mientras hablas. Nota: esto es incómodo, pero te hace ver poderoso y seguro.
Hacer gesticulaciones o movimientos amplios con las manos. Tocarse la cara o meterse los dedos a la boca —señal clara de sentirse nervioso o inseguro.	Gesticular de una manera calmada y controlada. Mantener las manos en una posición de poder —al lado o al frente, de una manera controlada y no amenazante.
Adoptar una posición corporal encorvada, con la cabeza hacia abajo y los brazos cruzados.	Adoptar una postura recta, barbilla levantada, hombros rectos y hacia atrás. Esta postura en realidad te hace sentir más seguro.
Mover los pies hacia atrás y hacia adelante o balancear el cuerpo.	Permanecer quieto, en una pose de poder que se vea natural.
Adoptar una postura rígida, cuerpo tenso. Mantener la mandíbula apretada y/o la mirada tensa.	Adoptar una postura relajada y natural. Brindar una sonrisa relajada. La sonrisa es un lenguaje universal que dice: "Soy amigable y confiable".
Dar un apretón de manos débil, soso y sudoroso. (¡Qué asco!).	Dar un apretón de manos firme y seguro, haciendo un contacto visual directo.

Guardar silencio y esperar

La parte más difícil de pedir algo es hacerlo y luego callarse. Cuando ya has pedido lo que quieres, has puesto todas las cartas sobre la mesa y quedas vulnerable al rechazo. ¿Y qué sucede cuando te sientes vulnerable? Tratas de protegerte.

En ese momento incómodo después de pedir algo, tu cabeza comienza a girar y sientes el rechazo justo frente a tus ojos. La fracción de segundo en la que hay silencio es insoportable. Parece una eternidad.

Cuando no logras manejar las emociones perturbadoras que son desencadenadas por el silencio, el momento se convierte en un desastre. Comienzas a mover la boca. Intentas afrontar objeciones que ni siquiera te han dado, das demasiadas explicaciones, le ofreces a tu prospecto una salida y empiezas a hablar sin parar sobre las características y los beneficios de tu producto, tu compañía, tu perro y tu escuela. Así, *tú mismo* terminas por convencer al prospecto que estaba listo para decirte que "sí" de que te diga que "no".

Es por eso que, a pesar de todas las alarmas que se activan en tu mente llena de adrenalina, lo mejor es *callarte* y darle a tu prospecto un momento para responder. He aquí por qué:

Cuanto más rápido logres una respuesta, más rápido podrás pasar al siguiente acercamiento de prospección o afrontar un "no" o un "tal vez". Esta actitud se rige por la simple regla de los tercios.

- *Lograr pronto el "sí"*. Alrededor de la tercera parte de las veces, te dirán que sí sólo porque lo pediste. Tu objetivo es lograr esas respuestas afirmativas y evitar hablar de ellas. Esto te hace supereficiente. Te dicen que sí cuando haces una petición. Obtienes lo que quieres. Ambas partes avanzan rápidamente hacia el siguiente paso.
- *Lograr pronto un "no"*. En promedio, la tercera parte de las veces, el prospecto dirá que no con total intención. A veces, esto significa que te cuelga el teléfono, te cierra la puerta en la cara o elimina tu correo electrónico. También podría tratarse de recibir una sarta de groserías. La mayoría de las veces, el

prospecto te dice *"¡no!"* de forma muy directa e insegura. Sin embargo, aunque apesta escucharlo, también es una bendición. Te permite pasar rápidamente a la siguiente llamada, lo que, de nuevo, te hace más eficiente.

- *Lograr pronto un "tal vez"*. Aproximadamente, la tercera parte de las veces, el prospecto dudará, dirá que tal vez, negociará o te dará una objeción falsa sólo para deshacerse de ti. Aquí es cuando las cosas se ponen a prueba al prospectar; es cuando tienes la oportunidad de convertir un "tal vez" en un "sí" por medio de giros efectivos de REO.

Prepárate para lidiar con respuestas negativas, evasiones y objeciones

Cuando estás preparado, sabes con exactitud cómo manejar las respuestas negativas, las evasiones y las objeciones (REO) y tienes la confianza para callarte y manejar el silencio. Abordaremos las técnicas para manejar REO en el Capítulo 16.

15

La excelencia en la prospección telefónica

"Señor Watson, venga. Quiero verlo". [Estas fueron las primeras palabras inteligibles dichas a través del primer teléfono].

—Alexander Graham Bell

Pregunta: "¿Cómo consigues que un vendedor deje de trabajar?".

Respuesta: "Ponle un teléfono al frente".

Es una pequeña broma que provoca risas nerviosas en ponencias y seminarios.

Para miles de vendedores, tomar el teléfono y llamar a un prospecto es la parte más estresante de su vida. Muchos de estos vendedores reacios se quedan mirando el teléfono, esperando en secreto que desaparezca. Procrastinan, se dedican a poner sus patitos en fila y a asegurarse de que todo esté perfecto antes de comenzar a marcar. Usar cualquier excusa —lo que se dice *cualquiera*—, para hacer otra cosa se convierte en algo prioritario para así no llamar.

Además, critican a sus líderes. Se quejan de que ya nadie contesta el teléfono. Argumentan que esa es una pérdida de tiempo. Sostienen que a la gente no le gusta que la contacten por teléfono. Etiquetan cualquier llamada saliente como una llamada en frío —incluso cuando les están devolviendo la llamada a clientes potenciales entrantes— y prefieren enfocarse en los conceptos de los llamados expertos que pontifican que las llamadas en frío ya no se usan.

El mes pasado, una de las cinco principales compañías de seguros me contrató para participar en un campamento para fanáticos de prospectar. El ejecutivo que me contrató dijo que el mayor desafío al que se enfrentaban sus nuevos agentes era la prospección. Sus palabras fueron: "Estamos teniendo dificultades para hacer que ellos tomen el teléfono y hablen con la gente".

Esa mañana, cuando llegué a comenzar el entrenamiento, mi cliente me llamó aparte y me dijo: "Espero no haberte puesto en una situación difícil. No hablamos sobre la nueva realidad de nuestra industria, pero ya nadie contesta el teléfono. Entiendo que vas a hacer bloques de llamadas en vivo, pero yo no esperaría demasiado de ellos". (Esto me lo está diciendo el mismo tipo que me pagó mucho dinero para que yo les enseñara a sus representantes a prospectar efectivamente por teléfono. Es apenas la primera mañana de la capacitación y él ya está poniendo excusas sobre por qué las cosas no funcionarán).

Hicimos tres bloques de llamadas en vivo ese día, mediante listas específicas que trajeron los representantes. A lo largo del día, tuvimos la enorme tasa de contacto del 51% —prospectos reales que contestaron sus teléfonos—. No se trataba de una anomalía estadística. Dicho porcentaje fue generado por 19 representantes que hicieron 1.311 llamadas.

Al final del día, me senté con mi cliente y le mostré las cifras. Estaba a la vez emocionado —como queriendo decir: "¿Cuándo podemos hacer que vuelvas a hacer esto de nuevo?"— y desconcertado.

"No entiendo cómo lograste esos resultados si todos me dicen que la gente ya no contesta el teléfono".

"¿Quién te ha dicho eso?".

"Mis representantes".

"¿Los mismos que me dijiste que no harían ninguna llamada?".

Lentamente, mi cliente asintió con la cabeza, sopesando lo sucedido.

Nadie contesta un teléfono que no suena

El mito de que el teléfono ya no funciona —porque la gente no contesta— es refutado a diario en nuestros campamentos para fanáticos de prospectar. Es refutado por nuestro equipo de ventas de Sales Gravy y por miles de equipos de ventas en todo el país que sobreviven y tienen mucho éxito haciendo llamadas.

Las estadísticas no mienten. Observamos entre un 15% y un 80% de tasa de contacto telefónico, dependiendo de la industria, el producto y la posición del contacto. Por ejemplo, en el segmento de servicios empresariales, las tasas de contacto se sitúan con frecuencia entre el 25% y el 40%.

Estas, por cierto, son mucho más altas que las tasas de respuesta a los correos electrónicos y años luz más altas que las de la prospección social. Toda nuestra evidencia del mundo real va directamente en contra del mito que afirma una y otra vez que el teléfono tiene una baja tasa de éxito.

Y las estadísticas se ponen aún mejor. Tenemos estadísticas sobre la prospección telefónica que se remontan a principios de la década de 1990 y estamos viendo tendencias claras de que las tasas de contacto por teléfono han aumentado alrededor de 5 puntos porcentuales. No sabemos con exactitud la razón exacta por la cual más prospectos están contestando el teléfono, pero sospechamos tres:

1. *Los teléfonos acompañan siempre a la gente, aún cuando no esté en su lugar de trabajo.* Es común que los prospectos contesten su celular cuando los llames —ya sea porque esa es su única línea o porque su línea de la oficina les transfiere las llamadas a su línea móvil.

2. *Ya nadie llama.* Debido a que gran parte de la comunicación de ventas ha pasado a hacerse por medio de correos electrónicos, bandejas de entrada en redes sociales y mensajes de texto, los teléfonos ya no suenan tanto como en el pasado. Por esto, los vendedores que sí llaman se destacan entre la multitud y logran su propósito.

3. *Los prospectos están cansados de recibir correos electrónicos de prospección impersonales e irrelevantes (y a menudo, automatizados).* Los correos electrónicos y las bandejas de entrada en redes sociales están inundados de basura. Los prospectos quieren algo diferente —un ser humano auténtico, de carne y hueso.

Piénsalo. Si las llamadas ya no funcionaran, ¿por qué tantas compañías de teleprospección están surgiendo en todo el mundo y tienen tanto éxito? Las empresas están gastando miles de dólares en subcontratistas que usan el teléfono para prospectar —porque no hay otra manera viable de mantener su canal de ventas lleno y les han permitido a sus propios vendedores no hacerlo.

El teléfono es, siempre ha sido y seguirá siendo la herramienta de prospección más poderosa

¡Escúchame! El teléfono es tu herramienta de ventas más poderosa. Punto. Final de la historia.

Permíteme decir esto una vez más y lentamente: no hay otra herramienta que te ofrezca mejores resultados, llene tu canal de ventas más rápido y te ayude a cubrir más terreno en menos tiempo que el teléfono.

Así que deja de mirarlo como si fuera tu enemigo o un alienígena cubierto de tentáculos viscosos. Y no, tu teléfono no va a marcarse a sí mismo.

La brutal verdad es esta: los vendedores que ignoran el teléfono fracasan. Obtienen resultados mediocres y se roban dinero a sí mismos.

Tonya, una representante de ventas, me hizo esta pregunta:

"Mi gerente siempre está tratando de convencerme de usar el teléfono para prospectar. Yo soy pésima para llamar y he tratado de explicarle que obtengo mucho mejores resultados en persona. ¿Cómo hago para convencerlo de que me deje salir a contactar a la gente puerta a puerta?".

Cuando tienen que prospectar en línea, muchos vendedores argumentan: "Pero si me va mucho mejor en persona".

Mi respuesta es: "Por supuesto que eres mejor en persona. Por eso te contrataron como representante de ventas. La cuestión es esta: en ventas, el tiempo es dinero y es más rápido y fácil cubrir mucho más terreno, buscar y evaluar más oportunidades y hacer más citas en un bloque telefónico de una hora que en un día entero conduciendo por tu territorio, golpeando de puerta en puerta".

Piénsalo así: ¿Cuántos prospectos podrías calificar o con cuántos podrías hacer citas presenciales en un período de ocho horas? Incluso en la calle más concurrida de la ciudad, 20 sería una exageración. En la mayoría de los territorios, incluyendo el tiempo de desplazamiento y de estacionamiento, sería una cifra más cercana a 10. Desde luego, si hace calor, llueve o nieva, las cifras bajan aún más.

En cambio, ¿cuánto lograrías en una hora al teléfono, con una lista de prospectos objetivo? ¿Cuántas llamadas harías? Con un promedio de uno a dos minutos por llamada, harías de 25 a 50 llamadas. Si puedes acercarte al doble de prospectos en un promedio de una décima parte del tiempo, en un entorno con un clima controlado, ¿cuál de las dos opciones crees que producirá mejores resultados? La respuesta es obvia.

El teléfono es la herramienta de prospección más eficiente porque, cuando eres organizado, logras llegar a más prospectos en un tiempo más corto que a través de cualquier otro canal de prospección —incluyendo el correo electrónico—. Debido a que tienes muchas más cosas por hacer en tu día que prospectar, lo ideal es usar el método más eficiente para contactar a muchos prospectos. Por supuesto, la forma más eficiente y rentable de hacerlo es por teléfono.

Además, es más efectivo que el correo electrónico, las redes sociales y los mensajes de texto porque, cuando estás hablando con otro ser humano, hay mayor probabilidad de hacer citas, vender cosas y recopilar información calificada. Sin embargo, para muchos vendedores es incómodo usar el teléfono para prospectar, porque:

- No saben qué decir, así que dicen cosas estúpidas o leen guiones torpes y cursis que generan resistencia y rechazo.
- No tienen un proceso de prospección telefónica fácil de ejecutar que en verdad funcione.
- No saben cómo lidiar con respuestas negativas ni con evasiones y objeciones.
- Tienen miedo al rechazo.

A nadie le gusta llamar, así que supéralo

Mientras trabajaba en este libro, Dave, un representante de ventas de Carolina del Norte, me comentó:

"Jeb, necesito tu consejo. La primera llamada a un prospecto me resulta muy difícil, aunque sepa que todo está en mi cabeza. Me siento como un chico en séptimo grado que está llamando a una chica para invitarla al baile de la escuela, pero se asusta cuando su padre contesta el teléfono. Por lo general, soy muy seguro de mí mismo, me siento cómodo con mi conocimiento del producto y sé cerrar tratos. Pero, cuando estoy al teléfono con un nuevo prospecto, la historia es diferente. Sé que, si logro superar este nerviosismo, alcanzaré mis metas mensuales más rápido. Por favor, ayúdame".

Lo que me encanta de esta pregunta es que es honesta y refleja con precisión lo que muchos vendedores sienten acerca de la prospección telefónica. Dave, como la mayoría de los vendedores, llega a la oficina cada mañana con toda la intención de sentarse a llamar por teléfono y buscar nuevos prospectos. Entonces, a medida que marca a regañadientes el primer número —después de perder una hora en un esfuerzo por evitar lo inevitable—, las palmas de sus manos sudan, su corazón late con más fuerza y en secreto reza para que nadie le responda. Entonces, el prospecto responde y Dave olvida todo lo que iba a decir. Pronuncia las palabras con dificultad, tartamudea y balbucea.

En seguida, el prospecto lo rechaza, diciendo:

"¡No estoy interesado!".

"¡Estamos felices con nuestro producto!".

"No tengo tiempo para hablar".

Acto seguido, Dave se siente rechazado y avergonzado y la motivación para llamar se evapora. Entonces, para evitar hacer más llamadas, decide organizar sus papeles y pierde tiempo haciendo cualquier cosa menos marcar de nuevo, así que envía correos electrónicos, pasa por las redes sociales, pierde tiempo explorando el CRM y le dice a su gerente que no tiene tiempo para llamar, porque hay mucho trabajo administrativo por hacer.

No trataré de endulzarte esta verdad: la prospección telefónica es la actividad más despreciada en las ventas. Llamar a personas que no conoces e interrumpirlas es incómodo. Recibes muchísimo rechazo.

Siempre será incómodo tomar el teléfono para contactarte con personas que no conoces. No es algo natural, de modo que siempre habrá llamadas e incluso días en los que balbucearás y te avergonzarás. Siempre habrá más rechazo que aceptación —pero eso es cierto con cualquier otro canal de prospección.

Por eso, se llama prospección, porque no se trata de tomar pedidos. Míralo de esta manera: si la prospección telefónica fuera fácil, todo el mundo trabajaría en ventas y todos ganaríamos el salario mínimo y viviríamos con nuestros padres.

A la mayoría de los vendedores nunca se le ha enseñado a usar el teléfono

Lo que encuentro en todos los ámbitos en que me muevo es que la mayoría de los vendedores no sabe cómo usar el teléfono para prospectar o hacer ventas. Nunca les han enseñado y/o ellos se inclinan hacia la comunicación por medio del correo electrónico o el mensaje de texto.

Este problema se ve agravado por el hecho de que, en la mayoría de las empresas, la capacitación en lo referente a la prospección telefónica es deficiente o inexistente —tanto en ventas externas como internas—. Y cuando las empresas sí capacitan en el área de prospección telefónica, casi siempre, se trata de basura compleja y artificiosa desarrollada por personas que nunca han utilizado el teléfono ni tenido éxito con él para prospectar. Esta basura nunca funciona en el mundo real, con prospectos reales, lo cual les da a los vendedores otra excusa para evitar el uso del teléfono.

Luego, están las empresas y organizaciones de ventas que le encargan al departamento de marketing (o peor aún, al de recursos humanos) el desarrollo de guiones telefónicos para el equipo de ventas, junto con la capacitación para que ellos los usen. Quienes trabajan en el departamento de marketing, desarrollando estos guiones, nunca han tenido que interrumpir el día de un prospecto con una llamada en vivo. Es más, creo que la mayoría de ellos preferiría fracturarse una mano que tener que hacer prospección vía telefónica.

Algunas de las estrategias que encuentro que usan los equipos de ventas hacen que la cabeza me dé vueltas. Este mes, mientras asistía a una conferencia, conocí a una gerente de recursos humanos a quien le habían encargado crear la capacitación de prospección para la organización de ventas de la empresa. Le pregunté si alguna vez había hecho una llamada de prospección o de ventas.

Me respondió: "No".

"Si nunca has vendido nada, ¿cómo vas a hacer para construir un plan de capacitación en ventas?", le pregunté.

"Creé el plan de estudios de orientación para nuevos empleados y a mi jefe le gustó, así que quieren que lo intente con el programa de capacitación en ventas".

"Pero no entiendo cómo puedes enseñarle a alguien a vender si tú misma no sabes cómo hacerlo".

Su respuesta fue: "Bueno, algunas personas han tratado de venderme cosas y yo sé cuándo algo no me gusta, así que voy a empezar por ahí".

"Sólo por curiosidad, ¿qué opinas acerca de la prospección telefónica?".

"¡Nunca podría hacer algo así!", fue su respuesta enfática.

Mi predicción con respecto a esa capacitación en ventas que ella preparó es que esta es más basura creada por una persona que no entiende ni aprecia la profesión de ventas.

Por último, hay multitud de líderes en ventas que no tienen ni idea de cómo entrenar a su gente para que desarrolle y domine las habilidades de prospección telefónica. Saben que el canal de ventas es más robusto y que el rendimiento mejora cuando su personal está prospectando por teléfono activa y consistentemente, pero eso no significa que ellos sepan cómo guiar a su gente por ese camino.

Es por esto que mi objetivo en este capítulo es aclarar las cosas y darte las herramientas para que sepas cómo aprovechar al máximo el teléfono y consigas de este modo tratos calificados por este canal de ventas, logrando mejores cifras y aplastando a los competidores.

- Primero, aprenderás cómo aprovechar el teléfono para maximizar tus jornadas de ventas. Te enseñaré cómo duplicar e incluso cuadruplicar el número de llamadas que haces en un período mucho más corto para que puedas sacar el máximo provecho de tu bloque de llamadas y pasar a otras actividades mucho más agradables.

- Luego, voy a enseñarte qué hacer y decir cuando tengas a los prospectos en la línea. Aprenderás a reducir la resistencia, a aumentar la probabilidad de lograr un objetivo definido y a mitigar el rechazo.

- Por último, en el siguiente capítulo, aprenderás a lidiar con las respuestas reflejas, las evasiones y las objeciones (REO) para hacer citas de manera más efectiva, recopilar información y calificar prospectos.

Sin embargo, antes de seguir adelante, pongamos algunas cosas sobre la mesa:

- Te rechazarán mucho por teléfono, porque, según las estadísticas, generarás más interacciones en tiempo real con los prospectos que a través de cualquier otro canal de prospección.

- La mayoría de tus llamadas caerá al correo de voz. Dependiendo de tu industria, base de prospectos y lista específica, en promedio, te conectarás con entre el 20% y el 50% de clientes potenciales durante los bloques para hacer llamadas. Por eso, debes ser eficaz cuando tienes a un prospecto en la línea.

- Gran parte de la razón por la que te sientes frustrado con el teléfono y encuentras que hacer llamadas de prospección es terrible se debe a que tú o las personas que te enseñaron cómo prospectar están complicando demasiado un proceso muy simple y directo.

- A nadie le gusta la prospección telefónica. De modo que, sin importa qué te enseñe, lo más probable será que sigas odiando el teléfono como herramienta de prospección. Eso no niega el hecho de que, para lograr el máximo rendimiento en ventas, debas dominar la prospección telefónica.

Si quieres ganar mucho dinero y estar en la cima de la clasificación de tu equipo, tienes que aceptar que la prospección telefónica apesta y superar este hecho.

La clave definitiva para el éxito es establecer bloques programados para hacer llamadas

Los fanáticos de prospectar establecen bloques diarios de una a dos horas. Durante este tiempo, ellos eliminan todas las distracciones —apagan el correo electrónico y los dispositivos móviles, además de informarles a quienes los rodean que estarán haciendo llamadas, de tal modo que no los interrumpan—. También establecen metas claras para cada una de las llamadas que van a hacer. Este bloque para hacer llamadas es una cita reservada en su horario y es sagrada. Nada interfiere con ella.

Algunas personas optan por dividir sus bloques de prospección en partes pequeñas y manejables y establecen objetivos para cada una de estas sesiones. Es mucho más fácil establecer un objetivo para hacer 10 llamadas que 100 o marcar durante 30 minutos en lugar de dos horas seguidas. Es mucho más fácil superar tus miedos y preocupaciones iniciales unas cuantas llamadas a la vez, así que bien puedes mentalizarte y planear tu jornada de prospección en estas pequeñas partes.

También hay representantes que establecen una meta general para cada bloque diario. Por ejemplo, deciden comenzar haciendo 50 marcaciones. Después, establecen bloques más cortos de 10 marcaciones. Así, se preparan sicológicamente para prospectar en estos pequeños bloques. Cuando terminan, se dan una pequeña recompensa y pasan a las siguientes 10 llamadas.

Una vez, vi que una representante de ventas de software listaba los números del 50 al 1 en una hoja de papel. Con cada marcación tachaba el número, comenzando con 50. Decía que era mucho más fácil para ella hacer sus llamadas de prospección con esta técnica.

En Sales Gravy tenemos horas completas de energía (y a veces, bloques de sólo 30 minutos de energía). El caso es que, en esta franja de tiempo, dejamos todo de lado y nos enfocamos en hacer tantas marcaciones como sea posible en ese corto tiempo programado, pues hemos notado que el hecho de establecer un tiempo de duración definido nos ayuda a mantenernos enfocados y a seguir el plan de prospección al pie de la letra.

Sea como sea, diviértete. Es probable que seas una persona competitiva y creativa. Si no lo fueras, no trabajarías en ventas. Entonces, ponte retos. Por ejemplo, algunas personas cuentan los NO. Juegan para ver cuántos noes pueden acumular. Suena un poco enfermizo y retorcido, pero yo lo he hecho y en realidad es motivador, ya que siempre obtendrás más noes que síes.

En todo caso, sin importa lo que hagas ni cómo lo hagas, programa ese bloque. Cumple esa cita contigo mismo. Haz que esta sea siempre sagrada y nunca llegues tarde.

El sencillo modelo de prospección telefónica en cinco pasos

Pocas cosas en ventas han sido más que complicadas que el simple modelo de la llamada telefónica a un prospecto. Las llamadas eficientes y efectivas para prospectar deben resultar en un sí, un no o un tal vez y lo más rápido posible, de la manera menos intrusiva, utilizando un tono relajado, seguro y profesional que reduzca la resistencia. De esa manera, te dicen que sí rápidamente y lidias con REO pronto, sin andar por las ramas.

Cuando tomas el teléfono y llamas a un prospecto —ya sea frío, tibio, caliente, una referencia, un seguimiento, un cliente potencial entrante e incluso un cliente existente— y esa persona no esperaba tu llamada, te conviertes en una interrupción.

Piensa cómo te sientes cuando tu día de trabajo es interrumpido por alguien que te llama sin previo aviso. A lo mejor, te sientes irritado, enojado o frustrado porque, en la mayoría de los casos, la llamada llega cuando estás justo en medio de algo importante.

Pongámonos en tus zapatos. ¿Qué quisieras que ocurriera?

Bueno, lo más probable es que tu primera respuesta sea algo como: "Para empezar, no querría recibir la llamada". Tienes razón. Nadie quiere que lo interrumpan —ni tú ni yo ni tu prospecto— incluso si la llamada está relacionada con algo que nos interesa.

Pero volvamos a la realidad. Como vendedor, tienes que tomar una decisión: interrumpir o comenzar una carrera nueva en la cafetería local, ganando un salario mínimo. Los vendedores que no interrumpen a los prospectos tienen niños delgados.

Entonces, si alguien te interrumpiera, ¿qué querrías que ocurriera?

Que la persona que te llama vaya directo al grano y que cuelgue pronto para así continuar haciendo la publicación que estabas a punto de hacer del video de tus gatos en tu cuenta de YouTube.

Ahora, trata de ponerte en los zapatos de tu prospecto. Son personas como tú a quienes les molesta ver su día interrumpido por una llama no programada. Por lo tanto, tu objetivo es que la llamada sea rápida y al grano y que la otra persona que contactaste pueda retomar lo que estaba haciendo.

Para hacer esto de manera efectiva, la llamada debe estar estructurada de modo que vayas rápida y directamente al punto —en 10 segundos o menos—. Deberás sonar como un auténtico profesional y no como un robot que lee un guion ni como el estereotipo del chico cursi que trabaja en ventas, tan a menudo mostrado en las películas.

También necesitas seguir un proceso que sea consistente y repetible. Una estructura consistente y repetible elimina la presión que sienten tú y tu prospecto. Debido a que la usas cada vez que llamas, no tienes que preocuparte por qué decir. Y, debido a que estás enfocado y tienes un propósito, respetas el tiempo de tu prospecto.

Hacer llamadas más cortas y de mayor impacto significa que completas cada bloque más rápido, lo que a su vez mantiene el canal de ventas lleno y te da más tiempo para dedicarte a las actividades que hacen que las ventas sean divertidas. Una llamada de prospección efectiva podría sonar así dentro de un modelo sencillo de cinco pasos:

1. Llama su atención usando su nombre: "Hola, Julie".
2. Identifícate: "Mi nombre es Jeb Blount y trabajo para Sales Gravy".
3. Di por qué estás llamando: "La razón por la que te estoy llamando es para programar una cita contigo".
4. Tiende un puente. Da un *porque*: "Acabo de leer un artículo en línea que dice que tu empresa va a incluir 200 nuevos puestos de ventas durante el próximo año. Varias

empresas de tu industria ya están utilizando Sales Gravy exclusivamente para encontrar candidatos y están muy contentas con los resultados que estamos entregando".

5. Pide lo que quieres y cállate: "Pienso que la mejor forma de comenzar es programar una breve reunión para saber sobre tus desafíos y objetivos de reclutamiento de vendedores. ¿Qué tal si nos reunimos el miércoles en la tarde, alrededor de las 3:00 p.m.?".

Figura 15.1 Modelo de cinco pasos para hacer prospección telefónica

Hay algo que quiero que entiendas: no hay pausas. En el momento en que pauses, pierdes el control de la llamada. Tan pronto como mi prospecto me contesta el teléfono, yo repito el modelo de cinco pasos sin parar. Mi objetivo es respetar su tiempo, ir al grano y obtener pronto una respuesta —sí, no o tal vez.

Te daré otro ejemplo. Mi objetivo es recopilar información:

"Hola, Ian. Soy Jeb Blount, de Acme Restaurant Supply. La razón por la que estoy llamando es que leí en el periódico que ustedes están construyendo un restaurante en la vía 44 y quisiera saber sobre su proceso de comprar de equipos de cocina. Sé que me estoy anticipando un poco; sin embargo, he descubierto que, cuando logramos que nuestro equipo de diseño trabaje con el suyo antes de tomar decisiones críticas, ustedes tienen más opciones y usualmente pueden ahorrar un montón de dinero en costos de construcción y mano de obra futura con un diseño de cocina más eficiente y optimizado. ¿Podrías decirme cómo toman esas decisiones y cuándo comenzará el proceso de selección?".

Aquí va otro ejemplo en el cual mi objetivo es calificar al prospecto y, si es posible, pasar directo a una conversación de ventas:

"Hola, Corrina. Habla Jeb Blount, de AcmeSoft. Estoy llamando porque descargaste nuestro documento sobre cómo crear páginas de inicio más efectivas para la generación de clientes potenciales y quisiera saber qué te causó interés. Trabajo con varios ejecutivos de marketing que han estado esforzándose por atraer suficientes clientes potenciales de calidad para cumplir con sus objetivos de crecimiento y conozco algunas prácticas muy productivas que mis clientes están utilizando para generar más y mejores clientes potenciales, así que me encantaría compartirlas contigo. ¿Podrías contarme un poco más cuál es tu interés al respecto?".

Cuando utilices este modelo, verás que balbuceas menos y que logras tu objetivo más a menudo.

Un modelo es una guía. Te ayuda a ser ágil y adaptable, ya que puedes aprovecharla en diferentes situaciones, lo que te libera para centrarte en tu mensaje sin tener que estar pendiente de hacer el desgastante esfuerzo de repensar el proceso de prospección cada vez que estás hablando con un prospecto.

La prospección telefónica debe ser profesional y directa al grano. No hay razón para complicarse demasiado con guiones cursis que molestan a los prospectos, generan resistencia y te hacen parecer tonto. Echemos un vistazo a los elementos del modelo de teleprospección de cinco pasos.

Llama su atención

Una vez tu cliente potencial conteste el teléfono, tienes una fracción de segundo para llamar su atención. La forma más fácil y rápida de llamar la atención de alguien es usando la palabra más hermosa del mundo para ellos: su nombre.

En cualquier lugar, en cualquier momento, cuando le dices su nombre a una persona, ella estará alerta y te mirará. Durante esa fracción de segundo, tendrás su atención. La misma dinámica ocurre en la prospección telefónica y es importante utilizarla a tu favor. Sólo tienes que decir: "Hola, Julie".

Punto importante: fíjate que no le pregunté a Julie, "¿Cómo estás?".

Es por una razón. Cuando interrumpes el día de un prospecto, recibes resistencia y esta llega a su punto máximo tan pronto como la persona se da cuenta de que eres un vendedor y que ella cometió el gran error de contestar el teléfono.

Esto sucede justo después que tú dices algo como: "Hola, habla Stephen, de la compañía Widget. ¿Cómo te encuentras hoy?". Luego, haces una pausa.

Ahí es cuando se activa el instinto de tu prospecto para colgar y retomar lo que estaba haciendo. Entonces, te da una respuesta refleja como "No estoy interesado" o te pregunta "¿Con quién hablo?".

Tu prospecto estaba teniendo una mañana feliz cuando sonó su teléfono y tú le interrumpiste el día. Entonces, se dio cuenta de su error tan pronto como dijiste "¿Cómo estás?". De repente, se activa su mecanismo que le dice que debe alejarse rápido de este vendedor. Tan pronto como haces una pausa, tu prospecto te da una objeción y pone un tono de voz serio. Así es como actúan los prospectos y así es como tú pierdes el control de tus llamadas de prospección.

No preguntes "¿Cómo estás?" ni hagas pausas ni permitas ningún silencio incómodo. Sólo di su nombre y sigue adelante con la llamada.

Identifícate

Ponte manos a la obra. Di el nombre de tu prospecto; luego, di quién eres y cuál es la razón por la que llamaste. La transparencia tiene dos beneficios.

1. Demuestra que eres un profesional y que respetas el tiempo de tu prospecto. Deja la charla ociosa para cuando hayan establecido una relación real.
2. Cuando dices quién eres y por qué estás llamando, reduces el estrés del prospecto, porque las personas se sienten más cómodas cuando saben qué esperar.

Sin lugar a duda, los prospectos son personas, al igual que tú y yo. No quieren ser engañados, manipulados ni interrumpidos. Lo que quieren es ser tratados con respeto. La mejor manera de mostrar respeto es ser veraz, relevante y directo.

Tiende un puente —incluye un porque...

Ya sabemos que, cuando le pedimos a alguien que haga algo por nosotros, como renunciar a su agenda, es más probable que lo haga si le damos una razón —o un *porqué*—. El puente conecta los puntos entre lo que quieres y por qué la otra persona debería dártelo. Ya le interrumpiste su día, le dijiste por qué estás llamando y ahora debes darle una muy buena razón para renunciar a su precioso tiempo y prestarte toda su atención. A la persona a la que estás llamando no le importa tu producto ni tu servicio ni sus características. No le importa lo que quieres o lo que te gustaría hacer. No le preocupan tus deseos ni tu cuota de ventas ni el hecho de que vas a "estar cerca de su área".

A ella sólo le preocupa aquello que es relevante para sus problemas y renunciará a sus actividades para dedicarte su tiempo y atención sólo por sus propias razones, no por las tuyas. Es por esto que el mensaje importa. Lo que dices y cómo lo dices generará resistencia y objeciones o derrumbará el muro y le abrirá la puerta a un "sí".

Evita decir cosas como:

- "Quiero hablarte de mi producto".
- "Me encantaría reunirme contigo para mostrarte lo que tenemos para ofrecer".
- "Quiero contarte sobre nuestro nuevo servicio".

Todas estas afirmaciones se enfocan en ti y las palabras *hablarte*, *mostrarte* y *contarte* envían un mensaje sutil de que lo que realmente deseas hacer es vender algo. Te aseguro, lo último que tu prospecto quiere o tiene tiempo para hacer es escucharte hablar.

Utiliza los modelos del capítulo "El mensaje importa", crea un mensaje corto y convincente que conecte emocionalmente con lo que es importante para tu prospecto. Usa frases y palabras emotivas como:

- Conocer más sobre ti y tu negocio
- Compartir algunas ideas que le han ayudado a mis otros clientes
- Mostrar algunas de las mejores prácticas que otras empresas de la industria están utilizando para . . .
- Comprender tu necesidad específica

- Saber cómo podríamos ser una opción
- Ofrecer flexibilidad
- Opciones
- Tranquilidad
- Ahorrar
- Frustrado
- Preocupado
- Estresado
- Gastar
- Tiempo
- Dinero

Estas frases y palabras se enfocan en los prospectos. A ellos les agrada sentir que los entiendes y que sabes de qué se tratan sus problemas o que al menos intentas entenderlos, antes que aceptar a renunciar a sus actividades para dedicarte tiempo y tener que explicarte su problema con lujo de detalles.

La forma más efectiva de crear el mensaje correcto es poniéndote en los zapatos de tu prospecto. Mira las cosas a través de su lente y usa la empatía que Dios te dio para detectar sus emociones y piensa en qué podría ser importante para el prospecto en ese momento.

Pide lo que quieres y cállate

El paso más importante es pedir lo que quieres.

- Si estás evaluando a tu prospecto, solicita la información que necesitas para determinar tu próximo paso.
- Si quieres una cita, sugiere un día y una hora.
- Si deseas tener una conversación de ventas, haz una pregunta abierta que haga que el prospecto hable.

Tu objetivo es llegar rápidamente a un sí, un no o un tal vez. No pierdas el tiempo. No hables en círculos. No uses un lenguaje pasivo y débil o frases como "¿Quizá, si te parece bien y si no estás demasiado ocupado, podríamos reunirnos por unos cuantos minutos, ¿qué piensas?".

Sé seguro, directo, suave y no hagas pausas. Ve al grano. Pregunta y asume.

Luego, cállate. El mayor error que cometen los vendedores en las llamadas de prospección es que siguen hablando en lugar de darle a su prospecto la oportunidad de responder a su solicitud. Esto aumenta la resistencia, crea objeciones y le da al prospecto una salida fácil.

Así que cállate y deja que tu prospecto responda. ¿Habrá REO cuando pidas lo que quieres? Por supuesto. Esta es la realidad: en las ventas, siempre hay objeciones. Sin embargo, como no perdiste tiempo en llegar a la objeción, tendrás más tiempo para responder, lo que a su vez te dará una mejor oportunidad de lograr tu objetivo.

Vamos a estudiar las técnicas para afrontar las respuestas reflejas, las evasiones y las objeciones en el próximo capítulo. Sin embargo, lo que quiero que veas es que muchos prospectos dirán que sí cuando eres directo, confiado y asumes, a través de tus palabras y tono de voz, que te van a decir que sí.

Pide lo que quieres y cállate.

Deja mensajes de voz efectivos que hagan que te devuelvan la llamada

Sin importar qué tan hábil te vuelvas con el modelo de teleprospección ni lo específico de tu lista de prospección ni el bloque de tiempo que programes para hacer llamadas ni qué tan bien planifiques el momento de hacer cada marcación, el hecho es que la mayoría de las llamadas seguirá cayendo al correo de voz.

Sé que el correo de voz te vuelve loco, porque a mí me pasa lo mismo. La mayoría de las veces, sientes que estás perdiendo tu tiempo. Siempre hay pequeñas preguntas que quedan vagando en tu mente:

¿Cuándo debo dejar un mensaje de voz?

¿En realidad, sirve de algo dejarlo?

Si lo dejo, ¿me devolverán la llamada?

Si bien no hay respuestas definitivas a ninguna de estas preguntas, saber cómo dejar mensajes de voz es importante, porque los prospectos sí los escuchan y sí devuelven las llamadas. Un mensaje de voz eficaz debería ayudarte a lograr, al menos, uno de dos objetivos:

1. Que un prospecto considerado de alto valor te devuelva la llamada
2. Desarrollar familiaridad con un prospecto de alto valor

Cada vez que los vendedores me preguntan cuándo deben dejar un correo de voz, mi respuesta es: "Cuando sea importante dejarlo".

Por ejemplo, si estás llamando a una lista de prospectos sobre los cuales tienes poca información calificada, puede que no tenga sentido dejarles un mensaje. Después de todo, tú no los conoces, ni sabes cuán calificados están y ellos tampoco te conocen, así que la probabilidad de que uno de ellos te devuelva la llamada es baja. Por esta razón, es más eficiente y efectivo marcarles a todos los que sea posible en el bloque para hacer llamadas en lugar de perder el tiempo dejando correos de voz.

Dejar mensajes de voz es ineficiente. Seguir las indicaciones de la grabación quita tiempo. Toman de 20 a 30 segundos por correo de voz, así que, fácilmente, gastarás de 10 a 15 minutos de tu bloque de una hora para hacer este tipo de llamadas. La tasa de devolución de llamadas después de dejar mensajes de voz es muy baja —de un sólo dígito—. Esto hace que, en general, intentar usar el correo de voz en todas las llamadas sea tanto ineficiente como ineficaz.

Por eso, cuando dejes un mensaje, tiene que ser porque vale la pena. Por ejemplo, cuando estás trabajando en una lista de prospectos por conquistar, lo ideal en ese caso es dejar un correo de voz en cada llamada. Lo mismo ocurre con un prospecto del cual sabes o sospechas que está pasando a la ventana de compra. Con estos prospectos, es fundamental que te pongas frente a ellos, pues son casos en los cuales dejarles un correo de voz que genere la devolución de la llamada o familiaridad tiene sentido y riesgo/beneficio razonable.

Dado que no hay una regla definitiva sobre cuándo dejar correos de voz, tú mismo tendrás que decidir cuándo invertir tu tiempo en esta actividad, dependiendo de tus objetivos, de tu lista, de tu disponibilidad de tiempo y de tu situación en particular. Sin embargo, si vas a dejar un mensaje de voz, lo ideal es dejarlo de tal modo que este te abra la mayor probabilidad de que te devuelvan la llamada.

Modelo de cinco pasos para dejar correos de voz y duplicar las devoluciones de las llamadas

Cuando escucho a regañadientes los mensajes de voz de vendedores, hay tres categorías que me desesperan:

- *Los que carecen de información de contacto*: estos mensajes los elimino automáticamente.
- *Los que son pura palabrería*: por lo general, en algún punto del mensaje presiono "borrar".
- *Los que contienen información de contacto confusa*: cuando tengo que escuchar un mensaje más de una vez, veo que me hace perder tiempo y desisto de dejar algún mensaje.

La cuestión es que, para lograr que te devuelvan más llamadas después de cada mensaje, debes facilitarles las cosas a los prospectos. Hay cinco pasos para dejar mensajes de voz efectivos que hagan que te devuelvan la llamada. Este proceso, cuando lo usas de manera consistente, duplica la tasa de devolución de llamadas.

1. *Identifícate.* di desde el principio quién eres y la empresa para la que trabajas. Esto te hace sonar profesional.
2. *Di tu número de teléfono dos veces.* los prospectos no tendrán manera de devolverte la llamada si no tienen tu número o este es confuso, así que incluye tu información de contacto desde el principio del mensaje y dila dos veces, lentamente. Después de que ellos escuchen tu nombre y el de la compañía que representas, es posible que no les importe el resto del mensaje porque, según sea la dificultad que estén afrontando, inferirán de qué se trata tu mensaje.
3. *Menciona el motivo de la llamada.* di por qué llamaste. No hay nada más irritante para un comprador que un vendedor que no sea honesto con respecto a sus intenciones. Después de dar tu información personal, di "la razón de mi llamada es…" o "el propósito de mi llamada es…" y luego di por qué estás llamando y qué quieres. La transparencia es a la vez respetuosa y profesional.

4. *Da una razón para que te devuelvan la llamada.* Los prospectos te devuelven la llamada cuando tú tienes algo que ellos quieren o que les interesa. La curiosidad es un poderoso motivador del comportamiento. Cuando tienes conocimiento, información, precios especiales, productos nuevos o mejorados, una solución a un problema, etc., generas una fuerza motivadora que invita a tu prospecto a llamarte.

5. *Repite tu nombre y di tu número de teléfono dos veces.* Antes de terminar el mensaje, di tu nombre de nuevo. Hazlo de manera lenta y clara y menciona tu número dos veces, siempre, siempre.

Figura 15.2 Modelo de cinco pasos para dejar mensajes de voz

Consejo adicional: los mensajes de voz no deben durar más de 30 segundos. Cuando sólo tienes ese tiempo, te ves obligado a ser claro, sucinto y profesional.

"Hola, Rick. Habla Jeb Blount, de Sales Gravy. Mi número de teléfono es 1-888-360-2249, repito, 1-888-360-2249. La razón por la que te estoy llamando es porque descargaste nuestro documento sobre llamadas en frío y quisiera saber más sobre tu interés en él y en lo que te impulsó a buscar esta información. También tengo algunos recursos adicionales sobre mensajes de voz y prospección telefónica que sé que pueden interesarte. Reunámonos esta semana. Devuélveme la llamada al 1-888-360-2249, repito, 1-888-360-2249".

Soy consciente de que es incómodo decir el número de teléfono cuatro veces en el mismo mensaje. Sin embargo, ten presente que tu objetivo es que sea fácil y placentero para los prospectos devolverte la llamada, no que sea más cómodo para ti.

Al escuchar tu número de teléfono dos veces desde el principio, ellos no necesitan escuchar todo el mensaje para tener acceso a él, si es que ya están interesados llamarte. Si tu mensaje les generó intriga y quieren llamarte, incluiste tu número dos veces al final para que ellos no tengan que volver a escuchar todo el mensaje. Hacer fácil para ellos que se decidan a llamarte aumenta la probabilidad de que lo hagan.

Elegir el momento oportuno para hacer llamadas de teleprospección es una estrategia perdedora

La pregunta más frecuente que recibo sobre la prospección telefónica es:

"Jeb, ¿cuál es el mejor momento para llamar? ¿Hay una franja específica en la que la gente esté más receptiva a mis llamadas? Es decir, ¿es mejor contactar a un prospecto durante la mañana o al final del día? ¿O algún día de la semana es mejor que otro?".

Todo este tipo de preguntas es precedido por una alta expectativa de que yo revele el código secreto que llevará a los vendedores a un mundo utópico donde los prospectos siempre contestan el teléfono, están en el mejor estado de ánimo y son receptivos a escuchar sus argumentos de venta, a acceder a programar citas sin rechazo y a cerrar tratos.

Preguntas como estas me las hacen con frecuencia los vendedores de todas las industrias y de todos los nivele de experiencia. Hay varias razones por las cuales ellos tienen estos interrogantes:

- Realmente les interesa saber cuál es el mejor momento para hacer sus llamadas.
- Están frustrados y simplemente se desahogan y en ese caso mi respuesta cae en oídos sordos.
- Están buscando una manera de no hacer llamadas —una excusa para no hacerlas.

No saber a ciencia cierta cuál es el momento más adecuado para llamar a los prospectos es la mayor excusa y el mejor pretexto para los vendedores que no quieren prospectar por teléfono (francamente, ni por teléfono ni de ninguna otra manera). Estas son algunas excusas de los vendedores que buscan escapar del teléfono:

- "No es bueno llamar los lunes, porque la gente se está preparando para lo que tiene que hacer a lo largo de la semana y le molestará mi llamada".
- "No es bueno llamar los viernes, porque la gente se está preparando para el fin de semana y le molestará mi llamada".
- "No es bueno llamar por la mañana, porque la gente no contesta el teléfono cuando se está preparando para comenzar el día".
- "No es bueno llamar antes del almuerzo, porque la gente se está preparando para ir a almorzar y no quiero molestar".
- "No es bueno llamar después del almuerzo, porque la gente está regresando a la oficina y lo más probable es que esté revisando su correo electrónico".
- "No es bueno llamar por la tarde, porque la gente debe estar en reuniones y no en su oficina".
- "No es bueno llamar al final del día, porque la gente se está preparando para ir a casa".
- "No voy a preocuparme, sencillamente, haré mis llamadas mañana, cuando los prospectos estén más dispuestos a contestar".

Lo que realmente sucede es que así es como muchos posponen la teleprospección día tras día hasta que sus canales de venta están vacíos. Luego, ya desesperados, terminan frente a mí buscando la técnica supersecreta que les arreglará las cosas.

Una gran analogía para determinar el momento adecuado para llamar es la inversión. Históricamente, el inversionista que intenta saber cuál es el momento perfecto en el mercado no ha logrado vencer al inversionista que utiliza una estrategia de promedio de costos en dólares, haciendo inversiones incrementales de forma regular a lo largo del tiempo.

Si analizamos la prospección bajo el mismo lente, los vendedores que prospectan diariamente en un horario regular siempre tienen más éxito a lo largo del tiempo que quienes intentan determinar el momento adecuado para prospectar. Al igual que la inversión, las estadísticas siempre están a favor del vendedor que prospecta un poco todos los días.

Sí, hay muchísima información proveniente de estudios que validan que hay días y horas específicas durante las cuales es mejor llamar. Si buscas, encontrarás diferentes artículos, estudios y opiniones sobre el mejor momento para hacerlo. Una simple búsqueda en línea también generará bastante información anecdótica sobre el mejor momento para llamar: los miércoles a la hora del almuerzo, a las 10:12 a.m., los viernes por la tarde y así sucesivamente. Encontrarás muchas justificaciones detrás de estos razonamientos. Algunas tienen que ver con el objetivo. Otras son disparates. Otras son contradictorias.

La mayoría de esta información no tiene sentido. Por ejemplo, Insight Squared realizó un estudio[1] que indicaba que los martes entre las 10:00 a.m. y las 4:00 p.m. es el mejor horario para llamar. Por supuesto, el mejor día para llamar era sólo un 1,3% mejor que el peor día para llamar.

Cómete ese sapo

La mayor parte de lo que se ha escrito sobre el momento adecuado para hacer llamadas de prospección es un confuso ruido que les da a los vendedores con pocas ganas de prospectar una excusa fácil para posponer las llamadas hasta mañana o esta tarde o cualquier otro momento que no sea ahora mismo.

Por lo tanto, olvídate de encontrar el horario perfecto y comprométete a programar un bloque diario para hacer llamadas a primera hora.

El francés Nicholas Chamfort aconsejaba: "Trágate un sapo por la mañana si quieres que nada te parezca más repugnante el resto del día". En su libro *Eat That Frog*, Brian Tracy dice que un "sapo" es "aquella actividad más difícil e importante del día. Es la tarea que podría tener el mayor impacto positivo en tu vida y en tus resultados, siempre y cuando decidas hacerla"[2].

La prospección telefónica es la actividad más importante en las ventas. Es el sapo que tendrá el mayor impacto positivo en el estado saludable de tu canal de ventas, tu carrera y tus ingresos. Pero, además, apesta. Es frustrante, incómoda y está cubierta de verrugas verdes viscosas. Tracy afirma que mirar fijamente al sapo no lo hará más apetecible. Cuando "tienes que comerte un sapo, no vale la pena sentarse a mirarlo por mucho tiempo". Sucede lo mismo con la prospección. Pensar en ella, posponerla o tratar de encontrar el momento adecuado para hacerla no la hará más apetecible.

Cuanto más tiempo siga el sapo allí, más asqueroso se pone. Ahí es cuando comienzas a negociar. En lugar de comértelo y terminar con eso, comienzas a hacer tratos contigo mismo para "duplicar" tu actividad mañana.

Sin embargo, esto nunca funciona. Cuando comienzas a procrastinar, nunca logras ponerte al día. A medida que pospones la prospección, más tareas, problemas e incendios surgen y acaparan tu tiempo y tus fuerzas.

Es por eso que debes bloquear las primeras dos horas de cada día para dedicarte a la actividad telefónica. Haz una cita contigo mismo y cúmplela. Tu nivel de energía, confianza y entusiasmo están en su punto máximo al comienzo del día. Además, los prospectos tienen menos cosas en qué enfocarse al principio del día y esto hace que haya menos resistencia y más *síes*.

La mejor manera de evitar ser parte de las estadísticas es entendiendo que es necesario tragarse ese sapo y asumir que prospectar es una actividad no muy agradable de realizar.

16

Cómo darle la vuelta a REO Respuestas reflejas, evasiones y objeciones

Todo el mundo tiene un plan hasta que lo golpean en la cara.

—Mike Tyson

Dicen que hablar en público es lo que más le causa miedo a la gente. Sin embargo, en mi experiencia, si tengo que elegir entre pronunciar un discurso en público y hacer una llamada de prospección, prefiero hacer lo primero.

El rechazo es un desmotivador poderoso. Para millones de vendedores, tomar el teléfono y llamar a un prospecto es la parte más estresante de su día. Lamentablemente, estos vendedores reacios ahogan su potencial de ganancias, son despedidos de sus empleos y/o caen en la ruina financiera.

Prospectar, especialmente por teléfono y en persona, evoca nuestros temores más profundos y vulnerables. Según la Dra. Brene Brown, autora de *Power of Vulnerability*, la vulnerabilidad surge ante la incertidumbre, el riesgo y la exposición emocional (léase: ante el potencial de ser rechazado).

Esta es la razón por la que tantos vendedores odian la prospección. No pueden controlar la situación y, por lo tanto, se sienten vulnerables e incómodos.

La sensación de rechazo ocurre en el momento en que te dan una respuesta refleja, una evasión o una objeción (REO). Sientes un golpe en el abdomen. Tu cerebro se apaga y tus palabras se enredan. Te sientes avergonzado, diminuto y sin control. Sentir que no tienes el control es una emoción horrible y a veces debilitante.

Sin embargo, es justo aquí, en este mismo punto de inflexión, que las cosas se ponen a prueba en la prospección y las ventas. La habilidad y el aplomo para lidiar con REO y convertirlas en *síes* son lo que te dará las mayores victorias y te pondrá frente a los prospectos de alto valor que todos los vendedores de tu territorio están tratando de alcanzar.

Mi objetivo en este capítulo es doble:

1. Darte un modelo para lidiar con objeciones que aumenta tu probabilidad de llegar a un sí. Cuando lo domines, obtendrás la confianza para lidiar con cualquier respuesta que te lancen los prospectos.
2. Enseñarte a manejar el rechazo y mostrarte que tienes la capacidad de retomar rápidamente el control de la conversación cada vez que tus prospectos te den REO.

Estas técnicas se utilizan principalmente para hacer prospección telefónica y en persona. Sin embargo, se pueden utilizar para prospectar por correo electrónico o por redes sociales.

El rechazo no te es indiferente

A medida que crecía mi carrera en ventas, yo devoraba capacitaciones, libros, programas de audio y seminarios de la misma manera que algunos devoran chocolate. Mi apetito era insaciable (y todavía lo es). Veía las presentaciones de todos los grandes de la industria de las ventas y trabajaba para empresas que ofrecían dosis constantes de capacitaciones en ventas.

En relación con las objeciones y el rechazo, había constantes temas y clichés mencionados por los entrenadores y expertos. Actualmente, sigo viendo estos mismos temas:

- "Si quieres ser bueno en ventas, tienes que aprender a que el rechazo te sea indiferente".
- "No te están rechazando, sólo están objetando tu proposición".
- "Cuando te rechaza un prospecto, no se trata de algo personal".

"No lo tomes a nivel personal". Esa es mi frase favorita.

Veamos. Has derramado sangre, sudor y lágrimas en tus esfuerzos por contactar al prospecto. Eres competitivo y estás enfocado en tu negocio. Odias perder. Tomas tu trabajo en serio. Trabajas duro para ser profesional. Tus ingresos y tu seguridad están directamente relacionados con tu éxito a lo largo del proceso de ventas.

Para qué negarlo. Sientes todas estas respuestas como si fuera algo personal y lo es. Ahora, si en verdad el rechazo "te resbala" como el agua y no sientes nada, lo más probable es que seas un psicópata.

Comencemos con una premisa básica. La sensación de rechazo es real. Cuando un prospecto te dice *no*, tu cerebro no sabe si tu interlocutor está rechazando tu proposición o a ti. Para él, es lo mismo. Ya vimos en un capítulo anterior que la respuesta de lucha o huida desencadena la reacción fisiológica al miedo. La respuesta sicológica y neuroquímica es generada por tu necesidad innata e insaciable de sentirte aceptado, importante y en control, motivo por el cual el rechazo conlleva una sensación tan poderosa.

Los entrenadores de ventas y expertos dicen cosas como "Que no te afecte", porque para ellos es más fácil decir clichés e intelectualizar el dolor causado por el rechazo que aceptar esta realidad y enseñar cómo afrontarla. Creo que es completamente hipócrita decir que sólo hay que chasquear los dedos, olvidarte del rechazo y lograr que te sea indiferente. Yo no logro hacerlo y soy un fanático de prospectar.

Yo suelo entrar a donde sea que tenga que entrar y llamo a quien tenga que llamar en el momento que sea. Es decir, me entrego a la prospección como si fuera mi mejor amiga. Aun así, cuando me dicen que no, todavía me siento rechazado.

Más bien, lo que he hecho es desarrollar un modelo que me permita recuperar el control de esa emoción disruptiva de tal forma que, cuando reciba objeciones, mis sentimientos no se agiten y hagan que mi llamada se convierta en un desastre.

Respuestas reflejas, evasiones y objeciones. ¡Qué susto!

Aprender a manejar las emociones disruptivas que son desencadenadas por el rechazo comienza por entender a profundidad qué le ocurre a tu prospecto cuando interrumpes su día.

Respuestas reflejas

Estaba de viaje y de repente me di cuenta de que había dejado el cable para mi iPad en casa. Menos mal, había una tienda de suministros cerca de mi hotel, así que caminé hasta allá para comprar uno.

Cuando entré a la tienda, un joven se me acercó y me preguntó:

"¿Puedo ayudarle?".

Le respondí: "Sólo estoy mirando".

A medida que me alejaba de él, comprendí que sí necesitaba ayuda para encontrar el cable que me servía, así que volví a acercármele y él me condujo hasta el estante donde estaba, lo que me ahorró un montón de tiempo en estar "sólo mirando".

¿Por qué le respondí de esta manera cuando claramente no era la verdad? Fue algo automático; lo he dicho cientos de veces. Es un hábito y parte de mi *guion de comprador* cada vez que se me acerca un vendedor.

"No estamos interesados".

"Estamos contentos con nuestro producto".

"Tenemos suficiente".

"Estoy ocupado".

"Estoy en una reunión".

"Estoy a punto de salir".

"No me interesa".

Todos estos son ejemplos de las frases que los prospectos dicen de manera refleja cuando son interrumpidos por un vendedor. El prospecto no piensa en la respuesta. Puede que esta no sea cierta. Sin embargo, no hay una intención consciente de engañarte. Sólo se trata del guion que cada persona ha decidido utilizar cuando está frente a vendedores.

Respuestas evasivas

Estas evitan los conflictos.

"Llámame más tarde".

"Vuelve a contactarme en un mes".

"¿Por qué no me envías la información?". (La evasión más famosa de todos los tiempos).

De este modo, el prospecto te dice amablemente que desaparezcas. "Llámame más tarde" es lo que él dice cuando quiere evitar la confrontación y tener la amabilidad de decepcionarte con suavidad. Ha aprendido que los vendedores, en su mayor parte, están dispuestos a aceptar estas falsedades y a irse, porque los vendedores también quieren evitar el conflicto y la evasión no se siente igual que un rechazo.

¿Por qué mienten los prospectos, ya sea consciente o inconscientemente? Una de las explicaciones más convincentes que he escuchado viene de Seth Godin[1]. Él afirma que ellos lo hacen porque los vendedores los han entrenado para hacerlo y "porque tienen miedo". Han aprendido que, cuando dicen la verdad, "el vendedor les responde cuestionando el juicio. Entonces, por decir la verdad, los prospectos terminan sintiéndose irrespetados. Esa es la razón por la que nosotros [en calidad de prospectos] no decimos la verdad. Si lo hacemos, lo más probable será que terminemos intimidados o regañados o sintiéndonos tontos. ¿Te sorprende que sea más fácil evitar al máximo posible el conflicto?".

Las objeciones

Las objeciones a las llamadas de prospección son argumentos en contra de la proposición y se caracterizan por ser más reales y lógicos. Casi siempre, vienen acompañados de un *porque...*

"No hay razón para reunirnos ahora mismo, *porque* acabamos de firmar un nuevo contrato con tu competencia".

"Estamos ocupados implementando un gran proyecto y no puedo asumir nada más en este momento, *porque* hemos tenido muchos gastos".

"No puedo reunirme contigo la próxima semana, *porque* voy a estar en CES, en Las Vegas".

"Me encantaría que conversáramos, pero no llegaríamos a ningún acuerdo, *porque* nuestros presupuestos están cerrados y creo que te haría perder el tiempo".

Este tipo de respuestas son escasas. Sin embargo, cuando las recibes, te permiten revertir la objeción y programar una reunión de todos modos o cambiar de marcha y recopilar información que te ayude en el futuro.

Planea cómo afrontar las REO

El verdadero secreto para tener el control de la conversación cuando te enfrentas a REO es planificar las respuestas con anticipación. Esto es lo contrario a lo que el vendedor promedio hace en las llamadas de prospección. En lugar de prepararse con anticipación, afronta cada llamada, viendo las REO como si fueran un evento único.

No lo son. Hay un número limitado de formas en que un prospecto te dirá que no. La mayoría de ellas cae en alguna de estas categorías:

- No está interesado
- No tiene presupuesto
- Está demasiado ocupado
- Pide que le envíes la información
- Dice que se siente abrumado —que tiene demasiadas cosas por hacer
- Sólo está mirando (es un cliente potencial)

Los prospectos no siempre usan estas palabras exactas. Por ejemplo, en lugar de decir: "Estamos contentos con nuestro producto", dirán: "Hemos estado con tu competencia durante años y hace muy buen trabajo". Las palabras son diferentes, pero la intención es la misma —se sienten satisfechos con su producto actual—. Identifica los posibles patrones y sabrás en qué categoría encaja cada REO.

Para dominar y revertir de manera efectiva las REO, es importante identificarlas y utilizar el modelo de conversión de tres pasos para desarrollar guiones simples y repetibles que puedas decir sin siquiera tener que pensarlo.

¿Por qué un guion practicado y repetible? Porque un guion practicado hace que tu entonación, estilo de conversación y flujo suenen relajados, auténticos y profesionales.

Los guiones liberan tu mente de tal modo que puedas enfocarte en tu prospecto y no en las palabras que vas a usar. Funcionan muy bien en este caso porque, en general, los prospectos dicen las mismas REO una y otra vez. Cuando tienes un guion, nunca tienes que preocuparte de qué decir y eso te pone en completo control de la situación.

Si quieres observar el poder de los guiones, fíjate en la diferencia que hay cuando un político está hablando con reporteros sin la ayuda de un guion y cuando está dando un discurso con la ayuda de un apuntador. En el escenario, el político es increíblemente convincente. Pero sin un guion, se enreda para hablar y comete muchos de nuestros mismos errores cuando recibimos REO en las llamadas de prospección. Los guiones son lo que hace que los políticos y las figuras públicas sean convincentes.

Sin embargo, la preocupación de la mayoría de los vendedores es que sienten que "no parezco yo cuando uso un guion". Esta es una inquietud legítima. Si pareciera que los actores y políticos han memorizado sus palabras, los programas de televisión y las películas no serían entretenidos y los discursos no serían creíbles. Exactamente por eso, los actores, los políticos y los mejores profesionales de ventas ensayan y practican. Trabajan y trabajan hasta que el guion suene natural y se convierta en su propia voz. Los guiones son una manera poderosa de dar un mensaje en una situación emocionalmente tensa, pero deben ser ensayados.

No te voy a decir que hacerlo sea fácil, porque no lo es. Escribir guiones y practicarlos requiere de análisis y toma mucho tiempo. La buena noticia es que ya tienes el hábito de decir ciertas cosas de ciertas maneras cuando te enfrentas a REO. El primer paso es analizar lo que ya estás haciendo y formalizar lo que te está funcionando en un guion que puedas repetir con éxito una y otra vez.

A medida que preparas tus guiones, practica y perfecciónalos. Usa una grabadora, un compañero, un entrenador para ensayar.

El modelo de conversión

Tradicionalmente, los capacitadores les han enseñado a los vendedores a "superar las objeciones". Esta frase es ampliamente utilizada en la profesión de ventas para describir cómo convencer a los prospectos de que lo que están diciendo es incorrecto.

Superar significa derrotar o prevalecer sobre un oponente2. Muchos vendedores tratan de hacer que sus prospectos cambien de opinión con argumentos —insisten en que sus opiniones prevalezcan sobre las de ellos mediante el debate—. Es por eso que, tal como ya aprendimos de Seth Godin, los prospectos nos mienten. Ellos saben que, cuando digan que no, habrá una batalla y a veces hasta serán irrespetados. La profesión de ventas y las muchas películas que caricaturizan a los vendedores han condicionado a los prospectos a sentirse así.

En esos casos, la presión no funciona. Existe una ley universal del comportamiento humano y es que presionando no convencerás a otra persona de que está equivocada. Cuanto más la presiones, más defenderá ella su posición y más resistencia hará.

Nunca ha funcionado. Incluso cuando los vendedores logran que los prospectos digan que sí de esta manera, es a pesar del argumento —no debido a este— que triunfan.

El acto de presionar genera hostilidad, exasperación y frustración tanto para el prospecto, a quien se le presenta todo un argumento para explicarle por qué está equivocado, como para el representante de ventas, quien en realidad genera aún más resistencia y rechazo utilizando este enfoque.

Disrupción versus *derrota*

Hay una mejor manera de convencer. En lugar de intentar vencer —derrotar a tu prospecto o prevalecer sobre él—, intenta cambiar sus expectativas y patrones de pensamiento cada vez que recibas un *no*. La clave es plantearle una afirmación o una pregunta disruptiva que lo haga pensar y llegar al punto de estar de acuerdo con tu planteamiento en vez de alejarse.

Los disruptores funcionan porque, cuando los seres humanos encontramos algo que no esperábamos, nos detenemos y prestamos atención. Es un proceso de toma y dame.

El judo, una palabra japonesa que se traduce como "suave o flexible", es una forma de arte marcial que se centra en ganar sin causar lesiones. Del mismo modo, cuando te enfrentes a REO en llamadas de prospección, la idea es lograr tu objetivo —un compromiso en cuanto a tiempo o información— sin necesidad de pelear ni causar lesiones.

Durante las llamadas de prospección, las REO pueden ocurrir en una fracción de segundo. Es por eso que tienes que ser ágil, adaptable y rápido. Es judo verbal a 100 millas por hora.

Para tener esa agilidad, necesitas un modelo tanto para manejar tus emociones como para atraer a tu prospecto hacia ti de tal forma que le sea más fácil decirte que sí. Los tres pasos del marco de conversión de REO son: Ancla. Disrupción. Propuesta.

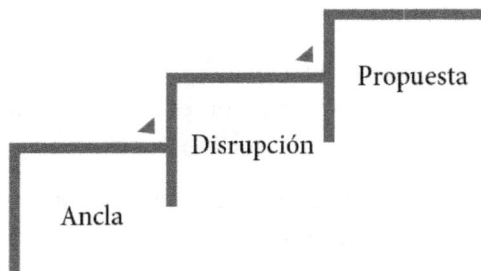

Ancla

Ya establecimos que la reacción fisiológica y emocional inicial (lucha o huida) al rechazo es involuntaria. Sin embargo, puedes controlar las emociones disruptivas que son desencadenadas por el rechazo. El secreto es darle a tu cerebro lógico (neocorteza) la oportunidad de entenderlo.

Si estuvieras caminando por el bosque y un oso de repente apareciera frente a ti, la reacción fisiológica ante la amenaza es la misma respuesta que sientes cuando eres rechazado. Tu "cerebro reptiliano" o amígdala, a través de millones de años de evolución, está programado para prepararte para sobrevivir. El problema es que no conoce la diferencia entre un oso y un prospecto que te dice que no.

Pero tu cerebro lógico (neocorteza) sí. El problema es que el mecanismo de lucha o huida se activa antes que la lógica. Así que necesitas un milisegundo para que tu cerebro lógico despierte y le diga a la amígdala que no hay amenaza. El propósito del mensaje ancla es darte algo a lo que puedas aferrarte hasta que tu cerebro lógico se active, tome el control y gestione las emociones disruptivas generadas por el rechazo. Así, recuperas el equilibrio y el control de la conversación.

Disrupción

Tu prospecto está condicionado. Espera que tú actúes como cualquier otro vendedor. Cuando te dice que no, espera entrar en una pelea contigo. El secreto para contrarrestar las REO de tu prospecto es hacer una afirmación o una pregunta que cambie esta expectativa, que "elimine" la pelea y acerque al prospecto hacia ti. Por ejemplo:

- Cuando el prospecto te dice que está a gusto con el producto que está usando, en lugar de argumentar que tu producto podría satisfacerlo aún más si le da la oportunidad, dile: "Genial. Si estás feliz, ¡ni siquiera pienses en cambiar!". Esa es una respuesta 100% inesperada.

- Cuando te dice que está ocupado, en lugar de tratar de convencerlo de que sólo necesitas unos cuantos minutos de su tiempo, dile: "Me lo imaginaba". Estar de acuerdo con ellos altera su patrón de pensamiento.

- Cuando te diga: "Envíame la información", proponle: "Dime específicamente qué estás buscando". Esto lo reta y lo obliga a involucrarse.

- Cuando te diga: "No me interesa", contesta: "Es comprensible. A casi nadie le interesa". Su cerebro no está listo para que tú estés de acuerdo con él.

También es importante evitar el uso de palabras que sólo utilizan los vendedores. Tan pronto lo haces, estás cumpliendo con sus expectativas. Una frase que debes evitar es "Entiendo". Cuando la usas, suenas como cualquier otro idiota que recurre a ella como muletilla falsa para luego poder volver a su argumento de venta. Decir "Entiendo" demuestra cero empatía y le transmite a tu prospecto que no lo estás escuchando y que no te importa.

Propuesta

Puede que conviertas la situación a tu favor de forma perfecta, pero si no haces tu propuesta ni pides de nuevo lo que quieres, es obvio que no lo conseguirás. Debes proponer y pedir con confianza y hacer un compromiso específico en cuanto a tiempo o información, sin mostrar ninguna duda ni hacer pausas incómodas, justo después de usar el modelo de conversión.

Cuando pides, la mitad de las veces te van a lanzar otra REO que, en este caso, está más cerca de ser la verdad. Prepárate para afrontarla y volver a hacer tu propuesta. Lo que nunca debes hacer es luchar. No vale la pena. Cuando un prospecto te da dos REO y todavía no logras cambiar su opinión, prosigue con tu agenda y contáctalo otro día.

Resumiendo

Es esencial que evites complicar demasiado este proceso. Tus guiones deben funcionar y sonar naturales cuando salgan de tus labios. Deben hacerte sonar auténtico, real y seguro. Te recomiendo que sean sencillos, fáciles de recordar y repetir. Aquí tienes tres ejemplos que lo reúnen todo:

1. Prospecto: "Mira, Jeb, estoy ocupado".

"Lo supuse, Nancy. Es por eso que te llamé".

(Ancla: esta es una frase simple que le da a mi cerebro lógico un momento para tomar el control de mi cerebro emocional. Al estar de acuerdo con ella, altero de inmediato su expectativa de que yo voy a tratar de disuadirla).

"Me lo imaginé. Lo que quisiera es saber qué otro momento es más conveniente para ti".

(Disrupción: además, esta frase es tu reconocimiento de que ella está ocupada en ese momento y por esa razón alteras su expectativa al pedirle que piense en un momento más conveniente).

"¿Qué tal si nos reunimos el próximo miércoles a las 3:00 p.m.?".

(Propuesta: le haces una solicitud presuntiva, directa y específica).

2. Prospecto: "No estamos interesados".

"¿Sabes? Eso es lo que muchos de mis clientes actuales dijeron la primera vez que los llamé". (Ancla)

"Muchos dicen que no están interesados hasta que ven cuánto puedo ayudarles a ahorrar. No sé si mi servicio sea adecuado para ti y tu empresa, pero ¿te parece si al menos nos reunimos por un momento para descubrirlo?". (Disrupción).

"¿Qué tal el viernes a las 2:00 p.m.?". (Propuesta).

3. Prospecto: "Estamos muy contentos con nuestro proveedor actual".

"Eso es fantástico!". (Ancla)

"Siempre que te den excelentes tarifas y un gran servicio, no debes pensar en cambiarlo. Lo único que quiero es visitarte y conocerte un poco más. Incluso si no hay razón para hacer negocios conmigo en este momento, al menos, puedo darte una cotización competitiva que te ayude a que ese otro proveedor siga siendo honesto". (Disrupción).

"¿Qué tal si te visito el martes a las 11:30 a.m.?". (Propuesta).

Cuando el caballo esté muerto, bájate

A veces, sin importar qué tan buen vendedor seas, la persona al otro lado de la línea te dirá "Ve a joder a otra parte" o te colgará el teléfono. Puede que hasta te grite "¡No me llames nunca más!" o "Primero muerto antes de comprarles algo a ti o a tu empresa!".

Debido a que estás interrumpiendo, la gente será maleducada y agresiva e incluso a veces te dirá cosas mordaces y personales.

A veces, es porque llamaste en un mal momento —el jefe acabó de lanzarle las cifras del último trimestre sobre su escritorio y le dijo que es un perdedor— y te conviertes en una piñata humana que le ayuda a esa persona a liberar sus frustraciones y su rabia. En ocasiones, sólo se trata de un idiota más.

Cuando alguien te trata de esta manera, existe la tendencia a mortificarte. Dejas de prospectar. Te quejas con un compañero y repites la conversación una y otra vez en tu mente. Te sientes avergonzado, enojado, con ganas de tomar venganza y muchas otras emociones invaden tu mente y te roban tu alegría. Registras una nota en tu CRM para NO volver a llamar NUNCA más a esa persona, por si acaso.

De ese modo, proyectas tus sentimientos en tu prospecto y creas una historia en tu cabeza sobre lo que él dijo, hizo o pensó después de colgarte el teléfono, presionar "enviar" en respuesta a tu correo electrónico o al verte salir por su puerta. En tu mente, lo ves burlándose de ti o enojado porque lo molestaste.

Mientras tanto, el prospecto ni siquiera se está acordando de ti. Siguió adelante en el momento en que te colgó el teléfono y no ha pensado más en ti. Sólo fuiste una interrupción momentánea y sin sentido en su día. Créeme. Algunos prospectos me han gritado el martes y luego me han tratado como su mejor amigo el miércoles. Están completamente ajenos a la llamada anterior. Por eso, cuando alguien me dice "nunca vuelvas a llamar", yo lo sigo llamando.

Es como cuando un niño aprende a montar a caballo. Si se cae, su entrenador hace que él vuelva a subirse. No importa si el niño está llorando, temblando de miedo o diciendo que no quiere volver a subir al caballo. El instructor lo obliga a volver a hacerlo porque sabe que, si no lo hace, el niño repetirá la caída en su mente una y otra vez, alimentando su miedo a tal punto que nunca volverá a subirse a un caballo. El valor se desarrolla en presencia del miedo, no a pesar de él.

Es difícil recuperar el enfoque y seguir adelante cuando un prospecto se porta mal contigo. Duele. Es lo único en lo que puedes pensar. Sueñas con llamarlo de nuevo y decirle ¡que se vaya a la *m!E#*a!* La ira invade tus pensamientos y te mantiene despierto toda la noche. Por momentos, te cierras por completo a cualquier otra idea y te mortificas lleno de ira, angustia y ansiedad.

Todos los días, conozco vendedores que están reviviendo estas agresiones una y otra vez. En nuestros campamentos para fanáticos de prospectar, ellos sólo quieren hablar de "una vez, un prospecto me dijo_____". Han hecho miles de acercamientos de prospección, pero lo único que reviven es esa llamada que salió mal.

Pierden su tiempo, su energía y sus emociones cabalgando en un caballo muerto. Sin importar cuán fuerte lo golpeen y lo pateen, el caballo no se mueve. Sin embargo, ellos se quedan viviendo en el pasado, no pueden concentrarse en nada más y buscan compañía para su miserable vida. Cabalgar en un caballo muerto es autodestructivo. Los caballos muertos no trotan, sino que se pudren.

En ese caso, mi consejo es este: si el caballo está muerto, bájate.

Por supuesto, es más fácil decirlo que hacerlo. Entonces, ¿el secreto es aprender a poner la otra mejilla? Bueno, sí, pero hay más. El verdadero secreto para seguir adelante es entender que la ira es sólo energía y que, cuando se sabe aprovechar, es una fuerza poderosa. De hecho, una de las cualidades perdurables de las personas altamente exitosas es la capacidad de convertir la decepción, la derrota y la ira en una determinación inamovible.

Cuando alguien te lastima, tu cuerpo y tu mente se llenan de energía y adrenalina para vengarse. Aprovecha ese regalo de energía para mejorar y lograr tu meta, porque esa es la mayor venganza.

A lo largo de los años, he desarrollado una sencilla estrategia que me saca de mi autocompasión cuando alguien me ha despreciado o me encuentro cabalgando sobre un caballo muerto. Detrás de mi escritorio hay una vieja tarjeta pegada a la pared. El papel se ha amarillado y las palabras se han desvanecido un poco, porque he llevado esa tarjeta conmigo durante 25 años. En ella hay nueve letras que dicen:

SIGUIENTE

17

Las vidas secretas de los porteros

Soy el amo de las llaves… ¿Eres el portero?

—Los Cazafantasmas

La semana pasada, mientras entrenaba a mi nueva asistente y revisaba junto con ella sus responsabilidades, me preguntó cómo debía manejar las llamadas de los vendedores. Su mirada me lo dijo todo. Tratar con vendedores era una tarea que ella no consideraba agradable.

Eso me hizo pensar en el continuo juego de tira y afloja entre los profesionales de ventas que están tratando de entrar y los porteros, es decir, aquellos que tienen el deber de mantenerlos a raya.

La razón por la que tengo una portera es porque mucha gente compite por mi tiempo, entonces, si ella no existiera, yo nunca lograría hacer mi trabajo. Su labor más importante es proteger mi tiempo. Desafortunadamente, eso la pone en la posición poco envidiable de decirles no a los vendedores.

Los vendedores odian a los porteros. A veces, se sienten tan frustrados con ellos que llegan al punto de experimentar con trucos que, con demasiada frecuencia, los hacen lucir como tontos. Es lamentable, pero estos esquemas tienen un impacto negativo en ambas partes, razón por la cual muchos porteros, como mi asistente, preferirían tener que ir al dentista que lidiar con un vendedor.

Sea como sea, la realidad es que a menudo vas a tener que lidiar con porteros. No hay manera de evitarlo. Entonces, ¿hay algún secreto para lidiar con ellos con éxito y lograr pasar la puerta? Sé que estás esperando que diga que sí, pero la respuesta es no. No hay técnicas secretas que te permitan pasar más allá de donde están los guardianes. Lo que sí hay es estrategias que te darán cierta ventaja.

Para aprovecharlas, es fundamental entender que los porteros son personas como tú. Ponte en sus zapatos. Ellos también tienen emociones, preocupaciones y motivaciones y, como tú, un jefe y un trabajo por hacer. Debido a esto, tu éxito para poder atravesar la puerta depende de una combinación de buenos modales, simpatía y conocimiento.

Siete claves para lidiar con los porteros

1. *Sé agradable.* Proyéctate como una persona positiva, alegre y extrovertida. Sé educado y respetuoso. Fracasarás con ellos si eres maleducado, agresivo y de malos modales. Déjalos siempre con una impresión positiva de ti y de tu empresa.
2. *Usa la frase por favor, por favor.* En su libro *The Real Secrets of the Top 20 Percent*, el autor, Mike Brooks, aconseja que la "técnica más poderosa" para atravesar la puerta es usar la frase por favor dos veces seguidas. Por ejemplo, cuando un portero contesta el teléfono, podrías decir: "Hola, habla Jeb Blount, de Sales Gravy. ¿Por favor me pasas a Mike Brooks, por favor?".
3. *Sé transparente.* Dile al portero quién eres —incluye tu nombre completo y el de tu empresa—. Esto te hace sonar profesional y lo suficientemente importante como para pasar a hablar con el jefe.
4. *Conecta.* Los porteros son personas como tú. Y al igual que tú, les gusta la gente que está interesada en ellos. Si hablas con un portero en particular a menudo, asegúrate de preguntarle cómo está. Aprende a identificar sus tonos de voz y pregúntale cómo se siente si su tono de voz no suena tan bien como siempre. Hazle preguntas sobre su familia y sus intereses. Conozco más a algunos porteros con los que trato con frecuencia que a su propio jefe. Cuando llamo, acostumbro pasar más tiempo hablando con ellos que

con mi cliente. Debido a estas relaciones fuertes, ellos se aseguran de incluirme en las agendas de sus jefes.

5. *Evita ser cursi.* Nunca uses esquemas o trucos cursis. No funcionan. Dañan tu credibilidad y terminarás en la lista de personas con quienes ellos no quieren hablar, lo que significa que sólo tendrás acceso cuando caiga nieve en la línea ecuatorial. Sé honesto acerca de quién eres y por qué estás llamando y pide lo que quieres. Es posible que no tengas acceso la primera vez, pero tu honestidad será apreciada y recordada, lo cual suele ser determinante para que te abran la puerta en el futuro.

6. *Pide ayuda.* A veces, una súplica honesta y auténtica hará que el portero esté de tu lado. Un poco de humor también suele marcar la diferencia. En una ocasión, logré entrar a un negocio en el cual estaba tratando por enésima vez de conseguir una cita.

La recepcionista me miró y me dijo: "¿Otra vez usted por aquí? ¡Creo haberle dicho que no estamos interesados!".

Le respondí con una sonrisa: "Sólo vine a verte, porque el rechazo de hoy todavía no cubre mi cuota mínima".

Al oír eso, ella se rio. Así empezó una conversación en la que pude explicarle que realmente necesitaba algo de ayuda. Ella llamó al administrador y al fin programamos una reunión.

7. *Cambia el juego.* A veces, la mejor estrategia es eludir al portero. Esto se puede lograr de varias maneras:

· *Llamando temprano o tarde.* El jefe tiende a estar en la oficina desde antes que llegue el portero y se queda hasta más tarde.

· *Aprovechando las redes sociales.* Pocas personas permiten que el portero tenga acceso a sus redes sociales. Enviar un mensaje por InMail de LinkedIn, por ejemplo, te permite entrar sin tener autorización del portero.

· *Reuniéndote con los prospectos en persona.* Asiste a conferencias, eventos de networking, clubes cívicos, eventos de caridad y ferias comerciales donde estén tus prospectos —allí no hay porteros.

· *Envía un correo electrónico.* Así, evitarás a los porteros.

· *Envía una nota escrita a mano.* En la cultura digital de hoy, las notas escritas a mano enviadas a través de correo tradicional tienen luz verde. Si tu nota es sincera, divertida y agrega algo de valor (nota: un folleto no genera valor agregado) o felicita al prospecto por un logro, hay alta probabilidad de obtener una respuesta.

Si el portero, que suele ser una recepcionista o un trabajador de nivel similar, no está dispuesto a darte el nombre y el contacto de quien toma las decisiones y no puedes encontrar a esa persona en línea o en redes sociales, prueba estos tres trucos.

El truco de llamar a otras extensiones

Evan estaba perdido. Necesitaba ponerse en contacto con un comprador de alto nivel, ubicado en la sede principal de una de las cadenas de supermercados más grandes de Estados Unidos. Se enfrentaba a dos grandes desafíos: no conocía el nombre del comprador —ni tenía información adicional a la del número de teléfono principal— y no sabía cuál era el cargo de la persona.

Lo único que sabía era que había "alguien en la empresa encargado de tomar decisiones".

Así las cosas, Evan trató de llamar y preguntar por la "persona que decide sobre los servicios de banda ancha", pero eso no lo llevó a ninguna parte. Preguntó y suplicó muchas veces y cada vez se estrellaba contra un muro. "Lo siento, señor, no damos esa información", "No, señor, no puedo pasar la llamada sin que usted me dé un nombre específico".

Frustrado, pero decidido, Evan siguió insistiendo. Llamó a las tiendas, hizo búsquedas en línea, entró a LinkedIn y de manera lenta, pero segura, comenzó a unir pequeñas pistas. Redujo su búsqueda a unos cuantos posibles cargos, pero aún le faltaba el nombre.

Al fin, por desesperación, comenzó a marcar extensiones al azar. En una de esas llamadas, una persona amable le dio la mano y lo que ella le dijo le dio otra pista:

"Sí, creo que un empleado en TI, llamado Jack, maneja eso".

"Gracias por la información. ¿Sabe usted cuál es su apellido o extensión?".

"Lo siento, no lo sé, pero puedo transferirlo de nuevo a recepción y tal vez allí lo puedan ayudar".

Al oír eso, Evan se desanimó. Hasta ahora, la recepción había sido un total campo de batalla y no había logrado nada con esas llamadas.

Cuando le respondieron en la recepción, él dijo:

"Estaba hablando con Dale Jones, de compras, y él me estaba transfiriendo a Jack, de TI, pero, por alguna razón, la llamada terminó en la recepción. ¿Podría transferirme?".

"Hmmm", dijo la recepcionista, "No veo ningún Jack. ¿Tal vez usted se refiere a Zack Freedman?".

¡Boom! Ya tenía un nombre.

"Sí, lo siento. Me pareció que era Zack".

"De acuerdo, no hay problema. Ya le transfiero la llamada".

"Antes de eso, ¿podría darme la extensión de Zack, en caso de que otra vez se caiga la llamada?".

"Claro, es 5642. Ya le transfiero la llamada".

Evan dejó un mensaje en el correo de voz de Zack. Por fin, lo contactó y estableció una relación y una buena posición con quien se convirtió en su mayor cliente.

El truco en el que un vendedor ayuda a otro

Hace dos semanas, me encontré con un prospecto que resultó ser perfecto para mi negocio. Yo sabía que él estaba contratando 30 representantes de ventas más.

Necesitaría a alguien que le ayudara a buscar, contratar y capacitar a todos esos nuevos vendedores y me pareció que eso debería hacerlo Sales Gravy. El problema era que yo no tenía ni la menor idea de quiénes tomaban las decisiones en la empresa, así que llamé al número que aparecía en el sitio web y después de un largo mensaje automatizado me encontré con una portera de pésima actitud que se negó a darme información.

Hice una búsqueda en LinkedIn y Google, pero no encontré nada. Entonces, traté una vez más de explicarle mi situación a la portera —intentando tantear el terreno—, pero ella me colgó, de modo que volví a quedar donde empecé: básicamente, en ninguna parte.

Fue ahí cuando utilicé uno de mis trucos de ventas favoritos para llegar a prospectos difíciles de contactar.

Volví a marcar el número principal. El mensaje automatizado decía:

"Pulse 1 para el departamento de ventas".

Pulsé 1.

Dos tonos más tarde, una voz entusiasta contestó el teléfono:

"Habla Mike. ¿Puedo ayudarle?".

Le respondí: "Hola, Mike. Me llamo Jeb Blount. Estoy llamando porque quiero contactar a la persona que compra programas de capacitación en tu empresa. No tuve mucha suerte con el conmutador y me imaginé que, como un compañero de ventas, tal vez tú podrías entenderme y darme una mano".

Mike fue empático al instante. Respondió: "Sé cómo te sientes. He tenido el mismo problema toda la mañana. La persona que estás buscando se llama Jean. Es nuestra VP de Ventas. La mejor manera de contactarla es por celular. Espera un segundo y ya te doy el número".

Mike y yo conversamos durante unos minutos más, compadeciéndonos mutuamente con respecto a los porteros. También me contó por qué la empresa se estaba ensanchando, cuál era el rol de ventas para el que estaban contratando y se quejó de la falta de un programa de capacitación en ventas.

Mi siguiente llamada fue a Jean, quien contestó el teléfono la segunda vez que timbró. La información de Mike demostró ser muy poderosa y me ayudó a entender los problemas de Jean. Después de una conversación de 15 minutos, ella accedió a que programáramos una cita y prometió invitar al presidente de la empresa. La reunión salió bien y me abrió la puerta a una propuesta formal.

Este truco es un arma secreta fabulosa. Me ha funcionado muchas veces en las que he tenido dificultades para llegar a las personas adecuadas. Es eficaz por varias razones:

- En la mayoría de las organizaciones de ventas contestan el teléfono, de modo que hay una alta probabilidad de que tengas la oportunidad de hablar con otro ser humano.
- Los vendedores tienden a saber quién es quién en sus organizaciones y cómo ponerse en contacto con esas personas.
- Los vendedores ayudan a otros colegas porque han estado en sus zapatos. Ellos saben lo que es golpearse contra una pared.

Si eres honesto, educado y respetuoso, y además tienes un poco de buen humor y humildad, la gente suele abrirte puertas a las que difícilmente podrías acceder tú solo.

El truco de ir a la parte posterior de la empresa

Si estás prospectando en persona y la recepcionista se niega a darte información, trata de ir a la parte posterior de la empresa. Casi siempre, allí hay gente cargando y descargando mercancía, tomando un descanso o caminando hacia su auto.

Si te acercas a ellos de una manera transparente y no agresiva, habrá veces en que conseguirás que te den información e incluso te acompañarán hasta donde se encuentra esa persona encargada de tomar las decisiones.

Nota: no intentes este truco si hay guardias de seguridad u otras medidas cuyo objetivo sea alejar a personas no autorizadas, como tú.

La persistencia siempre triunfa

Siempre habrá tomadores de decisiones y contactos difíciles de abordar. Siempre. Normalmente, son prospectos por conquistar, estratégicos y de alto valor. Ellos son los prospectos con los que todos los representantes de ventas de tu industria quieren programar una cita. Cuanto más valiosa sea la oportunidad de negocio, más probable será que ellos estén protegidos por porteros.

Este tipo de prospectos te vuelven loco. No encuentras el nombre de la persona adecuada con la que debes hablar. No contestan el teléfono, siempre están en reuniones, no devuelven llamadas, no responden correos electrónicos, no aceptan solicitudes de conexión en LinkedIn y nunca diligencian formatos de clientes potenciales.

Estos contactos difíciles de contactar siempre parecen esquivos. Bienvenido al mundo real. Deberás trabajar duro y con mucha persistencia para poder llegar a algunos de estos contactos y tomadores de decisiones.

Sólo recuerda: en las ventas, la persistencia siempre triunfa. Siempre.

18

Prospectando frente a frente

Nada reemplaza estar en la misma habitación, cara a cara.

—Peter Guber

John es representante de ventas en el área de servicios de alquiler de uniformes. Su principal función y responsabilidad es venderles a cuentas nuevas. Él es el mejor representante de su región y durante los últimos seis años consecutivos ha sido premiado por la gerencia de su empresa con un viaje. Según su gerente de ventas, lo que diferencia a John de sus compañeros es su incesante capacidad de prospección.

Cada día, John invierte una hora prospectando por teléfono. Su objetivo es agendar de dos a tres citas con prospectos calificados. Después de esto, busca en su base de datos de tres a cinco prospectos adicionales que estén dentro del área donde él ha programado esas citas. Luego, utilizando la herramienta de su mapa, integrada en su CRM, genera una ruta eficiente que le permita visitar a cada uno de los prospectos cercanos al lugar de la cita establecida.

Además, investiga un poco a cada uno de esos prospectos para entender qué hacen y recordar sus conversaciones anteriores. También utiliza el canal social (por lo general, LinkedIn) para recopilar información adicional y descargar imágenes de los prospectos clave en cada lugar. Esta investigación le ayuda a desarrollar y refinar su enfoque hacia ellos antes de contactarlos en persona —puede ser antes o después de su cita.

Como la mayoría de los prospectos está ubicada en parques industriales o cerca de otras empresas, aprovecha para usar la técnica llamada T. Esto es que, cada vez va a sus citas establecidas y hace prospección en persona, mira a la derecha, a la izquierda y detrás de cada empresa en busca de otras oportunidades y otros negocios recién abiertos o que todavía no están en su base de datos y visita esos lugares.

Esta estrategia de mapear en persona a los prospectos que están cerca y aprovechar la técnica de la T maximiza su día. Va a sus citas planificadas de alto valor y de una vez hace de 10 a 20 acercamientos de prospección en persona.

John afirma que convierte alrededor del 30% de esas prospecciones en citas futuras. Además, obtiene información que le permite actualizar su base de datos y una o dos veces a la semana se reúne con un tomador de decisiones que está listo para sentarse de inmediato con él a conversar sobre ventas.

Dice que también usa esta metodología para evitar a los porteros que lo bloquean por teléfono. "Prospectando en persona, muchas veces logro apelar directamente al portero para que me dé una oportunidad o entro por la puerta trasera y actúo como si estuviera perdido. Es más difícil para ellos alejarme cuando estoy allí en persona".

Aplicación limitada de la prospección en persona

La prospección en persona forma parte de un enfoque equilibrado de captación de clientes para los representantes de ventas externos. Funciona bien para los representantes de determinado territorio y B2B que venden productos y servicios transaccionales a semicomplejos, sobre todo, a pequeñas y medianas empresas en las que ellos tienen fácil acceso, sin chocar con un muro de seguridad.

He aprovechado esta técnica en grandes corporaciones y empresas, más que todo, para recopilar información de los guardias de seguridad o porteros sobre los tomadores de decisiones y mis competidores.

De todos los canales de prospección, la que haces en persona es la menos eficiente. Ir conduciendo por ahí, tocando puertas, toma demasiado tiempo. Si lo haces de forma incorrecta y aleatoria (de la manera en que lo hacen demasiados representantes de ventas externos), terminarás desperdiciando un día entero, haciendo muy pocas llamadas y lo poco que lograrás será gastar gasolina. En la escala de caliente a frío, este método sería frío.

Es por eso que sólo debes utilizarlo para complementar las otras formas de prospección. Con la excepción de la técnica de la T y cuando pasas por un nuevo negocio en tu territorio, debes planificar con anticipación. Sin embargo, hay decenas de vendedores externos para los que la prospección en persona es su principal canal de prospección y, a veces, el único. Esto se debe principalmente a:

- La falsa creencia de que, de alguna manera, conducir por un territorio sin rumbo está funcionando.
- Ciertos gerentes que creen que el único buen vendedor es el aquel que ellos no ven.
- Y, lo más común, debido al miedo o a la incapacidad de usar el teléfono —justificado con: "Soy mejor en persona".

Cuando confronto a los vendedores que justifican el hecho de no usar el teléfono porque son "mucho mejores en persona", les hago esta pregunta:

"Supongamos que estamos en pleno invierno y está nevando o en medio de un verano caliente y húmedo. Comienzas a prospectar en persona en la mañana. Siendo honesto, ¿cuántos contactos crees que harás?".

La respuesta real es entre 10 y 20 antes de darse por vencidos e irse a casa por el resto del día.

Entonces, les pregunto: "Si te doy una lista impresa de prospectos, ¿cuántas llamadas de teleprospección podrías hacer en una hora?".

La respuesta real suele ser entre 25 y 50 llamadas.

Esto suele llamar su atención lo suficiente como para mostrarles cómo aprovechar la prospección en persona dentro de una rutina de trabajo equilibrada, que les permita maximizar y aprovechar su día de ventas de la mejor manera posible. De lo que se trata es de ser tanto eficientes como eficaces.

La técnica de la cercanía en cinco pasos

Kasey vende suministros para restaurantes. Debido a que la competencia en su segmento es tan fuerte, mantener relaciones con sus cuentas es crucial para lograr compras repetidas. Cada día, debe visitar al menos cuatro cuentas existentes en persona.

Al igual que John, en la historia anterior, una vez Kasey agenda las citas para visitar a sus cuentas existentes, ella también utiliza el CRM para identificar prospectos ubicados en el área y traza una ruta que le permita visitarlos y a la vez cumplir sus citas programadas de la manera más eficiente posible.

Por lo general, Kasey planea de tres a cinco visitas por cada cita, lo que significa de 15 a 20 acercamientos de prospección en persona por día y nuevas oportunidades. También procura aprovechar sus relaciones existentes en el "vecindario" para convencer a nuevos prospectos de darle una oportunidad.

Kasey explica: "Antes de comenzar a usar este proceso, andaba por todo lado. Conducía por cualquier lugar sin un plan definido. Pasaba demasiado tiempo en mi auto, buscando al prospecto "perfecto" que valiera la pena visitar en lugar de trabajar sistemáticamente en mi territorio".

Este proceso le ha ayudado a abrir más cuentas nuevas que cualquier gerente de su empresa.

La técnica de la cercanía para prospectar en persona funciona así:

1. Planea visitas de prospección cerca de tus citas predefinidas. Comienza por las citas que hayas agendado durante el bloque para hacer llamadas.
2. Usa tu CRM para crear una lista de prospectos cercanos. Buscar por código postal a menudo es la mejor forma de hacerlo.
3. Ubica de tres a cinco prospectos en un mapa, los cuales deben estar cerca de tus citas predefinidas.
4. Desarrolla la ruta más eficiente (menor cantidad de tiempo de conducción) para visitar a estos prospectos en persona.
5. Incluye tiempo entre citas, antes o después, para visitar a estos prospectos en persona. No te detengas hasta que alcances tu objetivo.

Si la aprovechas de manera efectiva, la prospección en persona te ayudará a exprimir cada gota de oportunidad de tu día de ventas.

Prepárate para una prospección en persona efectiva

Establece el objetivo de cada llamada con antelación y, si es posible, personaliza tu enfoque para cada prospecto. Esto se logra a través de la planificación previa. Los objetivos clave de la prospección en persona incluyen:

- *Evaluar*: en muchos casos, la gente te da más información en persona que por teléfono. Además, tienes la oportunidad de analizar cómo ayudará tu producto o servicio y obtener información sobre tu competidor.
- *Concertar citas*: si tienes al frente a la persona adecuada, pero no es el momento adecuado para tener una conversación de ventas, agenda una cita para volver.
- *Tener conversaciones de ventas:* estás ahí, al igual que el tomador de decisiones, y existe un problema o una necesidad. A veces, es el momento perfecto y esa visita se convierte en una venta completa. Prepárate para cerrar el trato.
- *Generar familiaridad*: al darle una cara a un nombre, tanto con los porteros como con quienes toman las decisiones, será más fácil que te escuchen en el futuro, cuando se abra la ventana de compra.
- *Maximizar el día de ventas*: el mayor beneficio de la prospección en persona es que obtienes el máximo provecho del día al reducir el tiempo de conducción y aumentas el número de llamadas de prospección que puedes hacer.
- *Conocer el territorio:* las visitas ayudan a aprender, conocer y adueñarse del territorio.

El objetivo principal es recopilar información calificada. Puedes usar esta información para desarrollar aún más tu base de datos y crear listas específicas para los bloques de prospección por teléfono, correo electrónico y redes sociales.

En el mejor de los casos, comenzarás la conversación en el momento adecuado, siempre y cuando exista la oportunidad de cerrar un trato.

El verano pasado, programé una ruta de prospección con Carl, un representante de ventas de servicios empresariales. Acabábamos de salir de una cita con un prospecto y él decidió llamar a las otras cuatro empresas que estaban en el mismo parque industrial (prospección en T).

Las dos primeras llamadas fueron rápidas. Reunimos información básica sobre los tomadores de decisiones y la competencia.

En la tercera llamada, el dueño del negocio escuchó que Carl estaba hablando con la recepcionista y salió de su oficina. Nos saludó con un buen estrechón de manos, nos explicó que acababa de despedir al representante de la competencia y manifestó que se sentía feliz de que hubiéramos pasado a visitar la empresa. En seguida, nos condujo a su oficina y comenzó a hacernos preguntas. Quería ver nuestra presentación.

Sólo le faltó tener un letrero de neón sobre su escritorio para decirnos: "Cerremos el trato". Por desgracia, Carl no estaba preparado para hacerlo. Fue un momento incómodo, porque tuvo que explicar que no tenía el material necesario para hacer la presentación.

Carl le propuso volver más tarde ese mismo día, pero él comentó que se iba a una conferencia y que luego estaría de vacaciones. Dijo: "Llámame en un par de semanas y organizaremos todo".

El hecho es que, cuando Carl llamó dos semanas más tarde, el dueño del negocio le dio la noticia de que ya había firmado un contrato con otra compañía, lo que le quitó a Carl la oportunidad.

Cuando pasas por la puerta de tu prospecto, tienes que estar listo. Ten un objetivo para cada visita, mentalízate para caminar y hablar con confianza y entusiasmo y lleva todo lo que necesitas para cerrar la venta, en caso de que ese sea el momento correcto.

Sé que es molesto llevar material de ventas a cada visita, sobre todo, cuando sabes que la posibilidad de cerrar un trato es poca. Sin embargo, lo que nunca puedes olvidar es que a veces sólo tienes una oportunidad con un prospecto. Asegúrate de estar listo cuando eso suceda.

Hay cinco pasos para planificar visitas efectivas:

1. *Investiga.* en el caso de las visitas de prospección planificadas, investiga con antelación los nombres de quienes toman las decisiones y la historia de la empresa, visita su sitio web, busca comunicados de prensa recientes y revisa en tu CRM cualquier

nota o comentario. Para usar la técnica de la T, toma tu *smartphone* y accede rápidamente al sitio web y a las redes sociales del prospecto y averigua cualquier información que te ayude a hacer mejores preguntas y a refinar tu enfoque.

2. *Personaliza tu enfoque.* haz que sea único para cada prospecto. Plantéale preguntas relevantes sobre el negocio, felicítalo por sus logros recientes y bríndale información que le sirva para resolver un problema en particular. También es buena idea aprovechar las relaciones que tienes con clientes cercanos para ganar credibilidad instantánea: "Hemos estado haciendo negocios con Billy, de aquí al lado, durante cinco años y le encanta nuestro servicio".

3. *Desarrolla un objetivo para cada visita.* Antes de pasar por la puerta de tu prospecto, asegúrate de haber definido claramente lo que quieres lograr.

4. *Prepárate para cerrar el trato.* ¡Debes estar listo! Asegúrate de tener todo lo necesario para cerrar el trato —información técnica, formatos de pedido, contratos, material para presentaciones, etc.

5. *Registra las visitas y tus notas y establece tareas de seguimiento en tu CRM.* No sirve de nada ir a visitas y recopilar información si no la registras en tu CRM y programas tareas de seguimiento para investigaciones adicionales y llamadas posteriores. Tómate el tiempo para registrar cada visita e incluye notas profusas al respecto antes de terminar el día. Si tienes tiempo, hazlo de inmediato.

Figura 18.1 Planificación de visitas de prospección efectivas

El proceso de cinco pasos para prospectar en persona

Este es similar al modelo de prospección telefónica en cinco pasos. La principal diferencia es que las visitas de prospección avanzan a un ritmo más lento y suele haber más diálogo.

1. *Demuestra confianza.* Como hemos dicho en capítulos anteriores, nada reemplaza el entusiasmo y la confianza. Estas son las dos emociones que venden. Debes hacer las visitas con absoluta confianza. Sé audaz, incluso si tienes que fingir. He descubierto que hay dos claves para tener confianza:

   - *Espera ganar.* Camina como si fueras dueño del lugar y haz preguntas directas que te ayuden a recopilar información y a estar frente a quienes toman las decisiones.
   - *Planifica las preguntas con antelación.* La investigación que hagas por adelantado te ayuda a planificar las preguntas que quieres hacer sobre problemas, asuntos, tomadores de decisiones y competidores. Tener un plan te da confianza extra cuando entras por la puerta.

2. *Identifícate y explica por qué estás allí.* No des rodeos, no dudes y nunca uses frases cursis diseñadas para engañar a los porteros. Tú eres un profesional, entonces, sé directo y transparente sobre tu propósito de estar allí. Por ejemplo:

   - "Hola, me llamo Jeb Blount y trabajo para la empresa XYX. La razón por la que estoy aquí es porque ABC Company, que queda aquí al lado, es uno de mis clientes y me recomendó venir a conocer a la propietaria, Mary".
   - "Hola, me llamo Jeb Blount y trabajo para la empresa XYX. Estoy aquí porque les brindo mis servicios a varios de los negocios de este parque industrial y quería saber más sobre su empresa y situación para ver si trabajar juntos podría ser una buena opción".
   - "Hola, me llamo Jeb Blount y trabajo para la empresa XYX. Pasé para hablar con Jerry Richards. Sigo su página de Facebook y vi que están haciendo promociones con regularidad. Tenemos una herramienta que puede ayudarles a mejorar el impacto de

esas promociones y generar más datos de clientes potenciales. Quiero hacerle algunas preguntas a Jerry para ver si nuestra solución podría servirle".

3. *Reúne información*. La idea es tener una conversación, no un interrogatorio. El 80% de la comunicación humana es visual. Las visitas de prospección son poderosas porque, a diferencia de la mayoría de los otros canales de prospección, se utilizan todos los sentidos para comunicarse. Eres más efectivo cuando te relajas, porque eres tú mismo, haces preguntas abiertas que animan a otros a hablar, escuchas y tienes conversaciones significativas.

Evita la tentación de dar argumentos de venta. Perderás rápidamente la atención de tu prospecto si comienzas a hablar de ti, tu empresa, producto o servicio. Tan pronto como empiezas a hacerlo, tus oídos se cierran y los de tu prospecto también.

El entrenador de ventas Kelley Robertson dice: "Puede sonar simple, pero la mayoría de los vendedores no lo entiende. Todavía muchos creen que vender significa hablar extensamente sobre su empresa, producto o servicio. Sin embargo, los vendedores realmente efectivos entienden que vender significa hacerle las preguntas correctas al prospecto y demostrarle que tú puedes ayudarle a resolver un problema o asunto en particular. Eso significa que debes dirigir *toda* tu atención hacia su situación y resistirte las ganas de hablar sobre tu empresa u oferta"[1].

Piensa en qué se siente estar en el otro lado de una conversación en la que alguien sólo habla de sí mismo. Es aburrido. Tan pronto como lo haces, te ves y suenas como cualquier otro vendedor que ha visitado a tu prospecto. El cliente potencial podría decirte que lo único que te importa es conseguir lo que quieres y por eso toma distancia, te hace sentir incómodo y levanta sus muros emocionales.

Sin embargo, cuando haces que el prospecto hable de sí mismo, demuestras interés, brindas toda tu atención y escuchas, el cliente se involucra, te da información y busca ayudarte.

Antes de cada visita de prospección, toma la decisión consciente de enfocarte en la perspectiva del otro. Recuerda escuchar en lugar de hablar de ventas. Comprométete a bajar la velocidad y hacer preguntas, escuchar las respuestas y preguntar según sean esas respuestas.

4. *Pide lo que quieres.* Si no lo pides, no lo obtienes. Decide qué quieres pedir antes de entrar y prepárate para dar el siguiente paso —como cerrar el trato, si la oportunidad se presenta.

5. *Rebate las objeciones.* Debido a que estás interrumpiendo, vas a recibir REO. Desarrolla y prepara tus contraargumentos con antelación. Revisa en el capítulo anterior cómo darle la vuelta a las REO con técnicas que te ayudarán a superar objeciones y tener conversaciones de ventas.

Figura 18.2 Proceso de cinco pasos para prospectar en persona

Ponte las gafas de vendedor

Madison salió de su cita con el Dr. Roberts, caminó directo hacia su auto (yo iba detrás), se subió y se fue. "¿Y todos los otros médicos de ese complejo? ¿Por qué no los visitamos también?", le pregunté.

Los representantes de ventas como Madison salen de sus citas y pasan de largo cuando están justo en frente de la que podría ser su próxima venta. Por lo general, dicen algo acerca de no tener suficiente tiempo o que deben almorzar o dan alguna otra mala excusa. Sin embargo, la verdad es que no están siendo conscientes de ese hecho. Son ciegos con respecto a las oportunidades que a menudo están justo al lado de sus prospectos.

Por eso, es esencial que te pongas tus "gafas de vendedor" y veas esas oportunidades. Así es como lo hacen los fanáticos de prospectar. Se entrenan a sí mismos para ser conscientes de las oportunidades que les rodean. Siempre están pendientes de ellas —buscándolas en cada esquina, detrás de cada arbusto y en cada ventana cercana a su próximo prospecto.

Mira a la izquierda, a la derecha y detrás de ti cada vez que entres o salgas de una cita y hazte el propósito de cruzar esas puertas y reunir información.

Del mismo modo, observa mientras conduces de un lugar a otro en tu territorio. Los nuevos prospectos y las nuevas oportunidades están en todas partes. Cuando veas un nuevo negocio, una nueva construcción o una empresa que nunca antes hayas notado, frena, sal de tu auto y pasa por esas puertas.

Busca los nombres de las empresas en los camiones de reparto y los avisos. Si los camiones están estacionados, detente y habla con los conductores. Te sorprenderá la cantidad de información que ellos te darán sobre la empresa, los tomadores de decisiones, las ventanas de compra y tus competidores.

Tengo el hábito de hablar con cada persona que lleve un uniforme o una camisa con el logotipo y nombre de su compañía. Le pregunto sobre su empresa y quién toma decisiones allí. Casi siempre, ellos me dicen quién toma las decisiones y a menudo saben en qué está fallando mi competencia. También hablo con la persona que esté cerca de mí en una fila, en una sala de espera o en los trenes, autobuses y aviones. En los últimos cinco años, he generado más de medio millón de dólares en negocios que han surgido de estas conversaciones.

Préstales atención a las tarjetas de presentación que hay en las carteleras de las gasolineras y los restaurantes. Cuando veo que alguna coincide con mi vertical de ventas, la tomo, luego llamo, evalúo si me sirve o no y agrego la información a mi base de datos.

Si no tienes tiempo para detenerte y entrar a un negocio o conversar con un conductor, usa esa increíble herramienta que tienes en el bolsillo llamada teléfono. Cuando vayas conduciendo y veas el nombre de un posible prospecto en un aviso o camión, graba una nota de voz para ti mismo. Con la cámara, toma fotos de avisos, nuevas ubicaciones de los negocios y los avisos laterales de los camiones. Cuando regreses a la oficina, investiga un poco, crea una lista de prospección y comunícate para evaluar la información y programar una cita.

Mantente actualizado sobre empresas y personas que estén utilizando un producto o servicio similar al tuyo. Recientemente, mientras trabajaba con un grupo de representantes de ventas de dispositivos móviles, hice la pregunta:

"¿Cuántos de ustedes han visto que las personas usan sus celulares en público?".

Todos subieron la mano.

"¿Cuántos de ustedes han visto que las personas usan teléfonos obsoletos o con pantallas rotas y dañadas?".

Todos subieron la mano.

"¿Cuántos de ustedes piensan que a la mayoría de estas personas les gustaría tener el equipo más reciente o una pantalla de teléfono que no parezca un caleidoscopio y no les corte los dedos?".

La mayoría levantó la mano.

"¿Cuántos de ustedes les dan a esas personas su tarjeta y les dicen que pueden darles un teléfono nuevo por poco o ningún costo?".

Nadie subió la mano.

Observación final: la conciencia sin acción es inútil. Sé un fanático de prospectar. Frena, acércate a las personas, hazles preguntas y dales tu tarjeta de presentación. Claro, puede que algunos se molesten, pero la mayoría te ayudará, hablará contigo y te dará una oportunidad.

19

La prospección por correo electrónico

Tu bandeja de entrada es como una máquina de casino en Las Vegas.
Ya sabes, la revisas y la revisas y, de vez en cuando, hay una pequeña
recompensa, como las tres monedas que te salen de una máquina
tragamonedas. Y eso te hace volver por más.

—Douglas Rushkoff

El correo electrónico es una parte poderosa de un enfoque de prospección equilibrado, y cuando se aprovecha de forma inteligente, abre puertas, da resultados y genera mucho más involucramiento y respuesta que la prospección social. Cuando digo mucho más, me refiero a 10 a 20 veces más.

También tiene el beneficio adicional de ampliar tu ventana de prospección, lo que te hace más eficiente. Con las muchas herramientas de comunicación por correo electrónico que están disponibles, incluyendo Yesware, Signals, Tout, Tellwise y tu propio CRM, estás en capacidad de crear correos electrónicos fuera de las horas doradas y programarlos para que sean enviados durante el tiempo de venta principal, mientras estás hablando por teléfono o reunido cara a cara con prospectos y clientes.

Los datos que proporcionan estas herramientas también hacen que la prospección por correo electrónico sea más efectiva, porque puedes evaluar y medir las tasas de respuesta. Esto te ayuda a afinar y perfeccionar tu mensaje. Una vez tengas un mensaje que sabes que funciona para una vertical del mercado en particular o en un grupo de prospectos similares, puedes enviarlo, haciendo un esfuerzo mínimo.

También es más fácil que nunca construir una base de datos de direcciones de correo electrónico. Además de pedirlas, puedes obtenerlas a través de búsquedas en Google, redes sociales, programas de extracción de datos de la web como E-Mail Prospector, de eGrabber, por medio de varias aplicaciones y complementos de navegadores y de herramientas como Toofr y Prospect Ace, que te ayudan a sacar ciertas conjeturas sobre las direcciones de correo electrónico de los prospectos cuando no las tienes.

Además, el correo electrónico ya no se restringe solamente a la bandeja de entrada tradicional y al canal social. La bandeja de entrada de LinkedIn y Facebook Messenger, y los mensajes directos en Twitter, a menudo se utilizan como complementos o reemplazos del correo electrónico tradicional. Los beneficios del canal social incluyen saltarte a los porteros, evitar caer a la carpeta de correo no deseado y la posibilidad de enviarles correo a los prospectos, incluso si no tienes su dirección de correo electrónico.

La desventaja de todas las formas de correo electrónico es que, si irritas a tu prospecto enviándole basura, te bloqueará o dejará de ser tu contacto en un abrir y cerrar de ojos. Las reglas y técnicas de este capítulo se aplican tanto a la prospección por correo electrónico tradicional como por redes sociales. Cuando usas el correo electrónico de la forma incorrecta, pierdes el tiempo, quedas como un tonto y exasperas a tus prospectos.

Mi objetivo en este capítulo es darte herramientas, técnicas y fórmulas que harán que tus correos electrónicos de prospección sean más impactantes y generen mejores resultados al instante. Estas técnicas son sólo una fracción de la información disponible sobre la prospección por correo electrónico.

Sencillamente, no hay manera de incluirla por completo en este breve capítulo. Sin embargo, encontrarás una lista completa de tutoriales, libros electrónicos, podcasts, videos, recursos, herramientas y artículos sobre técnicas de prospección por correo electrónico en diversas fuentes.

Las tres reglas cardinales de la prospección por correo electrónico

La prospección efectiva por correo electrónico requiere de cuidado y esfuerzo para hacer que el mensaje sea correcto. Cuando la usas de la forma adecuada, es una metodología de prospección extremadamente poderosa que te recompensará con un flujo constante de prospectos calificados que te permitirán mantener lleno tu canal de ventas.

La efectividad comienza siguiendo las reglas cardinales de la prospección por correo electrónico.

Regla #1: tu correo electrónico debe llegar a su destinatario

Esto significa que tu mensaje debe llegar a la bandeja de entrada principal de tu prospecto. Hoy en día, la mayoría de empresas e individuos tienen filtros configurados para bloquear o enviar los correos electrónicos no deseados a la carpeta de basura. En algunos casos, ciertas direcciones IP pueden estar en una lista negra cuando demasiados correos que se consideran no deseados salen de ese servidor o esa dirección.

No existe una forma segura para evitar estos filtros por completo. Sin embargo, hay cosas que puedes hacer para aumentar la probabilidad de que tu correo electrónico llegue a su destinatario. La siguiente no es una lista completa de tácticas, pero incluye las más obvias e importantes.

- No envíes correos electrónicos masivos. La prospección por correo electrónico se hace de manera individual. Envía un único correo desde tu dirección a una persona cada vez.

Figura 19.1 Las tres reglas cardinales de la prospección por correo electrónico

Sólo este modo de envío individual puede ayudarte a eliminar el 90% de los obstáculos. Enviar correos electrónicos masivos (a varias personas) desde tu dirección de correo electrónico personal es la forma más fácil y rápida de aparecer en la lista negra, ser bloqueado y parecer un imbécil total.

- *Evita adjuntar imágenes.* Debido a que los hackers y quienes envían correo electrónico basura incrustan malware en las imágenes, muchos programas marcan los correos con imágenes como spam o los bloquean hasta que se les da permiso para descargar. Lo mejor es evitar el envío de imágenes.
- *Evita los hipervínculos.* Los hipervínculos son la herramienta principal de los hackers. Al hacer clic en ellos, el hacker inserta malware en tu computadora y se roba tu información. Debido a esto, la gente es muy cautelosa cuando hay hipervínculos incrustados en los correos electrónicos. Tu mejor opción es evitarlos cuando estás prospectando por correo electrónico, ya que también activan los filtros de correo no deseado. Si incluyes un enlace:
  - Evita incrustar la URL en el texto.
  - Incluye la URL completa para garantizar transparencia.
  - No uses URL acortadas que no permitan ver la dirección del sitio web.
  - Limita el número total de URL a uno, incluyendo cualquier enlace en tu firma del correo electrónico.
- *Evita los adjuntos.* Los hackers se han convertido en expertos en el uso de adjuntos para infectar computadoras con malware, hackear sitios web e infiltrarse en redes. Debido a este peligro, los filtros de correo no deseado pueden activarse si tu correo electrónico contiene archivos adjuntos. Lo mejor es evitar el envío de archivos adjuntos cuando estés prospectando por correo electrónico.

- *Omite ciertas palabras y frases.* Lo que dices y la forma como lo haces puede activar los filtros. Por ejemplo, usar SÓLO MAYÚSCULAS en el asunto, agregar muchos signos de exclamación o utilizar palabras como "¡Gratis!, ¡Oferta! o ¡Compre ahora!", les facilitan a los hackers ingresar en las cuentas de correo electrónico.

Kevin Gao, CEO y fundador de Comm100, elaboró un listado de 200 palabras y frases que, según él, activan los filtros de correo no deseado cuando se usan en el asunto. Entre esas están: *increíble, acceso gratuito, efectivo, no borrar, hazlo hoy mismo, aumenta las ventas, 100% garantizado y ahorra $.*[1] El punto es que debes tener cuidado y pensar acerca de las palabras y símbolos que usas y cómo te expresas, —más que todo, en el asunto de tus correos electrónicos—. Lo mejor que puedes hacer es pensar como quien genera correos no deseados —observa los que recibes y luego haz lo contrario.

- *No les envíes un correo a muchas personas de la misma compañía a la vez.* Los filtros analizan cuántos mensajes estás enviando a la vez. Esto está diseñado así principalmente para detectar a quienes envían correos electrónicos masivos a largas listas. Sin embargo, si estás enviando un correo electrónico a múltiples prospectos en la misma empresa, vale la pena hacerlo en diferentes momentos del día y no todos a la vez.
- *No le envíes demasiados correos electrónicos a la misma persona.* Esto puede parecer contradictorio, pero, cuando se trata del correo electrónico, demasiada persistencia puede afectarte. Si te vuelves molesto, el destinatario de tus correos electrónicos puede marcarlos como no deseados. Esto suele tener un impacto no sólo en la bandeja de entrada individual del prospecto. En algunos sistemas, puede hacer que seas incluido en la lista negra de toda la empresa.
- *Evita los correos rebotados.* Muchos filtros se activan cuando envías varios correos a una dirección que no

existe. Esto suele pasar cuando la persona que intentas contactar ya no trabaja en la empresa o la dirección de correo es incorrecta. Si tu correo rebota, considéralo como una oportunidad para recopilar mejor información.

Primero, actualiza el contacto en tu CRM y elimina la dirección de correo electrónico para no volver a enviarle algo por error. A continuación, revisa LinkedIn o haz una búsqueda en Google para averiguar si ese contacto sigue en la empresa. Si no es así, elimínalo de tu CRM o actualiza el registro con los datos de la nueva empresa. En caso afirmativo, busca la dirección de correo electrónico precisa por teléfono o en línea.

- *Ten cuidado con industrias sensibles.* Sé muy precavido cuando contactes industrias como instituciones financieras, contratistas de defensa y proveedores de salud. Los hackers están tratando implacablemente de acceder a ellas para robar datos, y como resultado, sus cortafuegos son estrictos. Te recomiendo usar sólo texto en tus correos, sin enlaces, archivos adjuntos ni imágenes.

Regla #2: tu correo electrónico debe ser abierto

Este es un hecho: según *Harvard Business Review*, el ejecutivo de negocios promedio recibe más de 200 correos electrónicos al día.[2] Ahora, súmale los que recibe en su bandejas de entrada de redes sociales, mensajes instantáneos y sitios de colaboración abierta implementados por muchas empresas y verás que no es posible que los lea todos.

Tus prospectos están demasiado ocupados y abrumados por una bandeja de entrada que está configurada para "llenarse hasta el infinito" y por eso hacen lo mismo que tú: escanear y eliminar.

Como tú, deben tomar decisiones instantáneas, en una fracción de segundo, para abrir, eliminar o guardar para leer más tarde.

Bajo este paradigma, para que tu correo de prospección sea abierto, este debe sobresalir entre todos los demás y ser tan convincente que motive a hacer un clic sobre él.

La familiaridad hace que tus prospectos abran tu correo

Una forma de destacarte es mediante la familiaridad.

Imagina que estás escaneando tu bandeja de entrada y un correo de una persona que reconoces llama tu atención. ¿Qué es lo más probable que hagas?

La Ley de la familiaridad siempre está en juego cuando prospectas por correo electrónico. Cuanto más familiarizado esté tu cliente potencial con tu nombre, marca o empresa, más probable es que abra tus correos electrónicos. Es por eso que usar el teléfono y los canales sociales antes de enviar un correo electrónico aumenta las posibilidades de que tus correos sean abiertos por sus destinatarios. Por ejemplo, puedes llamar y dejar un correo de voz, contactar por LinkedIn y después enviar un correo electrónico (o viceversa). Esta "triple amenaza" aumenta la familiaridad y potencia tu persistencia a través de múltiples canales.

Combinar canales para construir familiaridad es una táctica poderosa. Si dejaste un correo de voz efectivo y el prospecto escucha tu nombre y el de tu empresa, y luego mira de quién proviene el correo que está en su bandeja de entrada y la dirección, estará familiarizado contigo.

Si lo contactas por un canal social y le das me gusta o compartes o comentas de forma positiva algo que tu prospecto haya publicado, esto aumenta la probabilidad de que esta persona se fije en tu correo electrónico cuando llegue a su bandeja de entrada.

Si conociste a tu prospecto en persona en una feria comercial o en un evento de *networking* y le causaste una impresión positiva, contáctalo después por LinkedIn; luego, déjale un mensaje de voz y envíale un correo electrónico. La probabilidad de que lo abra mejorará de manera exponencial.

El uso de varios canales de prospección para abrir puertas debe ser enfocado, dirigido, intencional y estratégico. Debes planificar tus acercamientos hacia los diversos tomadores de decisiones e influenciadores para mejorar las tasas de apertura de tus correos electrónicos sin llegar a ser molesto.

El asunto debe gritar "Ábreme"

El asunto, dependiendo del nivel de familiaridad que tengas con tu prospecto, puede ser la clave más importante para que él abra tu correo electrónico. Lamentablemente, la mayoría de los asuntos no se destaca ni es convincente. De hecho, la mayoría grita "¡Elimíname!".

Los tres errores más comunes:

- *El asunto es demasiado largo.* Datos de muchas fuentes dentro del ecosistema de ventas demuestran que los asuntos más cortos superan por mucho a los más largos. Francamente, es una cuestión intuitiva. Un asunto muy largo requiere que el cerebro del prospecto trabaje más. Ese esfuerzo adicional en el contexto de decisiones de fracción de segundo sobre el valor de un correo electrónico hace que este sea eliminado.

  Además, los asuntos largos no se leen bien en los celulares. Se estima que el 50% o más de los correos electrónicos son abiertos en dispositivos móviles. Debido al tamaño limitado de la pantalla, apenas puedes ver el asunto de un correo electrónico. Si piensas en tu propio comportamiento en tu teléfono móvil, allí eliminas un mensaje aún más rápido. Entonces, si usas más de 50 caracteres en el asunto, la tasa de apertura del correo baja exponencialmente.

  Solución: el asunto de un correo electrónico de prospección debe ser supercorto —de tres a seis palabras o de 40 a 50 caracteres, incluyendo los espacios—. Recuerda: menos, es más.

- *El asunto incluye preguntas.* En los correos electrónicos de prospección, asuntos en forma de preguntas invitan al prospecto a presionar "eliminar". Prácticamente, todos los estudios importantes sobre la eficacia de los diferentes tipos de asuntos concluyen que aquellos en forma de pregunta condenan a muerte a los correos electrónicos. Aunque puede haber un momento y un lugar apropiados para usar una pregunta en un asunto, en la mayoría de los casos, es preferible evitar signos de interrogación.

Solución: utiliza palabras de acción y directrices en lugar de preguntas. Los asuntos basados en listas que incluyen un testimonio, como "Tres razones por las cuales ABC nos eligió" son especialmente poderosos, al igual que los que usan referencias, como "Jeb Blount dijo que deberíamos hablar" y los que se basan en declaraciones, como "La mayor falla de las bombas industriales".

- El asunto es impersonal o aburridor. Los asuntos genéricos e impersonales son aburridos. Cuando estás tratando de involucrar a ejecutivos difíciles de alcanzar, la falta de conexión hará que tu mensaje se vaya directo a la basura. Piénsalo. Todos los vendedores de tu industria están tratando de conectarse con los prospectos de mayor valor en el mercado. Estos ejecutivos están llenos de solicitudes de citas. Nunca podrás destacarte entre todo ese ruido ni llamarás su atención con asuntos cursis e impersonales. En lugar de destacarte, serás otro idiota más que llena la bandeja de entrada del prospecto y le hace perder el tiempo.

  Solución: en el asunto, despierta el interés del prospecto mencionando un problema que él esté enfrentando —sobre todo, si es emocional o estresante—; también puedes elogiarlo por un logro reciente o por algo que tú sepas que le hace sentir orgulloso. Por ejemplo, la forma más fácil y rápida de hacer que un prospecto abra un correo electrónico es que en el asunto diga: "¡Me encantó tu libro!".

Cuando sea apropiado, también puedes recurrir al humor o usar frases divertidas para captar la atención del prospecto. Uno de los participantes en un reciente taller de prospección por correo electrónico creó el asunto "Que sigan rodando los barriles" para encabezar un correo electrónico que le envió a un distribuidor de cerveza. Era relevante, conectaba con su mensaje y con seguridad llamaría la atención del destinatario.

Todos somos egocéntricos y casi siempre nos enfocamos en nuestros propios problemas, asuntos, logros y en nuestro ego. El hecho es que el 95% de las veces estamos pensando en nosotros mismos y el 5% del tiempo restante que no estamos pensando en nosotros mismos, algo o alguien —tal vez, un vendedor entrometido— no nos permite hacerlo.

Por lo tanto, analiza las posibilidades y haz que el asunto conecte con tu prospecto. Es fácil hacerlo si te tomas un tiempo extra para investigar al destinatario de tu correo electrónico por internet, en el sitio web de su empresa y en las redes sociales.

No existe una solución única

La brutal realidad es que no hay una fórmula secreta para crear un asunto perfecto todas las veces. Lo que funciona en una situación puede no servir en otra. Los consejos que funcionan en una vertical de la industria pueden no ser aplicables en la tuya o con tu base de prospectos. Por eso, experimentar y probar son los verdaderos secretos para redactar asuntos que tengan éxito.

Probar te ayuda a enfocarte en qué asuntos obtienen la mayor cantidad de aperturas. Con estos datos puedes encontrar patrones que te lleven a crear asuntos que funcionen fenomenalmente bien con ciertos grupos de prospectos, cargos, áreas geográficas y problemas de negocios.

Sin embargo, la mayoría de los vendedores no lo hacen. En vez de eso, lo hacen sobre la marcha y envían sus correos electrónicos rumbo a un agujero negro, con la esperanza de obtener una respuesta. Esa es una forma frustrante de prospectar, porque es como lanzar dardos mientras tienes los ojos vendados y al mismo tiempo conservas la esperanza de dar en el centro, sin ningún tipo de retroalimentación que te permita saber si lo lograste.

Hoy en día, hay herramientas fantásticas que hacen que comprobar las tasas de respuesta de los correos electrónicos de prueba sea fácil y asequible. Servicios de prospección, automatización e inteligencia de correo electrónico como Yesware, Tellwise, Tout y Signals te informan de inmediato qué sucede con tus mensajes de prospección después de que presionas "enviar".

Con esta información, podrás refinar y enfocarte en las palabras y frases que obtienen la mejor respuesta y tus correos electrónicos se destacarán y serán abiertos, mientras que los de tu competidor serán enviados a la carpeta "eliminar".

Regla #3: tu correo electrónico debe convertir

A menos que estés enviando basura pura —plantillas genéricas que copias y pegas y luego las envías aleatoriamente a un gran grupo de prospectos, independientemente de su relevancia y sin investigar—, desarrollar y elaborar correos electrónicos de prospección requiere de una inversión significativa de tiempo.

Para prospectos por conquistar, contactos de alto nivel y campañas estratégicas, tendrás que personalizar cada mensaje de correo electrónico. Se requiere reflexión y esfuerzo para elaborar un correo electrónico relevante que conecte emocionalmente con el destinatario y lo motive a tomar decisiones.

Esto no significa que debes crear todos los correos electrónicos desde cero. Entre ciertas verticales específicas de la industria, los mercados y los cargos, hay bastantes temas y patrones en común para los cuales tienes distintas opciones que te permitan desarrollar plantillas que podrías enviarles a estos grupos. Las plantillas personalizables te permiten hacer más acercamientos por correo electrónico en menos tiempo.

Sin embargo, incluso cuando tienes plantillas personalizables, para ser eficaz debes investigar de tal forma que el correo electrónico se vea y se sienta único para el destinatario. Si el destinatario no siente que el mensaje fue creado para él, lo ignorará.

Esta inversión de tu valioso y limitado tiempo es la razón por la que es imperativo que tus correos electrónicos de prospección conviertan. En otras palabras, que generen una respuesta que lleve al resultado que deseas:

- Una cita
- Información de cualificación
- Que te presenten a quien toma las decisiones
- Que el mensaje sea reenviado a otros influenciadores
- Descarga de documentos, visualización de video o registro en un webinar
- Una conversación de ventas

Si tu correo electrónico no invita al destinatario a hacer algo, habrás desperdiciado tu tiempo y esfuerzo. Es por eso que invertir el tiempo para dar el mensaje correcto es vital.

Audiencia	Método
Personaliza tu mensaje para la persona a la que le estas escribiendo. Con base en lo que conoces, ¿cuál es su estilo? ¿Cómo consume información?	¿Tu mensaje será corto y amable? ¿Más detallado? ¿Fuerte? ¿Suave? ¿Directo? ¿Individual o parte de un grupo? ¿Multiplataforma?
Mensaje	Resultado
Ponte en los zapatos de tu prospecto. ¿Qué le llama la atención? ¿Qué le parece importante? Sé auténtico y evita ser cursi.	Define la acción que quieres que haga tu prospecto y asegúrate de que tu método y mensaje lo obligue a hacer algo.

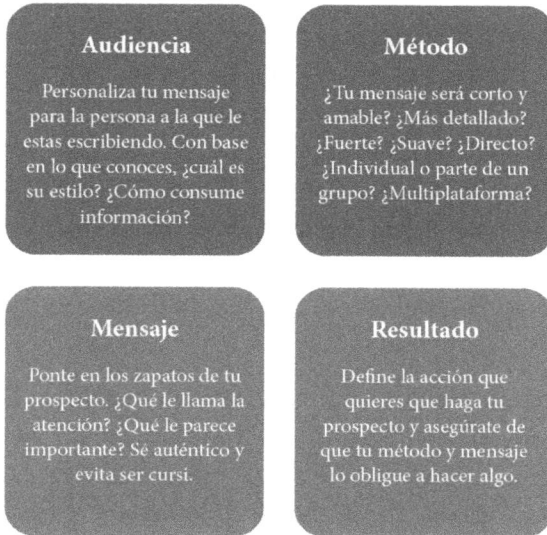

Figura 19.2 Resultado del mensaje con el método de la audiencia

Un buen correo electrónico de prospección comienza con un gran plan

Un plan te ayuda a definir quién recibirá el correo electrónico, el método o la técnica que utilizarás para llamar su atención, el mensaje que crearás para conectarte e invitarlo a hacer algo y, finalmente, la acción que quieres que realice el destinatario. En la prospección por correo electrónico, este es el método de la audiencia.

No es necesario buscar mucho para darse cuenta de que casi nadie planifica los correos de prospección que envía. La gran mayoría es terrible.

Como soy propietario de un negocio y quien toma las decisiones, recibo montones de correos electrónicos de prospección por todo lado —en mi cuenta de trabajo, LinkedIn, Twitter y Facebook—. Cada semana, me encuentro con varios que dan risa y son una vergüenza para la persona que los envió y para la compañía que permitió que ese correo llegara a mi bandeja de entrada.

Me desconcierta que muy a menudo los vendedores que se tomaron el tiempo para enviarme un correo electrónico no hayan hecho ninguna investigación. La semana pasada, recibí un mensaje por InMail, en LinkedIn, de parte de un representante de una gran compañía de capacitación en ventas para ofrecerme sus entrenamientos. En serio, si él hubiera revisado por 20 segundos mi perfil de LinkedIn, podría haberse ahorrado la molestia. Pero ¿qué dice eso sobre la marca para la que él trabaja? En el mensaje me hablaba de la increíble capacitación en ventas que ofrece su empresa, pero demuestra el peor de los comportamientos de un vendedor.

Los correos electrónicos de mala calidad destruyen el valor de tu marca, tu credibilidad y tu imagen. Me sorprende que tantas empresas les permitan a sus vendedores diseminar esa basura. Peor aún, la mayoría de las organizaciones de ventas no les enseñan a sus vendedores cómo escribir correos electrónicos de prospección eficaces.

Los peores son:

- Los que usan argumentos de venta largos y que quieren dar la impresión de ser importantes porque usan jerga incomprensible, es decir, muchas palabras sin significado.
- Un montón de información sobre las características de un producto.
- Animadores que hablan y hablan sobre su "increíble" empresa, producto o servicio.
- Los que no escriben bien mi nombre (¿En serio? Es Jeb, sólo tres letras).
- Los largos que hacen que mis ojos se pongan vidriosos. Por Dios, vivimos en la era de Twitter, mensajes de texto, infografías y abreviaturas. El periodo de atención de los prospectos es igual que el de los mosquitos.

Por consiguiente, yo elimino el 99,9% de esos correos.

Sin embargo, de vez en cuando, recibo un correo fabuloso que me hace parar en seco. Un mensaje brillante que conecta, tiene sentido, es relevante y me obliga a responder. El remitente se tomó tiempo de investigar y planificar.

Considera a tu audiencia. Los prospectos son personas, no robots, de modo que tus correos electrónicos de prospección deben ser auténticos y personales. Deben conectar a nivel emocional. Averigua a quién le estás escribiendo:

- ¿Cuál es su rol?
- ¿Qué sabes sobre su estilo?
- ¿Cómo consume información?
- ¿Cuándo consume información?
- ¿Qué tan familiarizado están contigo?

Estas preguntas te ayudarán a establecer el tono, la estructura y la formalidad para conectar con la persona a la que le estás escribiendo. La conexión emocional es vital, porque tu correo electrónico sólo será efectivo si hace que el prospecto haga algo de manera intencionada.

Determina tu método. Los métodos de prospección por correo abarcan desde un único mensaje independiente hasta una campaña estratégica de varios mensajes y correos. El método que elijas tendrá un impacto en tu mensaje y debe ser motivado por tu audiencia y el resultado que hayas definido. ¿Como será tu mensaje?

- ¿Corto y amable?
- ¿Más detallado?
- ¿Fuerte?
- ¿Suave?
- ¿Directo?
- ¿Individual?
- ¿Parte de una campaña estratégica?
- ¿Nutre o está orientado a la acción?
- ¿Multiplataforma?

Aquí es donde la planificación y la estrategia son cruciales, sobre todo, con los prospectos por conquistar. No dejes nada al azar con tus oportunidades más importantes.

Adapta el mensaje a tu audiencia. El mensaje que escribas debe ser lo suficientemente fuerte como para obligar al prospecto a actuar. A los prospectos les gusta saber que tú entiendes sus problemas, así que tu mensaje debe ser relevante para su situación. La forma más efectiva de adaptar tu mensaje para la persona a la que le estás escribiendo es poniéndote en sus zapatos y haciendo algunas preguntas básicas:

- ¿Qué llamará su atención?
- ¿Qué es importante para el destinatario?
- ¿Qué hará que te dé lo que estás pidiendo?

La clave está en tomarte el tiempo para hacer una investigación básica que te permita conocer al prospecto y usarla en el momento de redactar el mensaje.

Define el resultado deseado. Si no sabes lo que quieres, no lo obtendrás. Si no logras definir con claridad lo que estás pidiéndole a tu prospecto que haga o te dé, lo confundirás y tu correo electrónico no convertirá.

Los cuatro elementos de un correo electrónico de prospección eficaz

Este modelo te ayuda a planificar y desarrollar tu estrategia. Una vez tengas el plan, usa este modelo de cuatro pasos para crear tu correo electrónico:

1. *Gancho*: capta su atención con un asunto y una frase inicial convincentes.
2. *Entender*: demuestra que comprendes al prospecto y su problema. Muestra empatía y autenticidad.
3. *Puente*: conecta los puntos entre el problema y la solución; di cómo puedes ayudar. Explica la parte relacionada con YYQG.
4. *Pedir*: di de manera clara y directa lo que quieres que el prospecto haga y facilítale la tarea.

GANCHO	ENTENDER	TIENDE UN PUENTE	PIDE
Capta atención con un asunto y una frase inicial convincentes	Demuestra que entiendes su problema, muestra empatía y autenticidad	Conecta los puntos entre su problema y la solución que puedes ofrecer. Explica YYQG	Pide claramente lo que quieres que haga el prospecto y haz que esto sea fácil y memorable

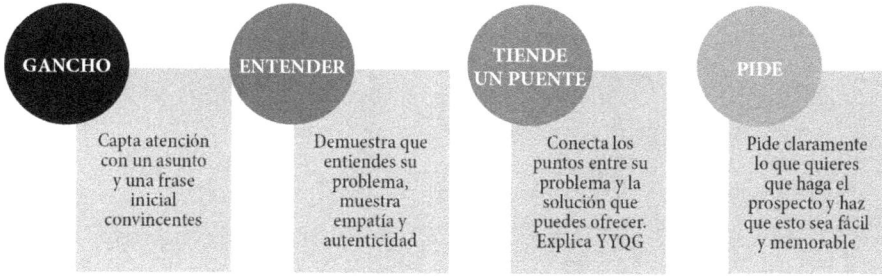

Figura 19.3 Cuatro elementos de un correo electrónico eficaz

Este es un ejemplo de un correo electrónico dirigido a un director de operaciones de un banco. Se basa en el modelo de cuatro pasos:

Asunto: *Director de operaciones —El trabajo más difícil del banco*

Lawrence,

Ernst & Young informó recientemente que el director de operaciones tiene el rol más difícil entre los ejecutivos. Los directores de operaciones con los que trabajo dicen que la creciente complejidad del entorno bancario ha hecho que su trabajo sea más difícil y estresante que nunca.

Mi equipo y yo ayudamos a directores de operaciones como tú a reducir la complejidad y el estrés, mediante estrategias útiles para optimizar el crecimiento y las ganancias, mitigar el riesgo crediticio, asignar recursos de manera efectiva y minimizar las sorpresas regulatorias.

No sé si somos una buena opción para tu banco, pero ¿qué tal si programamos una llamada corta para poder conocer más sobre tus desafíos específicos? Así, sabremos si se requiere una conversación más profunda.

¿Podríamos reunirnos el próximo jueves a las 3:00 p.m.?

Dave Adair
Ejecutivo senior de cuentas,
JunoSystems

Analicemos cada una de las cuatro partes.

Gancho

Tienes unos tres segundos para captar la atención de tu prospecto —atraparlo—. En esos tres segundos, tu línea de asunto debe convérselo de que abra el correo electrónico y la primera oración debe incitarlo a seguir leyendo. Kendra Lee, autora de *The Sales Magnet*, llama a esto el "factor vistazo".

Los prospectos eligen leer tu correo electrónico por sus propias razones, no por las tuyas —según sean su situación y sus intereses en particular—. Por lo tanto, la mejor manera de captar su atención es redactar un asunto relevante e iniciar hablando sobre ellos.

Este es un ejemplo cuyo asunto y frase inicial reprobaron. Es un correo electrónico real que me envió un tipo llamado Brandon:

Asunto: *Software basado en la nube*

Hola, Jeb
Estaba navegando por LinkedIn y quise ponerme en contacto contigo.
Primero que todo, el asunto habla acerca de él, no de mí. Además, nunca uses "hola", "estimado" ni ningún otro término similar antes del nombre de tu prospecto. Nadie lo hace, excepto los vendedores. "Hola" desencanta totalmente a los prospectos.
Segundo, ¿el hecho de que estuvieras "navegando por LinkedIn" sería interesante para mí?
Por último, ¿"quisiste" contactarme? Hablas en pasado sobre ti y no sobre mí.

Analicemos nuestro modelo de correo electrónico:

Asunto: *Director de operaciones —el trabajo más difícil del banco*

Lawrence,
Ernst & Young informó recientemente que el director de operaciones tiene el rol más difícil entre los ejecutivos.

Este correo electrónico será enviado a un directivo de un *banco*. El asunto usa las palabras director y banco. Implica que esta persona tiene el trabajo más complicado. Esto cautiva, porque juega con las emociones. Todos creemos que tenemos el trabajo más difícil de nuestra empresa.

A continuación, abordamos a nuestro prospecto de manera profesional, como si fuera un colega.

Por último, la frase inicial es un gran gancho. Por medio de una fuente creíble, Ernst & Young, conectamos con el director al ponernos en sus zapatos y le demostramos que lo entendemos (el rol más difícil del banco).

Entender

Los correos electrónicos efectivos conectan con los prospectos a nivel emocional. La razón es simple: las personas toman decisiones basadas en la emoción. La forma más fácil de conectar emocionalmente con tu prospecto es demostrándole que entiendes sus problemas, que te identificas con sus luchas y problemas.

Este fue el intento de Brandon de conectar conmigo:

Construimos soluciones de software personalizadas; web, nube, móvil, escritorio. Ya sea que necesites modernizar un software obsoleto, crear algo nuevo desde cero o aumentar tu equipo para cumplir con una fecha límite importante, estoy seguro de que podemos ayudarte.

¿Se relaciona este tema conmigo o con alguno de mis problemas? Nota que este párrafo sólo es acerca de él. Es información de su producto. Mi reacción: ¿Y a mí qué?

Por el contrario, en nuestro modelo de correo electrónico, Dave hace el esfuerzo de identificarse con el destinatario. Por supuesto, ya que no es director ni lo ha sido nunca, sería un poco ingenuo decirle que entiende la situación de Lawrence. Así que, en lugar de eso, utiliza sus relaciones con otros directores para demostrar que puede entenderlo.

Los directores de operaciones con los que trabajo dicen que la creciente complejidad del entorno bancario ha hecho que su trabajo sea más difícil y estresante que nunca.

Puente

Dado que las personas hacen las cosas por sus propias razones, no por las tuyas, debes responder a su pregunta más apremiante: "Si te doy lo que quieres, que es mi tiempo, ¿yo qué gano?". Si no puedes responder con un valor que exceda el costo del tiempo al que renuncia tu prospecto, tu correo electrónico no logrará una conversión.

Aquí es cuando la investigación vale la pena. Cuando tú conoces un problema específico al cual se está enfrentando tu prospecto en su negocio, debes pasar directo a eso y a cómo podrías resolverlo. Ahora, cuando no estés seguro de un problema en particular, plantea problemas comunes al cargo, a la situación o a la industria de tu prospecto.

Así es como nuestro amigo Brandon intentó hacerlo:

> Hemos descubierto cómo mantener alta calidad y tarifas competitivas. Es un modelo que nos ha llevado a estar por tres años consecutivos en el INC 5000.

De nuevo, ¿y qué? A todo el mundo le gusta presumir. ¿Esto es importante para mí? ¿Agrega valor a mi situación? ¿Es relevante para mí? Brandon alardea, pero no me da ninguna razón para desperdiciar mi tiempo con él. Dave, por otro lado, relaciona el asunto, la frase inicial y de empatía y pasa a tender el puente que conecta los puntos entre el problema percibido de Lawrence (el estrés) y sus soluciones. En otras palabras, responde a la pregunta YYQG de Lawrence.

Lo más importante es que habla en el lenguaje de Lawrence y de los demás directores — *crecimiento, ganancia, riesgo, asignación de recursos, minimizar sorpresas*—. Al usar las palabras de Lawrence, Dave sigue identificándose con él y le demuestra que entiende sus problemas.

> Mi equipo y yo les ayudamos a directores de operaciones como tú a reducir la complejidad y estrés, con estrategias

para optimizar el crecimiento y las ganancias, mitigar el riesgo crediticio, asignar recursos de manera efectiva y minimizar las sorpresas regulatorias.

Pedir

Para obtener lo que quieres, pídelo y facilítale las cosas a tu prospecto.

Nuestro amigo Brandon propone:

> Me encantaría agendar una cita contigo para conocernos y saber cómo podríamos trabajar y analizar algún proyecto o plan que tengas. Dime qué momento es más conveniente dentro de tu agenda, de modo que pueda darte un diagnóstico gratuito de la situación, junto con una posible cotización.

Brandon hace lo esperado. Dice lo que le encantaría hacer. "Me encantaría agendar una cita contigo para conocernos y saber cómo podríamos trabajar [asumo que entregar alta calidad a precios bajos]". Esto es lo que le escucho decir a Brandon: "Me encantaría escuchar el sonido de mi propia voz mientras te hablo de todas nuestras maravillosas características y de lo fabulosos que somos. Oh, y te tengo buenas noticias, ¡es gratis!". No, gracias.

Luego, me pone la tarea de buscar un momento dentro de mi agenda y de contactarlo. ¿Tiene sentido hacer que sea difícil para mí? Incluso si quisiera reunirme con él, lo más probable es que lo dejaría para después (es decir, nunca), porque no tendría tiempo en ese momento para revisar mi agenda y sacar tiempo para un vendedor cualquiera.

Así lo plantea Dave:

> No sé si somos una buena opción para tu banco, pero ¿qué tal si programamos una llamada corta para poder conocer más sobre tus desafíos específicos? Así, sabremos si se requiere una conversación más profunda.
>
> ¿Podríamos reunirnos el próximo jueves a las 3:00 p.m.?

Dave cambia las expectativas. Le dice a Lawrence de frente que podría no ser una buena opción para su banco. Es exactamente lo contrario a lo que Lawrence esperaría de un vendedor. A diferencia de los argumentos de venta que alejan a los prospectos, cambiar las expectativas atrae a los prospectos hacia ti.

Entonces, Dave continúa y envía un mensaje sutil, pero poderoso. Dice que quiere "conocer" (es decir, *escuchar*). Esto atrae aún más a Lawrence, porque todo el mundo quiere ser escuchado. Nos encanta contarle nuestra historia a las personas que están dispuestas a escucharla.

Dave cierra con la frase "desafíos específicos". Esto hace que Lawrence se sienta importante, porque todos creen que su situación es única. Por último, Dave reduce la presión al insinuar que la llamada será corta y también el riesgo, al decir que, si el prospecto no lo requiere, Dave "no va a forzar las cosas".

Entonces, presuntivamente ("¿Podríamos reunirnos...?"), él sugiere una reunión cierto día y a cierta hora, lo que le quita la carga a Lawrence.

Practica, practica, practica

La verdad es que escribir correos electrónicos de prospección que sean efectivos no es fácil. El paso más difícil es entrenarte para dejar de pensar en tu producto o servicio y ponerte en los zapatos del prospecto, identificarte con su situación y aprender a hablar su idioma. Desarrolla el hábito de investigar a los prospectos y toma conciencia de posibles eventos desencadenantes que los estén afectando y abriéndote ventanas de compra.

Será difícil al principio. Lo es para todo mundo. La clave es practicar hasta que seas un experto en crear correos electrónicos efectivos y auténticos. Cuanto más practiques, más rápido y competente te volverás en escribir correos electrónicos de prospección que conviertan.

El mejor momento para enviar correos

La pregunta del millón de dólares en cuanto a los correos electrónicos de prospección es "¿Cuál es el mejor momento para enviarlos?". Al igual que con la prospección telefónica, no hay un veredicto absoluto. Algunos expertos dicen que por la mañana, otros afirman que por la noche, otros aseguran que los martes a las 3:12 p.m. en los años bisiestos. Puras opiniones.

El mejor momento para enviar un correo electrónico de prospección es cuando sea más probable que tu prospecto lo abra y haga algo al respecto (convertir).

Para la mayoría de los vendedores B2B, el mejor momento puede ser a primera hora hasta la media mañana, porque es cuando los prospectos están activos y revisando el correo electrónico. En el caso de las ventas B2C, es posible que debas ajustar el momento para captar la atención de tu prospecto cuando sea más probable que este haga algo de manera inmediata tras tu solicitud.

Es fácil evaluar cuál es el momento perfecto mediante herramientas de inteligencia y la buena noticia es que puedes escribir correos electrónicos en cualquier momento (preferiblemente, fuera de las horas doradas) y programarlos para que sean enviados en el momento que tú elijas.

Haz pausa antes de presionar "Enviar"

Soy el rey de los errores de digitación. Estoy seguro de que puedes haber encontrado varios errores al leer este libro. Así que termino este capítulo con el humilde consejo de un hombre que ha cometido el terrible error de no hacer una pausa antes de presionar "enviar" tras escribirle un correo electrónico lleno de errores tipográficos, ortográficos y gramaticales a un prospecto. Evita aprender esta lección de la manera más difícil.

Revisa cada correo de prospección antes de enviarlo. Léelo una vez. Dos veces. Aléjate durante 10 minutos y léelo de nuevo (te sorprenderás de lo que puedes captar mediante este proceso). Imprime los correos electrónicos realmente importantes y revísalos sobre papel.

Tus correos electrónicos son un reflejo de ti, de tu profesionalismo y de tu marca personal. Haz una pausa antes de pulsar "enviar" y asegúrate de que la impresión que causarás será positiva.

20

Los mensajes de texto

A veces, le escribo a la persona "equivocada". Lo hago a propósito.
Sólo para iniciar una conversación.

—Frank Warren

Este es un juego divertido. Úsalo en tu próxima reunión con amigos y familiares. Pregúntales qué piensan acerca de los vendedores que usan mensajes de texto para prospectar. A continuación, siéntate y observa. Es probable que inicies una discusión acalorada y cargada de expletivos. Mi esposa, por ejemplo, al saber que yo estaba escribiendo un capítulo sobre prospección por mensajes de texto, dijo (con tono de superioridad): "¡No puedo creer que estés enseñándoles a los vendedores a hacer eso! ¡Qué maldad!".

Ese sentimiento guarda relación con los comentarios que recibo al hablar sobre el tema. Es el riel conductor de la prospección en ventas y un concepto que abordo a la ligera. El simple hecho de mencionar los mensajes de texto como herramienta de prospección provoca reacciones negativas que van desde "No creo que eso funcione con nuestra base de prospectos" hasta repulsión pura.

Lo entiendo, porque tiene sentido. Todos sentimos lo mismo. No queremos que nuestra carpeta esté llena de mensajes de texto de vendedores. Esto se debe a una extraña ironía. La mensajería de texto como canal de comunicación es impersonal, porque carece de la conectividad emocional de la comunicación cara a cara y verbal. Sin embargo, sentimos que es extremadamente personal. Los mensajes de texto se han convertido en el medio ideal para la comunicación con familiares, amigos y compañeros de trabajo, y en un refugio en nuestros teléfonos que no se ve afectado por correos no deseados o influencias externas.

Normalmente, conocemos a las personas a las que les escribimos, incluso cuando se trata de negocios.

Este es uno de los motivos por los que un estudio encargado por Lead360 concluyó: "Por las mismas razones que los mensajes de texto pueden ser una forma más efectiva de comunicarse con los prospectos de ventas, también tienen el potencial de ser interpretados como intrusivos o en violación del espacio personal cuando se utilizan con fines comerciales".

El hecho de que los mensajes de texto sean tan personales los convierte en un canal extremadamente poderoso para llamar la atención de los prospectos. Sin embargo, en este caso, el tiempo y la técnica son más importantes que en cualquier otro canal de prospección.

Los mensajes de texto como herramienta de negocio están aumentando

Lo que hace que la mensajería de texto sea un canal de prospección cada vez más valioso es la inevitable y total integración de los teléfonos móviles como el principal dispositivo de comunicación en nuestras vidas.

Todo mi personal en las oficinas de Sales Gravy está conectado a un centro de voz sobre protocolo de Internet (VoIP) que distribuye nuestras llamadas a los dispositivos móviles, sin importar en qué parte del mundo nos encontremos. No hay teléfonos tradicionales en nuestros escritorios. Este sistema también se integra con nuestro CRM y nos permite enviar y recibir fácilmente mensajes de texto desde y hacia nuestros prospectos, a través de aplicaciones de escritorio y móviles.

No estamos solos. Las pequeñas y medianas empresas de todo el mundo están adoptando estos sistemas, porque son económicos y facilitan la integración de todas las formas de comunicación en un centro principal basado en la nube.

Las grandes empresas también están adaptando esta tecnología y están pasando a sistemas telefónicos basados en aplicaciones que facilitan el uso de la mensajería de texto como parte integrada de un sistema de comunicación completo. Los programas que funcionan con dispositivos propios también les permiten a los empleados usar sus teléfonos para llamadas de negocios, correo electrónico y mensajes de texto.

La familiaridad lo es todo en los mensajes de texto

Hablamos con extraños por teléfono, correo electrónico y en nuestras citas, pero rara vez les enviamos mensajes de texto a quienes no conocemos. Por eso, más que en cualquier otro canal de prospección, la familiaridad es esencial cuando prospectamos por mensajes de texto. La probabilidad de que tu mensaje de texto convierta, o que invite a tu prospecto a hacer algo, aumenta exponencialmente si ese mensaje se envía después del contacto a través de otro canal.

Esto no quiere decir que no debas enviarle un mensaje de texto a un prospecto difícil de alcanzar cuando has agotado todos los demás medios y la ventana de compra se está cerrando. Cuando no tienes nada que perder, bien vale afrontar la posibilidad de ofender a la otra persona. Sin embargo, usar mensajes de texto en estas circunstancias o cuando la persona no te conoce implica baja probabilidad.

Una de las razones clave por las que los mensajes de texto funcionan es que la mayoría de las personas se siente obligada a leerlos y/o responderlos de inmediato. Es por eso que la familiaridad juega un papel importante para lograr que los prospectos respondan a tus mensajes de texto (y no los reporten como no deseados).

La mensajería de texto funciona mejor como parte integrada de un sistema y estrategia de prospección más grande que como un canal independiente. Según el estudio[1] de Lead360, que analizó 3,5 millones de registros de clientes potenciales de más de 400 empresas, un mensaje de texto que se envía solo convierte a una tasa de 4,8%. Ese mismo mensaje, cuando es enviado después de un contacto telefónico, aumenta la conversión en un 112,6%. ¿Por qué? Por la Ley de la familiaridad.

Puedes amplificar el impacto aún más si envías el mensaje de texto después de un contacto por correo electrónico o de una interacción en las redes sociales. Y ganas aún más tracción cuando envías el mensaje de texto después de una interacción positiva en persona. Cuanto mejor te conozca el prospecto, más efectivo será tu mensaje de texto de prospección. Cuanto menos te conozca, más probable será que él lo considere como no deseado.

Las personas son reacias a recibir mensajes de texto aleatorios de personas que no conocen, más si son de vendedores.

Utiliza los mensajes de texto como punto de apoyo de conversaciones en eventos de trabajo en red o networking

Los mensajes de texto son excelentes para establecer citas después de interacciones cara a cara en eventos de networking, ferias comerciales, conferencias y de otras situaciones en las que has tenido un encuentro positivo con un cliente potencial. Muchos de ellos terminan con la vaga promesa de reunirse contigo en algún momento. Sin embargo, esto casi nunca se cumple, porque te ocupas y no envías un correo electrónico ni llamas o porque tu prospecto se ocupa e ignora tus llamadas o correos y estos se pierden entre el desorden de su bandeja de entrada.

Los mensajes de texto son una forma mucho más fácil y rápida de superar el ruido, llamar su atención y programar una reunión. Dado que casi todo el mundo incluye un número de teléfono móvil en las tarjetas de presentación en estos días, es más fácil que nunca enviar un rápido mensaje de agradecimiento y proponer un siguiente paso. Debes hacer lo siguiente:

1. *Durante la conversación, cuando acuerden vagamente reunirse en algún momento en el futuro, di casualmente, "Suena bien. Te enviaré un mensaje de texto para que podamos reunirnos".* (Es muy poco probable que te diga que no si la conversación ha sido positiva).

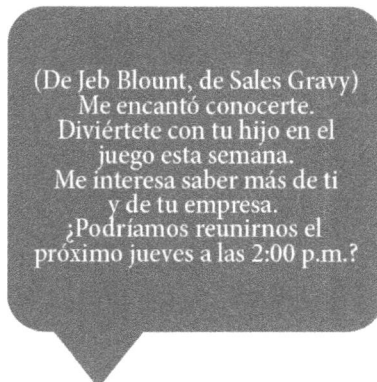

> (De Jeb Blount, de Sales Gravy)
> Me encantó conocerte.
> Diviértete con tu hijo en el juego esta semana.
> Me interesa saber más de ti y de tu empresa.
> ¿Podríamos reunirnos el próximo jueves a las 2:00 p.m.?

Figura 20.1 Mensaje de texto después de un evento de networking

2. *Tan pronto como termine la conversación, envía una solicitud de conexión personalizada por LinkedIn (usa la aplicación en tu teléfono).* Esto hace que el prospecto recuerde aún más tu nombre.

3. *Dentro de las 24 horas siguientes al evento (o dos días, si hay viajes de por medio), envía un mensaje de texto agradeciendo la conversación y solicita programar una reunión.* Personalízalo con la información que hayas recogido en tu conversación.

4. *Si no recibes una respuesta, intenta enviar el mensaje de nuevo un día después.* En muchos casos, los prospectos no reconocen tu número e ignorarán el mensaje inicial. También pueden estar ocupados o viajando y no ver el mensaje.

5. *Si tu segundo intento falla, recurre al teléfono y al correo electrónico para establecer contacto.* No tiene sentido generar resentimiento potencial si sigues enviando mensajes de texto.

> *Paso adicional:* siempre envía una nota escrita a mano dentro de una semana después del evento a través de correo postal. Esto hará que te destaques entre la multitud.

Usa mensajes de texto después de eventos desencadenantes

Un evento desencadenante es una interrupción en el *statu quo* que puede obligar a tu prospecto a actuar. Por ejemplo, un movimiento del competidor de tu prospecto que amenaza su ventaja competitiva podría obligarlo a acelerar su inversión en automatización de marketing. Enterarte de un evento desencadenante te da la oportunidad de comunicarte con tu prospecto a través de mensajes de texto.

Los mensajes de texto funcionan en este caso, porque los eventos desencadenantes generan urgencia para actuar y los mensajes de texto son percibidos como más urgentes. Sin embargo, ten cuidado: la Ley de la familiaridad aplica en gran medida cuando se envían mensajes de texto relacionados con eventos desencadenantes. Asegúrate de que el prospecto sepa quién eres antes de enviar este tipo de mensajes.

He descubierto que un enfoque suave funciona mejor cuando hay eventos desencadenantes. Se requiere tener un poco de paciencia y creatividad. La clave es convertirse en un recurso que agrega valor y se basa en eso para establecer una conversación más profunda.

Cuando tengo una relación con el prospecto o al menos un nivel de familiaridad, le envío un mensaje de texto con un enlace a un artículo o recurso relevante para su situación. Esta acción suele resultar en una llamada telefónica que me permite sostener una conversación más profunda.

Si conozco bien a mi prospecto y no encuentro nada relevante para enviarle, le envío un mensaje de texto que haga referencia al evento desencadenante y le pregunto cómo van las cosas. Su respuesta llevará a una conversación más profunda.

Figura 20.2 Mensaje de texto después de un evento desencadenante

Usa los mensajes de texto para nutrir a los prospectos

Los mensajes de texto pueden tener un papel integral en la nutrición de los prospectos con los que tienes una relación, pero aún no están en la ventana de compra. Un mensaje de texto rápido y que genere valor agregado te permite fácilmente permanecer en la mente del prospecto, sin parecer demasiado entrometido. Por ejemplo, Matt, que vende un programa de inteligencia empresarial basado en la nube, ha hecho un trabajo excepcional al usar la mensajería de texto para nutrir su relación conmigo.

Me contactó por primera vez hace nueve meses. Hablamos durante unos minutos. Él creía que su programa podría ayudarle a mi empresa a optimizar los canales de marketing y mejorar el ROI de nuestros gastos publicitarios. Matt conectó conmigo de una forma muy agradable en esa llamada inicial, así que acepté que hiciera una demostración.

Esta fue impresionante y me gustó el sistema que él y su equipo me mostraron, pero dos factores me impidieron comprar.

En primer lugar, integrar su plataforma con nuestro sistema de automatización de marketing tomaría más o menos 100 horas hombre y muchísimo trabajo de calibración. Por experiencia sé que, a pesar de las promesas de integración perfecta del equipo de Matt, es imposible que no surjan problemas. Ya estábamos haciendo una actualización importante en la tecnología de nuestra bolsa de trabajo y no podía imaginarme asumir otro proyecto.

El segundo fue el costo. El cambio al sistema de Matt requería una inversión inicial significativa que tendría que ser recuperada con el tiempo a través del ahorro generado por la automatización y la generación de clientes potenciales adicionales. Esa promesa de ROI en algún momento en el futuro era difícil de asumir, debido a la inversión que ya estábamos haciendo en la actualización de la bolsa de trabajo.

Honestamente, me sentía muy abrumado (y, como muchos de tus prospectos, el *statu quo* era más cómodo que hacer un cambio). Así que le dije a Matt que, aunque pensaba que su software era fantástico, no compraría su sistema. Esto no significaba que nunca lo haría, pero no en ese momento.

Matt fue lo suficientemente inteligente como para darse cuenta de que yo era un prospecto calificado, porque necesitaba su software y los medios para comprarlo. Sin embargo, yo no tenía urgencia. Así que comenzó a nutrir sistemáticamente la relación, mediante cuatro canales de prospección: teléfono, correo electrónico, redes sociales y mensajes de texto.

Me llama una vez cada trimestre para averiguar cómo voy con otros proyectos y evaluar mi involucramiento. Complementa esas llamadas con correos electrónicos mensuales y mensajes de texto con enlaces a estudios, reportes y noticias sobre actualizaciones de sus sistemas que él considera relevantes para mí. También me sigue en Twitter y le da *retweet* a mis publicaciones o las marca como favoritas.

La estrategia de mensajes de texto de Matt ha sido brillante. Guarda su mejor información de valor agregado para los mensajes de texto. Debido a que está familiarizado con mis intereses y mi empresa, a menudo envía mensajes de texto con enlaces a artículos relevantes que sabe que me interesarán. La mayoría no tiene nada que ver con su producto, pero agrega valor. Cuando recibo estos mensajes de texto, siempre le respondo dándole las gracias. Esto suele crear un breve diálogo sobre algún área de interés (por lo general, los deportes) que, a su vez, nos mantiene conectados. De vez en cuando, me envía un mensaje de texto para decirme que disfrutó leyendo uno de mis artículos o escuchando uno de mis podcasts.

La estrategia de Matt me mantiene involucrado y nutre nuestra relación. Sus mensajes de texto son apreciados y no intrusivos, porque son valiosos para mí y personales. Debido a esto, Matt y su compañía se quedaron en mi mente (como lo demuestra esta historia) y cuando tome una decisión de compra de software de BI será con él.

Utiliza los mensajes de texto para crear oportunidades de involucramiento

Este tipo de contacto también es bien recibido cuando hace que tu prospecto se sienta importante. Envíale mensajes cortos para felicitarlo por un ascenso, una mención en las noticias, un premio o reconocimiento o para decirle algo bueno sobre un artículo que él escribió, un video que produjo o algo que publicó en las redes sociales que te haya parecido interesante. Conclusión, llama la atención de tu prospecto. Esto puede ser muy poderoso si además le das "me gusta", comentas o compartes la publicación.

Los mensajes de involucramiento reciben una respuesta positiva siempre y cuando sean sinceros, personalizados y libres de solicitudes directas de cualquier cosa. El objetivo es simple: darle al prospecto una razón para involucrarse en una conversación. Esta posibilidad aumenta cuando lo haces sentir importante.

Siete reglas para estructurar mensajes de texto efectivos para prospectar

Para que tu mensaje de texto sea efectivo, debes involucrar a tu prospecto y lograr que él actúe en un abrir y cerrar de ojos. Condensar tu mensaje en un espacio pequeño requiere que seas reflexivo, creativo y enfocado. Es difícil crear impacto en 250 caracteres o menos.

Hay siete reglas para escribir mensajes de texto efectivos:

1. *Identifícate.* Nunca des por sentado que tu prospecto tiene tu información guardada en su teléfono. En la mayoría de los casos, no es así. De modo que, cuando envíes un mensaje de texto, esta persona no sabrá quién eres. Como mejor práctica, incluye tu nombre y compañía en la parte superior del mensaje.

2. *El mensaje importa.* Lo que dices y la manera como lo haces genera impacto. Ten mucho cuidado de que tu tono no se malinterprete de manera negativa. Usa oraciones completas para evitar sonar brusco, duro, sarcástico o superficial.

3. *Sé directo y breve.* Di exactamente lo que quieres en oraciones claras, precisas y bien escritas, usando buena gramática y ortografía. Recuerda que se trata de un mensaje profesional. Tu mensaje debe tener de una a cuatro frases cortas o menos de 250 caracteres cuando sea posible. Evita oraciones repetitivas y cortadas. No uses emoticones (caritas sonrientes). Sé profesional.

4. *Evita las abreviaturas.* No uses abreviaturas en los mensajes de texto que les envías a los prospectos. No se ven profesionales y la otra persona podría no entender lo que quieres decir. Del mismo modo, evita usar acrónimos y jergas.

5. *Utiliza enlaces transparentes.* Los hipervínculos cortos suelen ser sospechosos. Al igual que con el correo electrónico, cuando envías URL que enlazan a artículos

u otros recursos, inclúyelos en su totalidad, para que el prospecto sepa a dónde llegará cuando haga clic.

6. *Antes de hacer clic en "enviar", haz una pausa y relee el mensaje.* Que esta sea tu regla cuando escribes mensajes de texto (y cualquier tipo de comunicación escrita).

7. *Conoce tus cifras.* Por último, como con todos los canales de prospección, revisa tus cifras. Monitorea la cantidad de mensajes de texto que envías cada día, las tasas de respuesta, las conversiones en citas y, en última instancia, en ventas.

NO ENVÍES MENSAJES DE TEXTO MIENTRAS CONDUCES. ¡DEJA EL MÓVIL A UN LADO!

21

Desarrollando fortaleza mental

Cuando las cosas se ponen difíciles, los mentalmente
fuertes siguen adelante.

—Anónimo

Esta es la verdad brutal e innegable. Las ventas son una profesión dura, agotadora y a veces desgarradora. La presión para cumplir y la demanda son implacables. Debes dar resultados o serás despedido. En la profesión de ventas, lo que importa no es lo que ya hayas vendido, sino lo que vendas hoy.

Los fanáticos de prospectar reciben más rechazo antes de las 9:00 a.m. que una persona promedio en un año entero. El hecho es que la mayoría de la gente no duraría ni un minuto desempeñándose en el campo de las ventas. Tienen tanto miedo al rechazo que prefieren morir de hambre que hacer una sola llamada de prospección. Es por eso que los vendedores son los deportistas de élite del mundo de los negocios. Los empleados de tu empresa (incluso si actúan como si no entendieran esto) cuentan contigo para conservar su trabajo y recibir su pago. Los propietarios de las empresas y sus ejecutivos necesitan que tú cumplas con tus cifras para mantener contentos a los accionistas.

En pocas palabras, sin vendedores (deportistas de élite) ni clientes, no habría ganancias ni crecimiento ni empresa ni equipo. Si tu empresa fuera un equipo deportivo profesional, los vendedores estarían jugando en la cancha y todos los demás estarían rodeándolos, apoyándolos.

Quiero que te detengas un momento y te mires en el espejo. Mírate como lo que realmente eres: un deportista de élite. Así como un equipo profesional cuenta con sus jugadores para ganar el juego, tu empresa cuenta con sus deportistas de élite (es decir, tú) para ganar en el mercado. Cuando el silbato suena cada mañana, tú tienes que estar listo para salir a darlo todo.

Al igual que los mejores deportistas, debes entrenar duro para lograr tu máximo desempeño. Sin embargo, lo que las investigaciones[1] nos dicen es que se necesita más que entrenamiento y acondicionamiento para lograr el máximo desempeño día tras día. Todos los deportistas de élite, tanto en el deporte como en los negocios, entrenan y trabajan duro. Eso es un hecho. Sin embargo, los campeones obtienen su ventaja competitiva de su fortaleza mental.

Los datos de múltiples investigaciones nos dicen que la fortaleza mental es más importante que el talento, la experiencia, la educación, las habilidades o la técnica. Es la razón por la que algunos deportistas trabajan bien bajo presión, en tanto que otros se derrumban.

Esta, a veces llamada determinación[2], es la verdadera razón por la cual algunos vendedores son superestrellas perennes, mientras que otros, con el mismo nivel de talento, empequeñecen tan pronto las cosas se ponen difíciles. James Loehr fue uno de los primeros expertos en identificar la "sicología del ganador". Él describió siete dimensiones centrales de la fortaleza mental[3]:

1. Confianza en sí mismo
2. Control de la atención
3. Minimizar la energía negativa
4. Aumentar la energía positiva
5. Mantener los niveles de motivación
6. Control de la actitud
7. Control visual y de imágenes

Recientemente, estudios innovadores como el de Angela Duckworth, "Grit: Perseverance and Passion for Long-term Goals", nos están ayudando a entender cuánto importa la fortaleza mental en cuanto a los logros.

Por eso, para llegar a la cima, debes desarrollar tu capacidad de determinación. La buena noticia es que, a diferencia del talento y la inteligencia, que son parte de tu ADN, la fortaleza mental puede ser aprendida y desarrollada. La fórmula es simple: cambia tu mentalidad. Cambia el juego.

Necesitas determinación —tienes que trabajar duro para brillar

En las ventas, sólo puedes controlar tres cosas: tus acciones, tus reacciones y tu mentalidad.

Perder es una decisión. La mediocridad es una decisión.

Sí, ya he escuchado el argumento: los vendedores nacen, no se hacen. En realidad, creo que algunas personas nacen con el talento para ser contadoras, mariscales de campo de la NFL, líderes y profesionales de ventas. Sin embargo, miles y miles de vendedores fracasan porque han tomado la decisión —sí, la decisión— de perder.

Cuando eliges comportamientos mediocres, obtienes resultados mediocres. Entonces, una vez que permites la mediocridad en tu día de ventas, te conviertes en un imán para la mala suerte.

Esta elección es una de las razones principales por la que muchos vendedores siempre están cambiando de trabajo. A pesar de la capacitación que cada nueva empresa brinda, del coaching, de la mentoría y las herramientas, al final, estos vendedores fracasan. Tienen todo lo que necesitan para alcanzar el éxito, excepto fortaleza mental.

El año pasado, contratamos a una representante de ventas para que le hiciera publicidad a Sales Gravy. Le dimos capacitación, orientación, apoyo y datos sobre clientes potenciales. Cuando ella comenzó a trabajar con nosotros, le hablé honestamente. Le expliqué que los primeros 60 días serían los más difíciles. Tendría que trabajar duro para construir su canal de ventas. A lo largo del camino, se enfrentaría a mucho rechazo, cometería errores y se avergonzaría de vez en cuando mientras aprendía a presentar un producto nuevo y desconocido para ella.

Trabajó duro durante exactos 29 días. Entonces, recibí su llamada, notificándome su renuncia. Puso muchas excusas: el trabajo era abrumador, no sentía que estaba teniendo éxito, tal vez la publicidad no era lo suyo. Una vez más, le expliqué que estos sentimientos eran normales porque su trabajo era nuevo para ella y traté de convencerla de que, si lo intentaba un poco más de tiempo, sus esfuerzos valdrían la pena, pero ella ya lo había decidido, así que renunció.

De inmediato, tomamos el teléfono y le hicimos seguimiento a todos los prospectos que ella había incluido en el canal de ventas. Había hecho un gran trabajo al incluir a prospectos calificados a lo largo de esos 29 días. Tan bueno fue su trabajo que, de hecho, cerramos casi todos los negocios que ella comenzó. Su comisión por estas ventas habría sido de $7.000 dólares. En vez de eso, recibió $0 dólares.

Renunciar es una opción. Cuando se enfrentan a desafíos, la mayoría de las personas renuncia demasiado pronto, casi siempre, cuando ya están en la cúspide del éxito. Esto es especialmente cierto en el caso de los vendedores en sus nuevos trabajos. Comenzar un nuevo trabajo en ventas y asumir nuevos desafíos es frustrante y difícil. Tienes muchos días oscuros en los que sientes que lo único que logras es fracasar y que no hay esperanza. Cuando estás cerca de lograrlo, todo parece más oscuro. Ya estás cansado, agotado y desgastado. Es en este punto que la fortaleza mental, entendida como fe y persistencia, te impulsa en esa última etapa.

Winston Churchill dijo: "Cuando estés pasando por el infierno, sólo sigue adelante". La fe es crucial. Confía en que, si haces lo correcto todos los días, el impacto acumulativo de estas acciones dará sus frutos. La fe te mantiene enfocado en tu meta cuando no existe evidencia tangible de que el trabajo duro que estás haciendo te llevará allí.

La persistencia es el combustible de los ganadores. Es la tenacidad y la determinación de seguir adelante a pesar de la duda, los obstáculos, el fracaso, la vergüenza y los contratiempos. La persistencia te levanta del suelo, te desempolva y te pone de nuevo en el juego. Es la que te da ese último empujón para que logres cruzar la línea de meta.

El hecho es que las ventas son un trabajo duro. La prospección es un trabajo duro. Sin embargo, no hay de otra, tienes que trabajar duro para brillar.

Todo el mundo quiere alcanzar la gloria del cierre, pero la mayoría no está dispuesta a trabajar duro ni a pagar el precio del éxito. En cualquier tarea, el éxito se paga por adelantado con trabajo duro. En las ventas, el éxito se paga por adelantado prospectando. Nunca sobresaldrás en nada si no trabajas duro antes.

La fortaleza mental es el único rasgo que define a todos los mejores. Es la capacidad de levantarte de nuevo cuando te han derribado y ser resiliente frente al rechazo, la adversidad y la derrota. Es la capacidad de aceptar el dolor y el sacrificio hoy para lograr una victoria en el futuro. Es la capacidad de bloquear la autocrítica, manejar las emociones disruptivas, ignorar a las personas que te dicen lo que no puedes hacer y enfocarte de manera específica en una meta deseada.

La determinación es el fundamento de la fe, la persistencia, la tenacidad, la resiliencia, el trajín y la mentalidad ganadora. Los mejores de los negocios, los deportes, las ventas y de cualquier otro ámbito se golpean contra las mismas paredes y tienen el mismo sufrimiento mental y físico que todos los demás. Lo que los hace diferentes es su capacidad para mantenerse en pie en medio de sus desafíos y dominar su deseo de renunciar.

La fortaleza mental te obliga a dejar atrás la ilusión de que las cosas serán fáciles. Te hace asumir que las cosas "apestan" —y en nuestro caso, lo que apesta es la prospección.

En su libro *Never Hire a Bad Salesperson Again*, el Dr. Chris Croner y Richard Abraham describen la fortaleza mental en los vendedores mediante tres dimensiones[4].

- *Optimismo*: cuando te derriban, el optimismo te dice que, si puedes mirar hacia arriba, puedes levantarte. El optimismo es el padre de la perseverancia. Potencia un sistema de creencias positivo y atrae energía positiva.
- *Competitividad*: ¿Odias perder o amas ganar? El impulso para evitar perder es lo que mantiene a las superestrellas trabajando por más tiempo, más duro y haciendo lo que sea necesario para ganar. La competitividad es la madre de la persistencia.
- *Necesidad de logro*: el sicólogo e investigador Henry Murray definió la necesidad de alcanzar logros como

"hacer esfuerzos intensos, prolongados y repetidos hasta lograr algo difícil. Es trabajar con unicidad de propósito hacia una meta alta y distante. Es tener la determinación de ganar"[5]. La necesidad de logro es la madre de la automotivación.

Cuatro pilares de la fortaleza mental en las ventas

¿Qué se necesita para desarrollar y mantener la fortaleza mental en las ventas? ¿Cómo se incuban el optimismo, la competitividad y la necesidad de logro? ¿Qué pasos puedes dar a partir de hoy para alcanzar tu máximo desempeño y convertirte en un deportista de élite?

A lo largo de mi carrera, tras trabajar con miles de profesionales superestrellas en el campo de las ventas, he descubierto que hay cuatro pilares que constituyen la base de la fortaleza mental en las ventas.

Deseo

El gran Napoleón Hill afirmó: "El deseo es el punto de partida de todo logro; no una esperanza, no un anhelo, sino un deseo agudo y pulsante que trasciende todo". Mi buen amigo Brian Stanton dice: "El deseo es la madre de la actividad de las ventas".

El deseo es la singularidad del logro. Cualquier cosa que realmente valga la pena debe comenzar con el deseo. De lo contrario, fracasarás. Es la clave para aprovechar la motivación que necesitas para superar los obstáculos reales y autoinfligidos. Es más fácil desarrollar fortaleza mental y autodisciplina cuando tienes un objetivo.

Por ejemplo, si deseas por sobre todas las cosas comprar una casa, pero necesitas la cuota inicial, harás lo que sea necesario para ganar cheques de comisión más gordos. Si deseas ir al viaje de ventas élite de tu empresa, hallarás la voluntad de despertarte temprano cada mañana y empezar a hacer llamadas. Si deseas ser promovido a gerente de ventas, encontrarás una manera de sobresalir como representante.

Sin embargo, el deseo es sólo el comienzo. Es una chispa. Para encenderla, necesitas definir claramente lo que quieres y hacia dónde vas. Esto requiere que respondas tres preguntas:

1. ¿Qué quieres?

2. ¿Cómo planeas conseguirlo?

3. ¿Qué tantas ganas tienes de lograrlo?

Eso es todo. Comienza por definir lo que quieres, construye un plan y escríbelo. Sin promesas vacías. Sin deseos fugaces ni esperanzas vagas. Elige objetivos reales que signifiquen algo para tu carrera y tu vida.

La brutal realidad es que, si no tienes un plan, te convertirás en parte del plan de otra persona. Tu opción es tomar el control de tu vida o dejar que alguien más te use para mejorar la suya. Es tu elección.

Así que empieza por esto: define lo que quieres y escríbelo. Esto significa tener la disciplina para dejar de hacer lo que estás haciendo, sentarte y pensar en tu futuro.

Anotar tus metas y tu plan te hace imparable. Cuando escribes tus objetivos en papel, activas una poderosa fuerza motivacional. Un plan escrito te obliga a pasar a la acción. Algo dentro de ti comienza a llevarte hacia adelante, empujándote hacia tu destino. Está ahí, escrito en piedra, así que no podrás ignorarlo hasta que lo hayas cumplido.

La prospección genera adversidad. Te encontrarás con trabas, obstáculos, decepciones y muchísimo rechazo. Siempre habrá una montaña por escalar y una batalla cuesta arriba por luchar. Siempre existirá la tentación de holgazanear. Siempre habrá una excusa para no hacer algo. Siempre habrá algo más placentero a corto plazo que sacrificarte a largo plazo por lo que realmente quieres.

Por eso es tan poderoso recurrir al deseo. Necesitas un conjunto de objetivos escritos, con pasos claros hacia el éxito que te motiven a la acción. La acción genera impulso. Cuando empieces a andar a toda marcha, irás a toda velocidad y saltarás sobre las arenas movedizas de la procrastinación, el perfeccionismo y la parálisis.

Resiliencia mental

Hace unos años, durante una tormenta, un árbol enorme cayó en mi patio trasero. Generó un gran caos, ¡pero yo estaba emocionado porque esa era mi oportunidad! Había querido comprar una motosierra durante años (es algo de hombre versus máquina que llevo en mi ADN). La cosa es que nunca he tenido mucho que cortar. En ese momento, vivía en la ciudad y mis chimeneas solían ser de gas natural.

El árbol cubría todo mi patio y alguien tenía que hacerse cargo del problema. Ignoré las súplicas racionales de mi esposa de contratar a alguien para que se lo llevara y me dirigí a la ferretería a comprar una motosierra y todos sus accesorios. Me sentía un guerrero urbano en persona.

- ¿Guantes? Listo.
- ¿Gafas de seguridad? Listo.
- ¿Aceite para cadenas? Listo.
- ¿Combustible? Listo.
- ¿Nuevo cinturón de cuero para herramientas sólo para verme rudo? Listo.
- ¿Hijo de 14 años para transportar las ramas que corte hasta la acera? Listo.

Tiré de la cuerda varias veces para prender la máquina y finalmente sucedió. El motor retumbó. Se sentía maravillosa en mis manos. ¡Potencia! Presioné el accionador varias veces más, sólo para informarle al árbol quién era el jefe, y luego empecé a trabajar. El olor a combustible quemado llenaba el aire, el aserrín volaba y las ramas derrotadas se estrellaban contra el suelo. Primero, corté la maraña de ramas, empezando por las pequeñas. La nueva sierra cortaba la madera como si se tratara de un cuchillo caliente entre mantequilla. Era hombre *versus* árbol y el hombre estaba ganando. Una hora más tarde, el árbol iba ganando. Estaba empapado en sudor y luché durante lo que parecieron horas para poder hacer un corte a través del tronco. Miré lo que quedaba del árbol y, haciendo cálculos, al ritmo que iba, me tomaría varios días terminar el trabajo.

Agotado y frustrado, apagué la sierra y me senté en los escalones para descansar, ignorando la mirada de "te lo dije" de mi esposa cuando se acercó a darme un vaso de té helado.

Mi hijo, que había estado haciendo el mismo cálculo y estaba dándose cuenta de que a este ritmo nunca retomaría sus videojuegos, dijo: "Papá, tal vez necesitas afilar la sierra".

Le dije que no y le expliqué: "Es completamente nueva; debe estar afilada. Creo que la madera del tronco es más dura que la de las ramas".

Aunque no lo dije en voz alta, el hecho era que no quería tener que conducir de nuevo a la ferretería para comprar un afilador de sierras.

Una hora más tarde, otra vez agotado y sin llegar a ninguna parte, seguí a regañadientes sus consejos e hice el viaje de 10 minutos hasta la ferretería para comprar una escofina y afilar la cadena.

Después de 15 minutos de afilada, la sierra estaba funcionando y esta vez a la perfección. No podía creerlo. Si me hubiera tomado el tiempo de afilar la sierra cuando comenzó a trabarse, a esas alturas, ya hubiera terminado el trabajo.

Esto me hizo pensar en otras áreas de mi vida en las que estaba atascado y no llegaba a ninguna parte. Honestamente, había docenas de oportunidades por afilar. Me di cuenta de que, al estar tan enfocado en la construcción de mi negocio, había ignorado invertir en mí mismo.

Con la lección de la motosierra firme en mi mente, me inscribí a un seminario, ordené un libro y me suscribí a varios blogs enfocados en las áreas de mi vida que necesitaban algo de filo. Las técnicas que aprendí causaron un impacto inmediato en mi mentalidad.

Me sentí más enérgico y enfocado y mi impulso aumentó exponencialmente. En los siguientes meses, mi ya exitoso negocio se duplicó en tamaño. Tuvimos que abrir una nueva oficina para hacerle espacio a nuestro creciente equipo. Ese fue el resultado directo de una inversión que hice en mí.

¿Y tú? ¿En qué área estás atascado o dedicando mucho esfuerzo, pero no llegas a ninguna parte? ¿Cuándo fue la última vez que afilaste tu propia sierra? ¿Cuándo fue la última vez que hiciste una pausa e invertiste en ti mismo?

Las personas más exitosas invierten constantemente en sí mismas para aumentar su conocimiento, aprender y afinar sus habilidades. Ellas entienden un principio que fue cierto para mi motosierra y para mi vida. A veces, es necesario reducir la velocidad para luego acelerar. No siempre se trata de esforzarte más. A veces, debes hacer o pensar de manera diferente.

Y aunque en el calor del momento puede que pienses que no tienes tiempo para leer un libro o asistir a un seminario (o para correr a la ferretería a comprar un afilador), la mayoría de las veces, hacer una pausa y afilar la sierra te ayudará a moverte más rápido, con menos esfuerzo y a generar resultados mucho mejores.

Aprender más = ganar más

Cicerón dijo: "El cultivo de la mente es tan necesario como lo es el alimento para el cuerpo". Gandhi dijo: "Debemos vivir como si fuéramos a morir mañana y aprender como si fuéramos a vivir para siempre". En las ventas, y en la vida, cuando aprendes más que tus competidores (y compañeros), ganas más que ellos. Las personas que invierten en su aprendizaje son más motivadas, desarrollan un sistema de creencias más fuerte y siempre tienen más éxito que sus compañeros.

¿Quieres convertirte en un vendedor de élite? Una de las claves es tener más conocimiento sobre la profesión de las ventas, sobre tu industria, tus productos y servicios que cualquiera de tus competidores.

Los aprendices invierten su dinero en libros, seminarios y talleres para mantener sus habilidades actualizadas y afinadas. Se suscriben a boletines, revistas comerciales, publicaciones de la industria y de ventas, y también a blogs, con el fin de mantenerse al día en su propia industria y en la profesión de ventas. Además, siguen a los mejores expertos en Twitter, LinkedIn y Google+. Escuchan podcasts, asisten a webinarios y se capacitan mediante la gran cantidad de videos educativos que abundan en internet.

También leen libros.

Todo lo que necesitas saber sobre cualquier cosa lo encuentras en un libro. ¡Todo! Si quieres aprender algo o convertirte en un experto en algo, sólo tienes que leer. Es por eso que me entristece que muchas personas me digan que no les gusta leer o que, sencillamente, no lo hacen.

Tengo una paciencia limitada con los vendedores que no leen. No hay absolutamente ninguna excusa para no hacerlo. Cuando decides no leer, estás tomando la decisión consciente de limitar tu crecimiento y tus ingresos, y eso no me genera nada de simpatía hacia ti.

Leer te ayuda a pensar con más profundidad. Te ayuda a ver el mundo de manera diferente. Te convierte en un mejor recurso para tus clientes y tu empresa. Te ayuda a convertirte en un mejor conversador. La lectura te da conocimiento. Mejora tus habilidades de escritura y tu vocabulario. Y debido a que tan pocas personas leen, el hábito de la lectura suele ayudarte a convertirte en un experto a quien recurren las personas que no leen —incluidos los prospectos—, en busca de consejo. La lectura programa la mente subconsciente para encontrar respuestas cuando las necesitas.

En ningún otro momento en la experiencia humana los libros han sido tan accesibles y asequibles. Con los dispositivos móviles, puedes leer en cualquier lugar. Soy fan de Kindle y Audible, pero existen docenas de tiendas, incluyendo iBooks, Barnes & Noble, Amazon y Oyster, donde puedes comprar todos los libros que necesites y quieras. Yo compro libros de tapa dura, digitales y de audio. Con sólo un clic en mi smartphone, tengo acceso a millones de libros en un instante. Con Audible puedo conectar mi teléfono o tableta en mi auto y escucharlos mientras conduzco, paseo a mi perro o hago ejercicio en el gimnasio.

El verdadero secreto es dividir la lectura en pequeñas franjas de sólo 15 minutos cada día. Esos 15 minutos diarios de lectura profesional se acumulan rápidamente. La mayoría de la gente se sorprende al ver cuántos libros logra leer de esa forma.

Funciona así:

- Cada año tiene 52 semanas.
- Supongamos que lees temas profesionales (no ficción) sólo entre semana y que te vas de vacaciones por dos semanas.
- Son 250 días para hacer lectura profesional.
- Esos 250 días, multiplicados por 15 minutos, dan 3.750 minutos, o aproximadamente 62,5 horas de lectura profesional en un año.
- Se requieren entre 2 y 3 horas para leer un libro promedio de negocios, ventas o desarrollo personal, dependiendo de tu velocidad. Eso significa alrededor de 250 páginas o 50.000 palabras, con un promedio de lectura de entre 300 y 500 palabras por minuto.
- Haz los cálculos: 62,5 horas divididas por 3 horas por libro, en el transcurso de un año, leyendo sólo 15 minutos

al día, significa que leerás aproximadamente 21 libros profesionales.

Ese es un número asombroso. Leer sólo 15 minutos al día cambiará tu vida y tus ingresos. En la hora del almuerzo, cuando estés esperando a un cliente, en el tren o en el avión o cuando tengas un momento disponible, abre la aplicación de lectura en tu teléfono y avanza algunas páginas.

Usa el tiempo sabiamente. El vendedor interno promedio conduce entre su casa y su trabajo y viceversa de una a dos horas al día. El representante de ventas externo promedio pasa entre cuatro y cinco horas al día en su auto. ¿Por qué no pasar ese tiempo aprendiendo en lugar de escuchar música o programas de radio? El difunto Zig Ziglar llamaba a esto "Universidad Automóvil".

Escuchar programas educativos y de desarrollo personal en tu auto puede equivaler a varios años de educación universitaria. Es fácil. Descarga la aplicación Audible en tu teléfono y luego selecciona audiolibros que te interesen. Agrega la aplicación Podcasts (Apple) o Stitcher (Android) en tu teléfono y escucha podcasts.

Yo soy fanático de los podcasts porque son G-R-A-T-I-S. Muchos de los líderes de opinión y autores prominentes del mundo producen podcasts magníficos que te ayudan a crecer y desarrollarte. Suscríbete ya mismo a mi podcast (el podcast de ventas más descargado en la historia de iTunes).

Para los vendedores, la clave para construir resiliencia mental es usar cada momento libre para invertir en sí mismos.

Resiliencia física

En las ventas, la disciplina mental para exponerte y ser vulnerable al rechazo requiere de una cantidad enorme de energía mental. Esta siempre estará limitada por tu resiliencia física. No triunfarás de forma constante si careces de la resistencia para trabajar más y superar a tus competidores.

Mantenerte en gran condición física mejora el pensamiento creativo, la claridad mental y el optimismo. Te hace más ágil y adaptable y te ayuda a ganar la disciplina para mantener el autocontrol emocional frente al rechazo sin fin. También aumenta tu confianza y entusiasmo —las dos emociones más importantes en las ventas.

La resiliencia física se basa en tres pilares fundamentales.

Ejercicio constante

Los profesionales de las ventas pasan una cantidad excesiva de tiempo sentados mirando pantallas. Con el aumento de las funciones de ventas internas y el avance de la tecnología como las videollamadas, el correo electrónico y las redes sociales, los vendedores pasan menos tiempo de pie que antes.

Hay cada vez más evidencia de que estar sentado todo el día es extremadamente peligroso para la salud[6] y afecta la capacidad mental. Resulta que, cuando te sientas demasiado tiempo mirando la pantalla de una computadora, "todo se ralentiza, incluida la función cerebral"[7].

Muchas investigaciones[8] indican que, entre 30 minutos a una hora de ejercicio al día, te mantiene saludable, reduce la probabilidad de enfermedades y desarrolla resiliencia física. La mayoría de las personas puede encontrar 30 minutos en el día para hacer ejercicio. Sólo tienes que comprometerte y a veces ser creativo. Tal vez, no tienes un bloque completo de 30 minutos. Está bien. Los estudios[9] indican que 10 minutos en un momento y 10 en otro pueden ser igual o incluso más efectivos que una sola sesión larga.

Puedes ir al gimnasio, dar un paseo a la hora del almuerzo o salir en bicicleta cuando llegues a casa. Compleméntalo con 50 abdominales y 50 flexiones. Los fines de semana, practica algún deporte o haz una caminata. Carga tu bolsa por el campo de golf en lugar de montar en un carrito. Deja tu auto en la parte trasera del estacionamiento, sube por las escaleras y camina hasta la siguiente terminal del aeropuerto en lugar de tomar el tren. Haz jardinería.

Ponte de pie mientras estás haciendo llamadas de prospección y camina en tus descansos o entre reuniones en lugar de sentarte en la sala de descanso o quedarte chismeando en la sala de conferencias.

Hay cientos de maneras de incluir una rutina de entrenamiento de 30 minutos al día en tu ajetreada vida. No importa qué hagas, pero debe hacerte sudar durante al menos 30 minutos todos los días.

Dormir

Nada afecta tu salud y bienestar mental tanto como el sueño. Cuando duermes lo suficiente, tu energía física y mental está en su estado máximo. Eres más creativo, disciplinado y ágil. Tienes más confianza, puedes pensar con claridad, eres más apto para superar la adversidad y, francamente, te ves y te sientes mejor.

Los seres humanos necesitamos entre siete y nueve horas de sueño cada noche para mantener un nivel de desempeño óptimo. Sin embargo, en la sociedad actual, dormir poco se ha convertido en una insignia de honor.

Pueden ocurrir muchas cosas malas cuando no estás durmiendo lo suficiente[10]. A largo plazo, eres más susceptible a deficiencias inmunitarias, obesidad, enfermedades cardíacas y trastornos del estado de ánimo y esto reduce tus expectativas de vida.

A corto plazo, la privación del sueño tiene un profundo impacto en tu capacidad cognitiva. Estás malhumorado, desenfocado y estresado; tu memoria te falla y te vuelves susceptible a romper tu disciplina. Es muy, muy difícil mantener la fortaleza mental necesaria para prospectar cuando no duermes lo suficiente.

Comer sano

En el ajetreado y acelerado mundo de las ventas, comer bien tiende a ser difícil. Los vendedores externos visitan restaurantes de comida rápida para recargarse de combustible y los vendedores internos buscan la bolsa de papas fritas o la barra de dulces escondida en el cajón de su escritorio y luego bajan todo eso con refrescos cargados de azúcar y bebidas energéticas.

Comer mal es como ponerle gasolina de baja calidad a un auto de carreras de alto rendimiento. Para obtener la fortaleza mental y la resistencia necesaria para estar en tu punto máximo durante tu día como vendedor, debes consumir combustible de cohetes de alta calidad.

La alimentación saludable es una elección consciente. Es un compromiso fácil de romper cuando no estás durmiendo lo suficiente ni haciendo ejercicio. La buena noticia es que, en la actualidad, incluso los restaurantes de comida rápida ofrecen opciones saludables. Con tan un poco de disciplina y planificación, encontrarás alimentos nutritivos en el camino y además tienes la opción de preparar comidas saludables en casa.

Hay una regla cardinal en cuanto a los vendedores y la alimentación. Desayunar siempre. Esta es la comida más importante del día para los vendedores. Arranca tu metabolismo, te energiza y te ayuda a reunir la disciplina para comenzar tu día con un bloque de prospección de alta potencia.

Alimenta tu actitud

Eres lo que crees que eres. Tus creencias atraen el éxito o lo alejan. Tus creencias determinan tu actitud. Cuando se trata de prospección y ventas, la actitud lo es todo. Cuando la alimentas con el miedo y la renuencia asociados con la prospección, tu actitud muere de hambre.

Por lo tanto, invertir en un sistema de creencias fuerte es fundamental para desarrollar y mantener tu fortaleza mental. En mis viajes por el mundo, he descubierto que las personas con una actitud positiva comparten dos creencias comunes:

1. Esperan ganar.
2. Creen que todo sucede por una razón.

Cuando interiorizas la expectativa de que vas a ganar, y se supone que así debe ser, lo harás mucho más a menudo que la persona que espera perder. Pedirás con confianza lo que quieres, lograrás tus objetivos de prospección con más frecuencia y cerrarás más negocios. Cuando crees que todo sucede por una razón, tu perspectiva sobre eventos potencialmente negativos es optimista. En lugar de quejarte y decir "¿Por qué yo?" cuando te enfrentas a un obstáculo, preguntas: "¿Qué puedo aprender de esto?".

En otras palabras, cuando eliges creer que tienes el control de tu propio destino, ya no le temes al fracaso ni al rechazo, porque sabes que fallar es el camino hacia el aprendizaje, el crecimiento y hacia un mejor desempeño.

Como eres humano, tus creencias tenderán a aumentar y disminuir. A veces, te quedarás atrapado en pensamientos negativos sin siquiera darte cuenta. Algunos días, otras personas lo notarán en ti e incluso te dirán que necesitas un "cambio de actitud". La demostración más obvia de una mentalidad en deterioro es en tu bajo desempeño en las ventas. Cuando tu actitud pierde altitud, pierdes tu ventaja ganadora.

La clave para mantener tu actitud sintonizada en el canal correcto es la autoconciencia. Cuando empieces a sentirte desenfocado, tu lenguaje se vuelva negativo u otras personas empiecen a señalar que tu actitud apesta, es hora de hacer algo.

Cambia de compañía. La miseria ama la compañía y quiere que seas parte de su equipo. Si andas con personas que tienen malas actitudes, estas destruirán tu buena actitud. Asegúrate de que las personas con las que estés saliendo te ayuden a mejorar tu actitud en lugar de destrozarla.

Cambia la forma en que te hablas a ti mismo. Hay una pequeña voz dentro de ti que no se calla nunca. Lo que te dices internamente se manifiesta en tu actitud y en tus acciones externas. Detente y escucha lo que te estás diciendo a ti mismo. Si te estás ahogando en autocompasión, culpando al mundo por tus problemas y diciéndote a ti mismo lo que no puedes hacer, entonces, es hora de cambiar tu lenguaje. No puedes permitirte tener pensamientos negativos. Cambia lo que recibes. Lo que le des a tu cerebro es lo que saldrá de él. Si estás leyendo, viendo o escuchando cosas negativas, estas afectarán tu actitud. Aléjate de las noticias. No escuches programas de entrevistas. Comienza a alimentar tu cerebro con mensajes positivos y tu actitud ganará altitud.

Cambia tu enfoque. Sí, perdiste. Tuviste un contratiempo. Fallaste. Cuando se enfrentan al fracaso, algunas personas desperdician toda su energía pensando en eso. Repiten la historia una y otra vez en su mente. Cambia tu visión. Acepta el fracaso como un regalo. Aprovecha ese dolor para volverte más fuerte y ágil. Usa la energía que estás desperdiciando cuando recuerdas la derrota una y otra vez y úsala para llegar hacia tu próximo objetivo.

Lo que te sucede no es lo que te define, sino más bien la forma como lo afrontas. Cada vez que te enfrentas a la adversidad o cuando las cosas no salen a tu manera, tienes dos opciones. Una es elegir entre lloriquear y quejarte y la otra es aprender y crecer.

Sé agradecido. La gratitud es la piedra angular de una actitud positiva, la chispa que enciende la automotivación y una de las verdaderas claves de la felicidad. Es apreciar lo que tienes, lo que te han dado, tus oportunidades, las lecciones aprendidas a través del fracaso y la adversidad y la ayuda que otros te han brindado a lo largo del camino.

Los vendedores de élite se sienten agradecidos por tener una carrera que les permite ganar más que casi todos a su alrededor. Ellos agradecen los obstáculos y desafíos que les ayudan a aprender y los hacen más fuertes. Dan gracias por los clientes y prospectos que generan sus ingresos; por las empresas que les pagan sus cheques de comisiones; por los malos jefes que les ayudan a aprender qué no hacer y por los buenos, aquellos que los inspiran a dar y ser más.

La buena noticia es que puedes cultivar deliberadamente la gratitud y la actitud positiva que proviene de ella al recordarte a ti mismo ser agradecido.

Cuando estés en la cima, atácate a ti mismo

Tal vez, cruzaste la línea de meta primero que muchos, levantaste los brazos, cerraste los puños y celebraste. Tal vez, tuviste un gran año, trimestre o mes. Te elogiaron, te dieron un trofeo, un viaje, recibiste la admiración de tus compañeros o un enorme cheque de comisiones.

A lo mejor, te preguntes: "¿Qué tanto puedo mejorar?".

Sin embargo, cuando estés cobrando ese gran cheque de comisiones, relajándote en la playa o subiendo a la tarima para recoger tu trofeo en tu reunión nacional de ventas, recuerda que ser un ganador hoy no garantiza que también lo serás mañana.

Cuando has trabajado tan duro y has estado enfocado en una sola cosa, es natural creer que has alcanzado el punto máximo o la cima. Ahora que estás sentado en la parte superior de la montaña, sientes que puedes descansar, disfrutar de la vista y estar satisfecho. Puedes respirar con alivio y permitirte creer, por primera vez en mucho tiempo, que, de ahora en adelante, todo será mucho más fácil.

Pues, bien. Tómate un momento, celebra, felicítate, disfruta ser el centro de atención, pero no caigas en la falsa comodidad de la satisfacción o la ilusión de que ahora todo será más sencillo.

Te daré mi consejo: cuando estés en el segundo lugar, ataca al líder. Cuando estés en el primer lugar, atácate a ti mismo.

No hay tiempo para la complacencia. No puedes darte el lujo de compararte con los que están detrás de ti. Lograr algo por bajar tus expectativas es una estupidez.

Piensa en nuevos objetivos y desafíos. Eleva tu nivel y trabaja duro en llegar más alto cada vez. No hay tiempo para descansar —la Regla de los 30 días te perseguirá.

Es fácil mirar hacia atrás con visión 20/20 y analizar el rendimiento deficiente o el fracaso que tuviste y ver todas las áreas donde se pueden hacer mejoras. Pero se necesita mucha autodisciplina y el corazón de un ganador para analizar las pequeñas partes de un desempeño brillante y luego tomar medidas para hacer pequeños ajustes y mejoras que te mantengan adelante del grupo.

El gran mariscal de campo de la NFL Steve Young dijo: "El principio es competir contra ti mismo. Se trata de superación personal, de ser mejor que el día anterior".

Esto es lo que hacen todos los deportistas y profesionales de las ventas de élite. Los verdaderos ganadores se atacan constantemente a sí mismos. Analizan cada parte de su desempeño y buscan maneras de mejorar. Ven cada victoria como un pequeño paso hacia nuevos objetivos. Este enfoque inquebrantable en la mejora constante es lo que separa a los buenos de los grandes y convierte a los ganadores de hoy en los campeones de mañana.

22

Once palabras que cambiaron mi vida

Haz más de lo necesario. ¿Cuál es la distancia entre alguien que logra sus objetivos de manera constante y aquellos que pasan su vida y su carrera persiguiéndolos? La diferencia es la milla extra.

—Gary Ryan Blair

No recuerdo dónde encontré las once palabras que cambiaron mi carrera de las ventas. Lo que sí recuerdo es porqué resonaron al instante en mi mente:

Cuando sea hora de irte a casa, haz una llamada más.

Escribí esta frase en una tarjeta y la pegué sobre mi escritorio. Siempre era lo último que miraba antes de salir a hacer mis visitas de ventas.

Estas palabras se convirtieron en mi mantra. Me animaban en esos días en que me sentía decepcionado por prospectos con los que no había logrado cerrar un trato; cuando hacía calor, frío, llovía o nevaba; cuando estaba cansado, exhausto, desgastado o cuando planteaba "buenas" justificaciones para terminar mi día de trabajo temprano. Este mantra, "cuando sea hora de irte a casa, haz una llamada más", me dio la fuerza que necesitaba para hacer esa llamada adicional (y a veces, dos, tres o cuatro).

El impacto de esas llamadas adicionales era increíble. Muchas de ellas se convertían en ventas. Era como si el universo me estuviera recompensando por seguir adelante. Ese esfuerzo final daba sus frutos tanto en mi desempeño como en mi salario. Eran ingresos que nunca habría generado si no hubiera desarrollado la disciplina de hacer una llamada más.

A lo largo de los años, he compartido este mantra con los profesionales en ventas que han trabajado para mí y sigo haciéndolo con la nueva generación que capacito. Recibo montones de llamadas, mensajes de texto y correos electrónicos los viernes al final de la tarde, provenientes de vendedores que dicen cosas como:

"Oye, Jeb, no vas a creer esto. Estaba a punto de rendirme, pero decidí hacer una última llamada y el tipo hizo la compra de inmediato. ¿Puedes creerlo?".

Estas casualidades les suceden todos los días en todo el mundo a los profesionales en ventas que se vuelven fanáticos de hacer una llamada más.

Los fanáticos de prospectar tienen la autodisciplina para hacer las cosas difíciles que hay que hacer en las ventas. Estos vendedores de alto rendimiento ¿se cansan, sienten hambre, sienten que su determinación vacila y quieren rendirse e irse a casa? Por supuesto. A estos vendedores de alto rendimiento ¿les encanta la prospección o las otras actividades necesarias para tener éxito en las ventas? ¡Por supuesto que no! Ellos no disfrutan de estas actividades más que los vendedores que no están logrando buenos resultados.

Lo que ellos entienden es que, para tener éxito al más alto nivel, tienen que pagarlo por adelantado con trabajo duro, sacrificio, enfocándose en cosas que detestan y haciendo una llamada más.

23

La única pregunta que realmente importa

Mi hijo juega como receptor en un equipo de fútbol americano de una escuela secundaria en un pequeño pueblo en el corazón del sur, donde el fútbol es más que un juego —es una religión—. Los viernes por la noche, los juegos son sagrados y, en esta catedral del deporte, pocas cosas son peores que jugar sabiendo que tus posibilidades de ganar son escasas o nulas.

Esa era la situación en lo que llamamos Backyard Brawl: el tradicional primer juego de la temporada entre nuestra escuela y un rival al otro lado de la frontera del condado.

Hace años, cuando esta rivalidad surgió, el juego era igualitario. Pero, con el tiempo, la expansión económica en el condado vecino hizo que la escuela rival creciera. Así, obtuvieron más recursos, financiamiento y jugadores. Sus instalaciones eran hermosas y tenían multitud de fans. Esta inequidad había contribuido bastante a las seis derrotas anteriores en el Backyard Brawl.

A medida que el pequeño grupo de padres entrábamos al estadio ese viernes por la noche, caminábamos por aquel campo tan bien cuidado y veíamos la enorme fanaticada de nuestros rivales, teníamos pocas esperanzas de ganar. Ya sabíamos cuál sería el resultado de este juego, así que nos preparamos para nuestra acostumbrada derrota y pensamos en los clichés y las afirmaciones superfluas que usaríamos después del partido para levantarles el ánimo a nuestros hijos.

En el centro del campo, el equipo contrario superaba a nuestros chicos. Más altos, más grandes, más rápidos, más fuertes y muchos más en número, comparados con nuestro limitado número de jugadores. Aquello era intimidante. Un observador casual que comparara los dos equipos concluiría rápidamente que nuestro equipo no tenía ninguna posibilidad de ganar.

Sonó el pitazo inicial y en la primera serie de *downs* nos pararon en seco. Los padres suspiramos y el equipo hizo el saque. En la siguiente serie, el otro equipo comenzó a avanzar sistemáticamente hacia nuestra zona de anotación. Fue entonces cuando nuestro entrenador comenzó a gritar desde el banquillo: "¿Realmente quieren ganar, chicos? ¿Realmente quieren ganar?".

Entonces, los ralentizamos. Después, los detuvimos. Después, logramos un saque. Fue un momento sorprendente e inesperado para ambos equipos y una recompensa por tres meses arduos de planificación, práctica y enfoque dirigido a este momento de la verdad. El punto decisivo fue cuando nuestros jóvenes realmente creyeron que podían jugar codo a codo contra sus rivales, que eran mucho más grandes, sin dejarse derrotar.

Nuestros jugadores y entrenadores habían invertido muchas horas viendo películas sobre este deporte. Trabajaron más duro y se esforzaron más que nunca en intensas prácticas. El entrenador Bo, que era el principal, los llevó a ver jugar al otro equipo en la pretemporada y les mostró sus debilidades. Además, hicieron unas infames prácticas con trineo. El entrenador Bo preparó mentalmente a sus jugadores para ganar haciéndoles empujar un trineo cargado con el peso extra de todo el cuerpo técnico, seis veces al día. ¡Seis veces, una por cada una de las seis pérdidas anteriores! Empujar el trineo era terrible, agotador y estaba diseñado para fortalecerlos mentalmente. El entrenador Bo sabía que, cuando el equipo llegara a su punto de quiebre, nada de lo que habían enfrentado sería peor que empujar ese trineo y, por supuesto, la idea de incluir una séptima ronda si ellos perdían era insoportable.

Los chicos lo entendieron y lucharon contra sus enormes adversarios como iguales. Una y otra vez los bloqueamos. Tacleadas detrás de la línea, balones golpeados en pases que hubieran sido *touchdowns*, capturas que convirtieron al bolsillo un lugar peligroso y saques que los devolvían a su zona de anotación. Con cada bloqueo, las palabras "¿Realmente quieren ganar?" cobraban más significado.

Todo lo que el otro equipo nos hacía, de alguna manera, lo bloqueábamos. Luego, anotamos. Nuestro corredor corrió, rompió tacleadas y logró seguir adelante. Frente a él, nuestros bloqueadores se lanzaron a los defensores. Mientras cruzaba la línea de meta, un rugido estalló en nuestras gradas. Habíamos marcado el primer punto.

El otro equipo estaba aturdido. No se suponía que esto pasaría. Vencer a nuestro equipo se había vuelto tan rutinario que ellos estaban convencidos de que saldrían victoriosos mucho antes de que el juego comenzara. Sus seguidores se quedaron en silencio y los jugadores bajaron la cabeza y salieron del campo cojeando hacia el vestuario en la mitad del juego.

Nuestros chicos, que jugaban en ambas posiciones, salieron corriendo del campo. Sus cuerpos estaban agotados y el calor del sur de Georgia les había pasado factura, pero mentalmente estaban que ardían. Deseaban ganar.

En la primera jugada de la segunda mitad, el otro equipo tuvo suerte con una tacleada perdida y llevó el balón hasta nuestra línea de cinco yardas. Parecía que en el medio tiempo se habían reorganizado y ahora tenían nuevas energías. Aun así, nuestros chicos los mantuvieron en la zona roja y recuperamos el balón. ¡Era increíble!

Durante los siguientes 30 minutos, la disputa fue intensa. Nos tiraron todo, incluyendo el fregadero de la cocina. Todas las veces, mantuvimos la defensa y los llevamos hacia atrás. Pero, cuando sólo faltaban dos minutos, perdimos el balón. En un último empujón estremecedor, el otro equipo de alguna manera recobró la energía y se movió por el campo, completando pase tras pase. Nuestros hijos no soportaban más agotamiento. El entrenador Bo gritaba desde el banquillo. "¡Un juego más, un down más! ¿Realmente quieren ganar?".

Al fin, los detuvimos en el tercer down, pero el reloj seguía corriendo. Todavía había tiempo para una jugada más. Cuarto down y quedaban cinco segundos; la jugada final y todo estaba en riesgo.

El suspenso era casi insoportable. Absolutamente emocionante. Cinco segundos. Una oportunidad para llegar a la zona de anotación. "¿Realmente quieren ganar, chicos? ¿Realmente quieren ganar?".

Desde nuestra línea de 15 yardas, el balón fue lanzado hacia atrás y ahí todo empezó a moverse en cámara lenta. El mariscal de campo del otro equipo volvió al bolsillo, buscando desesperadamente un receptor. Luego, inclinó el brazo y lanzó el balón por el aire, hacia la esquina de la zona de anotación. El balón flotó por el aire durante una eternidad. El receptor estrella del otro equipo saltó, lo alcanzó con la punta de los dedos y recibió el pase, perfectamente lanzado. Nuestro defensa corrió, tratando frenéticamente de lo soltara.

Durante un segundo, hubo silencio total en las gradas. Todo se detuvo. Parecía como si el receptor del otro equipo tuviera el balón. Podía escuchar las palabras del entrenador Bo resonando en mi cabeza. "¿Realmente quieren ganar, chicos? ¿Realmente quieren ganar?".

Nuestro defensor saltó para atrapar el balón, estirándose lo que más pudo. Con su empujón final conectó y le quitó el balón de las manos al receptor. Cayó inadvertidamente sobre la grama en la parte posterior de la zona de anotación y, cuando rodó hasta detenerse, ¡de repente, nos dimos cuenta que habíamos ganado! Luego, vino la algarabía. Gritamos, bailamos, nos abrazamos y nos felicitamos. Nuestros muchachos habían logrado lo imposible. Habían ganado el Backyard Brawl.

Tanto en las ventas como en la vida, siempre habrá alguien o algo intimidante, un competidor o algún problema que sea más grande, más rápido, más fuerte o inteligente que tú. Siempre habrá una montaña por escalar y una batalla cuesta arriba que tendrás que luchar para alcanzar tu objetivo.

Los Bucaneros de Briarwood demostraron, una vez más, lo que grandes equipos y personas siempre han sabido: cuando te enfrentas a un desafío o cuando un partido está en juego, lo importante no es lo grande que eres ni lo fuerte ni todo el entrenamiento ni los recursos ni la experiencia ni el entorno ni los títulos ni el talento ni la inteligencia ni el dinero ni toda esa basura que sigues diciéndote a ti mismo acerca de por qué no puedes hacer algo, ni ninguna de las otras cosas que con demasiada frecuencia se convierten en excusas que te detienen.

Cuando te enfrentas a tu Goliat, cuando estableces tus metas, cuando enfrentas el miedo, el rechazo y la adversidad; cuando estás cansado, agotado y tienes la opción de irte a casa o hacer una llamada más, la única pregunta que realmente importa es:

¿Qué tantas ganas tienes de lograrlo?

Notas

Capítulo 7

1. Carolyn Gregoire, "Fourteen Signs Your Perfectionism Has Gotten Out of Control", *Huffington Post*, www.huffingtonpost.com/2013/11/06/why-perfectionism-is-ruin_n_4212069.html.

Capítulo 8

1. Ryan Fuller, "3 Behaviors that Drive Successful Salespeople," *Harvard Business Review*, http://www.hbr.org/2014/08/3-behaviors-that- drive-successful-sales-people.

2. Anthony Iannarino, "Prospecting Rule One: Don't Check Email in the Morning," *The Sales Blog*, http://thesalesblog.com/blog/2011/ 06/24/ prospecting-rule-one.

Capítulo 13

1. "New Research Study Breaks Down 'The Perfect Profile Photo'", https:// www.photofeeler.com/blog/perfect-photo.php.

Capítulo 14

1. www.merriam-webster.com/dictionary/confidence.

2. www.merriam-webster.com/dictionary/enthusiasm.

3. http://jamesclear.com/body-language-how-to-be-confident.

4. http://lifehacker.com/the-science-behind-posture-and-how-it-affects-your-brai-1463291618.

5. https://youtu.be/Ks-_Mh1QhMc.

6. www.jillkonrath.com/sales-blog/value-proposition-components.

7. Jill Konrath, *Irresistible Value Propositions* (e-book), 2012.

8. Ellen J. Langer, Arthur Blank, and Benzion Chanowitz, "The Mindlessness of Ostensibly Thoughtful Action: The Role of 'Placebic' Information in Interpersonal Interaction", *Journal of Personality and Social Psychology* 36, no. 6 (June 1978): 635–642.

9. Jeffrey Gitomer, http://www.gitomer.com/articles/View.html? id=15068

Capítulo 15

1. Insight Squared, "Best Time to Make Cold Calls", www.insightsquared.com/wp-content/uploads/2015/02/Cold-Call-Timing-v8.pdf.

2. Brian Tracy, *Eat That Frog!: 21 Great Ways to Stop Procrastinating and Get More Done in Less Time*, 2nd ed. (San Francisco, CA: Berrett- Koehler, 2007), 2.

Capítulo 16

1. Godin, Seth. "Why Lie," http://sethgodin.typepad.com/seths_blog/2012/03/why-lie.html.

2. http://dictionary.reference.com/browse/overcome.

Capítulo 18

1. Robertson, Kelly. "How to Lose a Prospect's Attention in 5 Seconds or Less" http://fearless-selling.ca/how-to-lose-a-prospects-attention- in-5-seconds-or-less/.

Capítulo 19

1. Kevin Gao, "A List of Common Spam Words," http://emailmarketing.comm100.com/email-marketing-ebook/spam-words.aspx.

2. Michael C. Mankins, Chris Brahm, and Gregory Caimi, "Your Scarcest Resource," *Harvard Business Review*, May 2014, https://hbr.org/2014/05/your-scarcest-resource.

Capítulo 20

1. Lead360,www.marketingprofs.com/charts/2013/10210/texting-prospects-at-the-right-time-boosts-conversion.

Capítulo 21

1. "Mental Toughness Profiles and Their Relations with Achievement Goals and Sport Motivation in Adolescent Australian Footballers", www.ncbi.nlm.nih.gov/pubmed/20391082.

2. A. L. Duckworth, C. Peterson, M. D. Matthews, & D. R. Kelly, "Grit: Perseverance and Passion for Long-Term Goals," *Journal of Personality and Social Psychology* 92, no. 6 (2007): 1087–1101.

3. James E. Loehr, "Mental Toughness Training for Sports: Achieving Athletic Excellence", *Plume*, September 1, 1991.

4. Chris Croner PhD and Richard Abraham, *Never Hire a Bad Sales- person Again* (The Richard Abraham Company, LLC; 1st edition, 2006)

5. H. A. Murray, *Explorations in Personality* (Nueva York: Oxford University Press, 1938).

6. Aviroop Biswas, Paul I. Oh, Guy E. Faulkner, Ravi R. Bajaj, Michael A. Silver, Marc S. Mitchell, and David A. Alter, "Sedentary Time and Its Association with Risk for Disease Incidence, Mortality, and Hospitalization in Adults: A Systematic Review and Meta- analysis", http://annals.org/article.aspx?articleid=2091327.

7. Bonnie Berkowitz and Patterson Clark, "The Health Hazards of Sitting", *Washington Post*, January 20, 2014, www.washingtonpost.com/wp-srv/special/health/sitting/Sitting.pdf.

8. "Physical Activity Guidelines", U.S. Health and Human Services, www.health.gov/paguidelines/.

9. Louise Chang, *Review of How Much Exercise Do You Really Need?* by Colette Bouchez, June 24, 2010, www.webmd.com/fitness-exercise/getting-enough-exercise.

10. Harvard Medical School, "Consequences of Insufficient Sleep", http://healthysleep.med.harvard.edu/healthy/matters/ consequences.

Agradecimientos

Durante los últimos 10 años, he hecho varios intentos por escribir este libro. Sin embargo, cada vez que intentaba escribir sobre lo que hago, enseño y entreno, no podía encontrar las palabras correctas. Así que escribí otros seis libros en vez de este.

Creo que parte de la razón por la cual me demoré tanto en sacarme este libro de la cabeza y ponerlo en papel es porque soy un fanático de prospectar; es parte de mí. Más que una idea abstracta, es quien soy. Es el aire que respiro. Encontrar las palabras para expresar la esencia misma de lo que me impulsa como profesional de ventas y empresario fue difícil.

Por otro lado, tal vez el momento no había sido el correcto, hasta ahora. Todas las estrellas finalmente se alinearon para que yo escribiera *Prospecta y vende* —me vi rodeado de las personas adecuadas que me inspiraron, conocí al editor adecuado, la casa editorial adecuada, a los clientes adecuados y el clima empresarial adecuado—. Estoy muy agradecido con todas las personas que hicieron posible convertir este libro en una realidad —mi familia, amigos, empleados, clientes, mentores y el equipo de John Wiley & Sons.

Primero, mis agradecimientos son para mi increíble editora Lia Ottaviano. Tu entusiasmo hacia este proyecto fue muy motivador. Cuando estaba cansado, frustrado y agotado de tanto escribir, tus palabras me levantaban y me empujaban a trabajar más duro. Muchas gracias por estar de mi lado. Ansío comenzar pronto el siguiente proyecto contigo.

Si estás casado con un escritor, sabes lo tedioso y aburrido que puede ser escuchar su interminable bla, bla, bla, sobre el libro en el que está trabajando. Sabes lo miserable que es tener un plazo de entrega que se acerca cada vez más. Eres paciente mientras el mundo entero se detiene y gira en torno al desgastado, nervioso, malhumorado (y casi esquizofrénico) escritor que cree que todo lo que ha escrito hasta el momento es basura que nadie leerá jamás. Carrie, mi hermosa esposa y pareja, gracias por estar a mi lado en cada paso del camino. Gracias por tu paciencia a medida que este proyecto avanzaba el año pasado. Por tu ayuda con ediciones interminables y porque lograste que todo siguiera en marcha mientras nuestro mundo se detuvo para escribir Prospecta y vende, el cual no existiría sin TI. Te amo.

El año pasado, siempre que hablaba con mi amigo y cliente Jack Mitchell, él me preguntaba, "¿Cómo va el libro?". Jack, no tienes ni idea de lo importante que fue para mí tu sincero interés en este proyecto. Gracias.

Jodi Bagwell, gracias por motivarme a escribir al fin este libro.

Luke DeCesare, Jeff Werner, Lori Sylvester: ustedes fueron los catalizadores de este libro y es gracias a ustedes que por fin me comprometí a escribirlo. Me he divertido mucho trabajando con ustedes durante los últimos tres años y estoy agradecido por nuestra amistad. Gracias.

Dan O'Boyle, Art Vallely, Don Mikes, Rick Slusser: gracias por la confianza que han depositado en mí. No tengo suficientes palabras para expresarles la gratitud que siento por la oportunidad que me dieron de trabajar con ustedes y su equipo en Penske. Art, tu historia sobre perseguir camiones en tu viaje de aniversario de boda en el Ritz no tiene precio, ¡eso es ser un fanático!

Andy Feldman, gracias por tu entusiasmo hacia *Prospecta y vende*. Estamos construyendo algo muy especial juntos.

Chris Gredig y todo el equipo de AccuSystems, gracias por darle a este libro el impulso final que necesitaba para su lanzamiento. Anthony Iannarino, Mark Hunter, Miles Austin, John Spence y Mike Weinberg: me siento honrado de que ustedes me permitan ser parte de su grupo Mastermind. Gracias a ustedes soy mejor, más ágil y estoy más enfocado que nunca. Mike, gracias por tu inspirador prólogo. ¡Eres genial!

Greg Derry, gracias por "dejarme" contar tu historia. Ten tu lonchera a la mano.

Brian Stanton y David Pannell: los quiero, chicos. *Prospecta y vende* no existiría sin ustedes. Empezamos el movimiento juntos en OneaWeekville.

Brooke Coxwell, April Huff, Brad Adams, Kayleigh Wilcher: con su trabajo, ustedes hacen posible el mío. Gracias por todo lo que hacen.

Le dediqué este libro a Bob Blackwell, un hombre que considero una de las mentes más importantes del mundo de las ventas. Bob fue mi gerente de ventas cuando yo tenía unos 25 años. Era difícil trabajar para él. Sin basura, lo fundamental.

Bob perfeccionó y le dio forma al talento que yo tenía para las ventas. Me convirtió en un vendedor profesional. Bajo su batuta, aprendí a prospectar, administrar el proceso de ventas y cerrar tratos. Me inculcó la ética de trabajo necesaria para lograr el éxito en las ventas.

Trabajar para Bob fue lo mejor que nos ha pasado a mi familia y a mí. Es una deuda que nunca podremos pagar.

Sobre el autor

Jeb Blount es un experto en aceleración de ventas que les ayuda a las organizaciones a alcanzar el más rápido y máximo rendimiento, mediante la optimización del talento, la capacitación para cultivar una cultura de ventas de alto rendimiento, el desarrollo de habilidades de liderazgo y coaching y el uso de un diseño organizacional más efectivo.

A través de sus empresas, Sales Gravy, Channel EQ e Innovate Knowledge, asesora a muchas de las organizaciones líderes del mundo y a sus ejecutivos en cuanto al impacto de la inteligencia emocional y las habilidades interpersonales en las ventas, el liderazgo, la experiencia del cliente, el desarrollo de canales y la gestión estratégica de cuentas.

Bajo el liderazgo de Jeb, Sales Gravy se ha convertido en un líder global en soluciones de aceleración de ventas, incluyendo reclutamiento y dotación de personal, automatización de integración de ventas, desarrollo y entrega de planes de capacitación de ventas personalizados, coaching de ventas y aprendizaje en línea. Jeb pasa más de 200 días al año dando discursos y ofreciendo programas de capacitación a equipos de ventas de alto rendimiento y líderes en todo el mundo.

Como líder empresarial, tiene más de 25 años de experiencia con compañías Fortune 500, PYMES y *startups*. Ha sido nombrado uno de los 50 líderes de ventas y marketing más influyentes *(Top Sales Magazine)*, uno de los 30 mejores influenciadores de ventas sociales *(Forbes)*, uno de los 10 expertos en ventas a seguir en Twitter (Evan Carmichael), uno de los 100 blogueros de ventas más innovadores (iSEEit), uno de los 20 autores que debe leer *(People Buy You)* todo emprendedor (YFS Magazine y *Huffington Post*) y es el creador de los podcasts de ventas más descargados en la historia de iTunes, entre muchos otros elogios.